21世纪高职高专规划教材·通识课系列

职场礼仪

ZHICHANG
LIYI

主　编◎顾　红
副主编◎姚莉娜　杨金勇
参　编◎符成成　洪鹏鹏　李　奕　王　蕾

中国人民大学出版社
·北京·

前　言

在职场中，很多人因为不懂礼仪，缺乏职业素养，不仅闹出笑话，影响个人与企业的形象，还有可能丢掉客户，错失商机。所以，要成为一名合格的职场人，就要学礼、知礼、懂礼、用礼。在现代社会中，职业素养已成为用人单位选用人才的重要标准，也是职场制胜、事业成功的法宝。“职场礼仪”是一门实用性较强的通识类课程，很多高职院校的经济管理、国际商务、空乘服务等专业都开设了这门课程。

编者结合多年开设“职场礼仪”课程的教学经验以及用人单位反馈的意见和建议，本着突出职业教育特点、满足岗位需求、追求实用的原则，学习和吸取了有关教材的编写经验和最新的研究成果，编写了本教材。全书共设计了五个项目，每个项目中有若干任务，从外在形象的塑造到内在素养的提高，从待人接物的方法到沟通谈判的技巧，从内部工作的规范化到对外接洽的职业化，形成较完整的知识体系。全书结构设计合理，内容充实，注重实操，以通俗易懂的语言，全方位、多维度阐述了职场礼仪的知识与基本规范。

本书积极发挥教材培根铸魂的重要作用，做到知识传授与品德修养相互促进的高度统一。本书以习近平新时代中国特色社会主义思想为指导，全面融入党的二十大精神，在进行相关知识阐释的过程中，始终把提高学生的思想道德素质与专业素养融为一体，培养学生诚实守信、爱岗敬业等优秀品质。

“内强素质，外塑形象”是本教材编写的宗旨。在编写过程中，我们努力突出以下特色：

1. 以就业为导向，注重实用性

本教材定位于为学生就业、提升职业素养服务，使学生通过学习理解和掌握基本职场礼仪、沟通技巧和职业规范，以满足岗位需求。

2. 讲解与实训结合，注重实践性

在每个项目中设计了学习目标、知识框架、导入问题、案例分析（或实训）、拓展学习、综合练习等小栏目，条理清晰，重点突出，有讲有练，有助于学生掌握相关知识与技能。

3. 图文配合，增加教材的趣味性

配有各类相关图片，生动形象，通俗易懂，使教材更具趣味性，适合高职学生的特点。

4. 适于多媒体教学，教材更具时代性

本教材配有电子课件，多个模块配有微课（扫描书中二维码即可观看），既能更好地满足学生对不同知识点的个性化学习需求，方便强化巩固知识，也能使学生通过非正式学习获得应该掌握的知识点，对日后工作有所帮助，真正体现以学生为中心。

本教材由我校多年承担“职场礼仪”课程教学和培训的教师团队编写，顾红任主编，负责拟定提纲、内容编写、统稿和定稿工作，姚莉娜、杨金勇任副主编。具体分工如下：姚莉娜负责项目二的编写；符成成负责项目一中任务三、项目三中任务四、项目五中任务三的编写；洪鹏鹏负责项目三中任务一、二、三的编写；李奕负责项目五中任务一、二的编写；顾红、王蕾负责项目一中任务一、二，项目四，项目五中任务四的编写；王蕾还承担了微课的编写和录制。在编写过程中，得到了我校学生牛媛媛、陈彦君、程艳丽、孙玉、王金斗、王树斌等同学的大力协助。

在编写过程中，编者参考了大量的文献资料和优秀教材，在此向相关文献作者表示诚挚的谢意。

由于编写时间仓促，加之编者水平有限，书中疏漏与不当之处在所难免，敬请批评指正。

编者

目　录

项目一
做好进入职场前的准备
——职场技能和求职礼仪不可不知

任务一 了解职场人应具备的条件，进职场前必知

学习目标

（1）认识职场人与学生的不同特点。

（2）理解成为职场人应该具备的基本素质，并努力去践行。

（3）理解职场人应该具备的基本素质对于干好工作的重要性。

知识框架

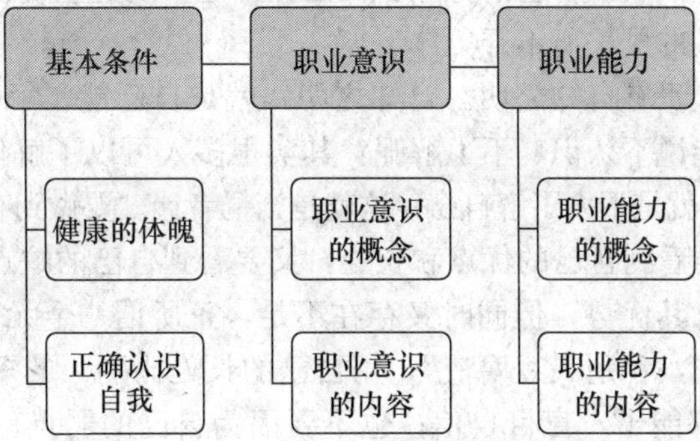

导入问题

T：从学生升格成为职场人，需要具备哪些职场人应具备的基本条件？

S：除了掌握所学的知识、取得毕业证外，还要有资格证书、驾驶证……

大学毕业了，掌握了相关知识，手拿各种证书，就能由学生成功转变为职场人吗？回答当然是否定的。我们经常听到来自企业的抱怨："招聘来的新员工不能胜任工作，需要花时间和精力进行培训，而且主要是进行素养教育。"人们常说"先做人，后做事"。新入职的员工如果不懂得如何为人处世，不能很好地领会和运用职场礼仪，学历再高，也不能出色地完成工作任务，得不到同事和领导的认可。那么，作为职场人应该具备哪些基本的素质呢？

一、基本条件

（一）健康的体魄

人们常说"身体是革命的本钱"，没有强健的身体，一切无从谈起。学生步入社会后，都要承担一定的工作任务，有时工作任务还相当繁重。如果没有健康的身体，不但不可能完成工作，还可能被繁重的工作任务压垮。很多人学生时代不注意健康管理，晚睡、熬夜、饮食不规律、缺乏体育锻炼，久而久之使本该强壮的体格变得弱不禁风，面色苍白、虚弱无力，有的还经常生病，不得已要请假，影响了工作的开展，给用人单位造成损失。身体健康是成为合格的员工的基本条件，没有健康的身体，从个人的角度来看，不能很好地完成工作；从组织的角度来看，不能维系组织的正常运转。所以，在校学习期间一定要注意健康管理，加强锻炼。

（二）正确认识自我

正确认识自我就是指一个人对自我的认识要与自己的实际情况相符。它包括两个方面的含义：一是正确、全面认识自己的特点、长处和不足；二是正确认识自我与社会、与集体的关系，认识到个人的成长离不开集体。

中国有句名言：人贵有自知之明。自知之明，就是自己能了解自己。有人可能会说，我就是我自己，怎么能说不认识、不了解呢？其实很多人可以了解他人、了解环境、了解社会甚至了解世界，但就是不太了解自己，这就是当局者迷。要做到有自知之明并不容易。

了解自己是指既要看到自己的优点和长处，又要看到自己的缺点和不足。每个人的外在形象和内在素质都有其优势，但同时又存在不足，正所谓"金无足赤，人无完人"。我们不能"看自己一朵花，看别人豆腐渣"，用自己的长处比别人的短处，沾沾自喜，狂妄自大，认为自己什么都能干，盲目自信；也不要因为自己的弱点、缺点而自卑，自暴自弃。如果你过于自卑，你将会悲观失望，生活将毫无快乐可言。

对于即将毕业的学生来说，只有正确地认识自己的性格特点、爱好、特长和缺点、不足，才能有的放矢、扬长避短，才能进行合理的职业规划。

二、职业意识

在校学习期间，有来自专业老师、辅导员老师等多方面的教育和指导，而进入工作岗位后，你就不再是个学生，失去了各种依靠。从学生成为一名职场人，需要思想意识上的转变，需要有职业意识。

（一）职业意识的概念

职业意识是人们对职业活动的认识、评价、情感和态度等心理成分的综合反映。

职业意识有社会共性的，也有行业或单位个性特点的。社会共性的职业意识是指在全社会各个行业中形成的共有的、普遍认可和遵守的意识，如目标意识、协作意识、规则意识、问题意识等。行业或单位个性特点的职业意识指人们对行业或单位的具体岗位职责的基本认识。

（二）职业意识的内容

1. 目标意识

目标意识是指员工在职场活动中，必须有明确的职业发展目标，并通过自己的努力去实现目标。一个有理想的员工应当拥有职业目标意识，只有这样，在工作中才会有计划性、指向性，才能有动力做好工作，最终到达成功的彼岸。

（1）要有明确的目标。

有的学生在找工作时会对老师说："老师，麻烦您帮我找一份工作。"当被问到想找一份什么样的工作时，老师得到的答复往往是"我也不知道自己该干什么"。这就如同去车站买车票，你不跟售票员说要去哪里，只说"请给我一张车票"，售票员一定会诧异地看着你，因为他不知道目的地，无法给你出票。没有明确的目标，工作就没有动力，就不可能成为合格的员工。跳高运动员在练习时，如果没有横杆，让他漫无目的地跳，永远创造不出好成绩，那个不断提升的横杆，就是运动员要超越的目标。明确的目标能够激发斗志，开发潜能，让你不断进步。

（2）坚定目标不动摇。

案例

父亲带着三个孩子在雪地里做游戏，父亲手拿奖杯对孩子们说："一会儿我会拿着奖杯站到对面的小树旁，等我发出指令后，你们开始跑，谁跑得最快，雪地上的脚印最直，谁就是获胜者。"比赛开始，老大低头看着脚印跑，老二左顾右盼，观察着同伴们跑，老三眼睛盯着奖杯跑。你猜猜谁是获胜者？当然是老三最后获胜了。

很多人都有自己的目标，但是真正能实现目标的人并不多，导致失败的原因很多：有的急于求成，结果欲速则不达；有的虎头蛇尾，结果有始无终；有的分不清主次，结果丢了西瓜捡了芝麻。这些都说明他们的目标不坚定。坚定的目标既是行动的方向，又是鞭策的力量。目标一旦确定，就应该勇往直前，遇到困难也不退缩，不轻易动摇。前面案例中的老三就有明确的目标，不管同伴如何跑，自己坚定地朝着奖杯的方向不懈努力，最终赢得了胜利。

（3）付诸实施最重要。

案例

有三个朋友相伴去遥远的地方寻找幸福，他们走了很久，一路上克服了很多困难。走到最后，一条大河拦住了去路，河对岸就是他们梦想到达的幸福彼岸，但是怎么过河呢？一个人去伐木，自制木船，尽管伐木很累，但他每天任劳任怨，辛苦地造着木船；另一个人觉得这样太辛苦了，不如等一等，等到河里的水慢慢干了，就可以顺利过河了；第三个人觉得等河干和做木船不如学游泳，于是每天学习游泳。一段时间以后，造船的造好了木船，学游泳的学会了游泳，他们都顺利过河到达了幸福彼岸，只有盼望河干的人还在对岸期待着。

没有行动，再好的目标也无法实现。明确目标后，就要立即行动起来，行动才是实现目标的唯一途径。身在职场，制定目标容易，实施起来就不那么容易了，很多人在制定目标时摩拳擦掌、信心十足，但是随着时间的推移，激情没有了，行动没有了，目标慢慢地就变成了口号。

2. 协作意识

职业活动中，很多工作需要团队相互协作，共同完成。协作意识是指员工与所在部门的其他人员以及其他部门或单位精诚团结、密切协作，共同做好工作，实现特定目标的职业素养。协作意识本身也是礼仪的范畴。

随着生产力的发展，生产的社会化程度越来越高，分工越来越细，行业与行业，企业与企业，以及企业内部各部门、各成员之间相互联系、相互依赖的程度越来越高，团队协作也显得越来越重要，现代组织业绩的取得，靠的就是团队协作。个人与组织以及组织中其他成员关系处理得好与坏，对于个人成长和组织发展都非常重要。在一个组织里，如何给自己定位，如何与上司、同事、部下合作好，是员工职业素养的体现。如果没有全局观念，只是考虑自己的利益，肯定会发生争执，而争执的结果是不仅个人会受到影响，整个组织的业绩也势必因此而受到影响。

3. 规则意识

什么是"规则"?"规则"可以理解为有关"应该做何事和如何做事"的规范，它不仅告诉我们哪些行为是不被允许的，而且告诉我们哪些行为是被要求的。规则和规范，说到底都是对人的规制，但规范的范围更宽，不但规范做何事，而且规范做何人；而规则，主要是指对人的行动有所约束的规范。规则是公共的，而规则意识是个人的。一个组织要想正常运转，需要全体成员自觉遵守规则，如果每个人各行其是，不按照规则做事，就不可能有团队的和谐、事业的成功。作为一名员工，遵守规则既是礼仪的需要，也是工作的要求。那么，员工应该遵守哪些规则呢?

(1) 遵守时间。

作为一个职场人，时间观念是相当重要的，因为这不仅关系到你个人的信用，还会影响与他人的关系，甚至会影响企业的形象。遵守时间是职场礼仪中最基本的要求，既是个人素养的体现，也是对他人的尊重。例如，赴约一定要提前10分钟，如果由于特殊情况估计要迟到的话，一定要及时联系，告知对方自己正在路上，可能会迟到多长时间，避免让对方等候，到达后，要马上道歉并说明原因，争取得到对方的谅解。

(2) 保守秘密。

嘴严是获得信任的先决条件，保守秘密是员工的基本规范。在信息化社会，公司间的竞争非常激烈，员工如果因为不注意而将公司的产品开发、人事变动、资金情况等机密泄露出去，势必使公司陷于被动状况。对于保密文件要保管好，不可随便带出公司，废弃时要用碎纸机销毁。对于涉及公司秘密、个人隐私的情况都要做到守口如瓶，不可向任何人泄露，更不能用别人的隐私来攻击对方。

(3) 按照公司规定行事。

每个公司都有规章制度，如规定了上下班时间、请假流程等，员工必须遵照执行。

4. 问题意识

爱因斯坦说过，提出一个问题往往比解决一个问题更重要。现代社会，问题意识越来越受到人们的重视。那么，什么是问题意识呢?

人们经常会遇到一些不明白的问题或者现象，并且通常会产生疑问、探求的心理状态，这就是问题意识。也可以理解为：人们不轻信自己周围，尤其是自己工作或者研究的领域里的各种现象，对其总是自觉地抱着一种怀疑的、思索的、刨根问底的积极态度。

案例

松下幸之助先生在经营松下电器公司的同时，还创办了一个名为松下政经塾的学校。这所学校聘请了许多优秀的老师担任教学工作，但是并不采用普通学校惯用的教学方法，而是采用由学生提出问题、老师解答问题的教学方式。如果学生们提不出问题，教师是什么也不教的。为了提出问题，学生们必须对课程产生疑问。要能对课程产生疑问，直到能够提出问题，每个人必须勤奋学习。实际上，这是松下幸之助先生在培养学生的问题意识。

问题的产生源于现实状态与理想状态的差距。职场人问题意识的形成就是要在工作中善于思考问题、发现问题，并能够及时解决问题，要知晓工作标准，以高标准要求自己，经常将现实状态与理想状态进行比较，不断发现问题。人人都追求成功，而要想成为一个成功的人，则绝不能安于现状，要具有强烈的问题意识，不断地改进缺陷和不足，向着预定的目标前进。

缺乏问题意识的主要原因有三个：一是因循守旧，认为一直都是这样做的，所以绝对不会有问题，这样不善于思考的人，即使问题堆积如山，也无法察觉，更谈不上改善工作了；二是自我满足，肯定现状，认为已经达到要求，看不见成绩后面的不足；三是能力低下，心有余而力不足。所以要想成为成功的职场人，要加强学习、善于思考，不断发现问题、改善工作。

除以上几点以外，诚信意识和学习意识也属于职业意识的重要内容，这两点也是做人的基本要求。

三、职业能力

在组织中，总会有一些员工被视为宝贝，这些人在具备受人尊敬的品格的同时，还具有丰富的知识、能力和经验，是组织发展的中坚力量。任何组织都需要具有能力的员工。

（一）职业能力的概念

职业能力是人们从事职业活动的多种能力的综合。我们可以将职业能力定义为：个体将所学的知识、技能和态度在特定的职业活动或情境中进行类化迁移与整合所形成的能完成一定职业任务的能力。

（二）职业能力的内容

1. 专业胜任能力

专业胜任能力指的是相关人员具备从事一定领域的工作或者可以处理好特定行业事项的一种能力。它通常与进入某一行业所需要的一种特定资格相联系，具有这种资格的人员一定程度上说是初步具有该特定行业的专业胜任能力的，当然还需要一定的社会经验相辅助。对于刚刚进入企业的新员工而言，专业胜任能力需要一个不断学习和不断提高的过程。

2. 沟通能力

一般说来，沟通能力包含着表达能力、争辩能力、倾听能力和设计能力（形象设计、动作设计、环境设计）。沟通能力看起来是外在的东西，而实际上是个人素质的重要体现，它关系着一个人的知识、能力和品德。沟通能力是一个人生存与发展的必备能力，也是一个人成功的必要条件。

沟通能力由两个因素构成：一是清晰的思维，即能够有效地收集信息，并做出逻辑性的分析和判断；二是准确的表达，即通过口头或者书面准确地表达自己的想法。其中，前者更重要，没有思维的基础，再好的语言技巧也无法表达。

3. 执行力

所谓执行力，是指贯彻战略意图、完成预定目标的操作能力，是把企业战略转化为成果的关键。执行力包含完成任务的意愿，完成任务的能力，完成任务的程度。对于基层员工而言，执行力就是能够按质按量、一丝不苟地做好上级交代的工作，衡量的基本标准是上级或客户的满意程度。

案例

深圳华为公司总裁任正非有个非常著名的理论：在引进新管理体系时，要先僵化，后优化，再固化。他对员工说："5 年之内不允许你们进行幼稚创新，顾问们说什么，用什么方法，即使认为不合理，也不允许你们动。5 年以后，把系统用好了，我可以授权你们进行局部的改动。至于结构性改动，那是 10 年之后的事。"这种对制度的尊重和始终如一的贯彻执行是华为成功的重要因素之一。

对于一个组织来说，执行力是取得成功的必要条件，当既定目标和战略方向基本确定后，执行力就变得尤为关键。有这样一个故事：耶稣带着门徒彼得远行，途中发现一块破烂的马蹄铁，耶稣希望彼得捡起来，不料彼得懒得弯腰，假装没听见。耶稣自己弯腰捡起马蹄铁，用它在铁匠那里换来三文钱，并用这些钱换了十几颗樱桃。出了城，两人继续前进，经过茫茫荒漠时，耶稣猜彼得渴得厉害，于是就从袖子里拿出一颗樱桃扔在地上，彼得赶紧捡起来吃。耶稣边走边扔，彼得狼狈地弯了十几次腰。耶稣意味深长地对他说："要是按我说的做，你只要弯一次腰就行了。"这个故事说明了服从和执行的重要性。大到一个国家，小到一个团队组织，服从领导、步调一致都是我们完成任务、取得胜利的关键所在。领导者作为组织的统筹策划者，站得更高，看得更远，只有领会领导意图、听从指挥，我们的事业才能整体推进。试想一下，如果员工都像彼得那样，对领导者交代的任务充耳不闻，对领导者的良苦用心视而不见，不去执行，那么战略意图就是一纸空文。

案例分析

有人问三个砌墙的工人："你们在做什么呢?"第一个工人没好气地嘀咕："你没看见我正在砌墙吗?"第二个工人有气无力地说："嗨，我正在做一项每小时 100 元的工作。"第三个工人哼着小调，欢快地说："你问我啊，朋友，我不妨坦白告诉你，我正在建造这世界上最伟大的建筑!”第三个工人最终成为一位伟大的建筑大师，而前两位工人却一生都在砌墙。

问题：你想成为什么样的人?

拓展学习

PDCA 即计划（Plan）、执行（Do）、检查（Check）、处理（Action）的首字母组合，它也被称为管理循环（Management Cycle）。无论哪一项工作，都离不开 PDCA 循环，都需要经过制订计划、执行计划、检查计划、对计划进行处理以使其不断完善这四个阶段，如图 1－1 所示。PDCA 是一个有效控制管理过程和工作质量的工具，可以使管理向良性循环的方向发展。

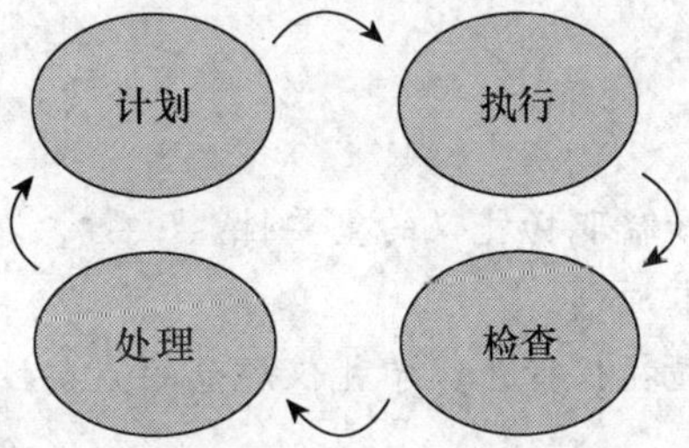

图 1－1　PDCA 模型

综合练习

一、思考题

1. 什么是职业意识?
2. 什么是职业能力?
3. 在校学习期间你将如何努力提高职业意识和职业能力?

二、测试题

请检测一下你是否具备职场人应具备的能力素质。

（1）你能否准确、迅速地完成老师交给的工作?

（2）你是否具有根据情况进行准确判断的机敏性?

（3）你对事物的变化是否具有预见性?

（4）你是否能面带微笑地与人相处?

（5）你能否做到不受情绪的左右?

（6）你能保守秘密吗?

（7）你做事情是否有责任感?

（8）你能否让与你共事的人很舒服?

（9）你是被周围的人尊敬、信赖的人吗?

（10）你能努力遵守组织的规则，做好本职工作吗?

（11）你对事物有好奇心吗?

（12）你有成本意识吗?

（13）你每天出行时是否注意自己的穿着打扮?

（14）在与人的交往中，你能否站在对方的角度思考问题？

（15）在平时的生活和学习中，你是否总是依靠别人？

（16）你平时能否做到谦虚地与别人配合？

三、实训题

1．围绕所学内容，讨论如何提高沟通能力，为今后的工作做好准备。

2．为了让学生了解社会生活离不开规则，了解规则与自由的关系，以及违反规则的危害，让学生自主设计召开一次增强规则意识的主题班会。

任务二　知晓掌握礼仪常识，在校期间必学

学习目标

（1）了解礼仪的概念，知晓职场礼仪的重要性。

（2）掌握职场礼仪的基本原则。

（3）理解知礼仪内容、懂礼仪行为、学礼仪规范的重要性。

知识框架

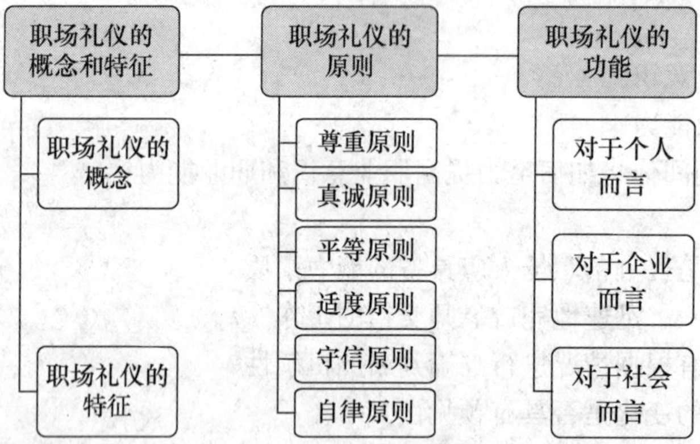

导入问题

T：作为职场人，不懂礼仪规范会怎么样？

S：被同事看不起，领导不喜欢，客户关系搞不好，影响工作进展……

一、职场礼仪的概念和特征

职场礼仪是职场人士在工作中必须了解的内容与不可或缺的行为准则，在职场上，每一个礼仪细节都会影响员工的形象展现和前程命运。职场礼仪是员工素养的体现，是构筑良好的人际关系、顺利完成工作的前提。要想成为职场达人，请先从学习职场礼仪入手。

案例

有一次，我和我的同事一起去一家公司拜访，对方派人出来迎接我们，然后带我们上楼。接待方的引导员一边走一边和我的同事聊天，本来应该走在前面给我们带路的他，却走到了后面，让我们走在前面，到拐弯处我们不知该往哪边走；到了电梯处，他很客气地让我们先进电梯，由于是没有专职电梯工的电梯，双方相互谦让后，我的一位同事刚进一半，电梯门就要关闭，结果夹到了她。为什么会出现这种意外呢？说到底，还是不懂礼仪惹的祸。

其实，工作和生活中类似的案例比比皆是。比如：办公室电话响了很多声，员工才慢吞吞地接起来；外出不带名片或者接受了对方的名片很随便地放进衣袋；等等。

孔子曾经说过："恭而无礼则劳，慎而无礼则葸，勇而无礼则乱，直而无礼则绞。"意思是说：恭敬而不懂礼法就会烦劳，谨慎而不懂礼法就会拘谨，勇敢而不懂礼法就会闯祸，心直口快而不懂礼法就会尖刻。所以说，职场人一定要了解并掌握职场礼仪，这是让自己工作顺利、事业成功的基本前提。

（一）职场礼仪的概念

1. 礼仪的含义

礼仪属于道德范畴，是礼节和仪式的总称。"礼"的本意指"事神祈福"之"敬神"，后来随着社会文明的发展，"礼"逐渐由"敬神"转变为"敬人"，是指表示尊敬的语言、动作和规范。"仪"是指表示敬意或隆重而举行的仪式。

随着社会的进步，"礼"的内涵不断扩展，它包含人们在一定的社会交往场合，为表示相互之间的尊重、敬意、友好，而约定俗成的、共同遵循的行为规范和交往程序。

首先，礼仪是人类文明继承、发展的结果，是人类文化的积淀，是人们通过长期的生活实践约定俗成的，并被人们共同认可、一致遵守和沿用。

其次，礼仪是一种行为准则或规范，虽然它不是法律，但必须遵守，否则会受到社会舆论的谴责。

最后，礼仪要继承和发展并重。古代礼仪中好的内容我们要继承，而那些以封建等级制度为基础的内容我们要摒弃，同时要发展符合民族新道德、新风尚、新文化、新理念的现代礼仪。

2. 什么是职场礼仪

职场礼仪是指人们在职业场所应当遵循的一系列礼仪规范。在职场的交往中，应把待人接物的尊敬之情通过仪表、仪式表达出来，包括衣着打扮、举止谈吐等很多方面。在职场上，穿着讲究礼仪，可以让你变得美丽；谈吐讲究礼仪，可以让你变得文明；举止讲究礼仪，可以让你变得高雅。只有知礼、懂礼、用礼，才能让我们在工作中赢得上司的欣赏、同事的尊重、客户的满意，才能获得事业的成功。

3. 什么是商务礼仪

我们经常听到“商务礼仪”一词，那么，何谓商务礼仪？它和一般礼仪有何联系和区别？所谓商务礼仪，是指在商务活动中为了体现相互尊重，商务人员需要遵循的行为规范，它涉及商务活动中的方方面面，包括仪表礼仪、办公礼仪、宴会礼仪、迎宾礼仪等。商务礼仪是一般礼仪在商务活动中的运用和体现，是商务活动的通行证。

（二）职场礼仪的特征

1. 普遍性

现代社会中，存在着各种各样的企业活动、商务活动。无论是在城市还是在乡村，无论是企业还是机关，无论是管理者还是普通员工，无论是个人还是团队，无论是组织大事还是个人琐事，我们在工作和交往中都需要遵守礼仪规范。不同领域有不同的礼仪要求，人们在职场活动中都会受到礼仪规范的制约。职场礼仪具有普遍性，无时无刻不约束着人们的行为，反映着人们对真善美的追求。

2. 差异性

礼仪讲究一定的规范，但并不是千篇一律的，其形式非常灵活。“十里不同风，百里不同俗。”由于受历史传统、文化、宗教信仰、风俗习惯、时代潮流等因素的影响，在各国家、地区、民族的社会交往中，礼仪规范，存在一定的差异性。比如在中国，我们见面打招呼以握手为主，而在日本多为鞠躬，美国和欧洲各国以拥抱为礼。有时，同一礼仪形式可以因国家、地域的不同而表达的意思不同。例如，大多数国家用点头表示“是”“同意”，但保加利亚是“点头不算摇头算”。不同的行业、不同的职业、不同的场合有不同的礼仪要求，要因时制宜、因地制宜、因人制宜。

3. 效益性

案例

小张是某公司的员工，某天去财务部窗口领工资。在等候的时候，他随手把手中捏着的一张无法报销的票据揉成团扔在了地上。

恰巧此时有位客户来财务部交定金，他看到小张把纸团扔在地上，心里想：这个公司的员工如此行事，他们做的东西质量会好吗？售后服务会有保障吗？还是先别交定金了吧，回去再斟酌斟酌！

生产部经理陪着几位外商参观公司，正好路过这里，地上的纸团没有逃过大家的眼睛。外商指着纸团问生产部经理：“这样的员工能做出符合质量要求的产品吗？”

本来不费吹灰之力便能扔到垃圾桶里的一小团废纸，导致公司失去了数百万元的订单。

职场礼仪是一种职业行为，在职场上，得体的礼仪不仅是个人素质的体现，也有助于树立良好的企业形象，协调交往双方的关系，促进合作的顺利进行，从而产生经济效益；相反，失礼的行为会导致工作失利、客户流失，给企业带来经济损失。可见，职场礼仪还具有一定的效益性。

4. 发展性

时代在发展，职场礼仪也在随着社会的进步而不断发展变化。一方面，一些公认的礼仪规范被传承，一些不符合时代发展要求的被摒弃；另一方面，随着经济全球化和信息化时代的到来，各国的礼仪互相渗透、互相影响，不断产生新的礼仪规范。例如，在高度信息化的今天，人们利用电子邮件、网络、电话等现代通信手段进行信息的传递，与之相适应的符合国际惯例的商务多媒体交往礼仪规范应运而生。

5. 实践性

案例

某公司有一位吴先生，他打电话给他的上司，说家里有点事，要请一天假。他说："老板，我今天不能来上班，请一天假！"说完便挂了电话，上司一脸迷惘地嘟囔着："我们俩到底谁是上司啊？你是请假还是跟我通报一声你今天不来啊？请假你还这么理直气壮，先挂我电话，都不给我说话的机会！"这位吴先生的工作能力不错，但是谁敢把重要的事情托付给他呢？于是，升职、加薪、培训等总也轮不上他。最后他在公司待不下去了，只好辞职。他应聘到了一家新公司，该公司的人力资源部经理给员工进行职场礼仪方面的培训，让他受益匪浅。后来，他对上司和同事彬彬有礼，很快就得到了上司和同事的认可。

职场礼仪应是人们在职场工作与交往实践中运用的，它不是纸上谈兵，而是切实可行且有效的。礼仪源于社会实践，又直接服务于社会实践。在职场中，人们实践礼仪通常要做到"四有四避"，即有教养、有学识、有礼节、有分寸，要避浅薄、避粗鄙、避隐私、避忌讳。我们只有在职场中很好地实践"四有四避"，才能赢得工作伙伴的认可和赞赏，顺利完成工作任务。

二、职场礼仪的原则

在职场交往中，如何灵活运用职场礼仪，如何发挥礼仪的最大效应，是礼仪实践的关键所在，这就要求我们了解职场礼仪的六个基本原则。

（一）尊重原则

案例

某公司由于办公室局部装修，财务总监王某暂时坐在了前台工作人员韩某的旁边。李某是公司新来的一个大学毕业生，他以为王某是前台工作人员，所以对她不屑一顾，连个招呼都不打。有一天，李某走向前台，向王某要一些办公用具，王某顺手拿起一张纸记下了李某需要的用品，并将清单交给了身边的韩某。韩某礼貌地回应王某："谢谢王总，我会照办的！"然后转向李某："以后这种事情，直接吩咐我就行了，不要把财务总监当作小办事员使唤！"李某一听傻眼了，从此以后，他对王某非常殷勤，总是王总长王总短的，可是王某对李某一点好感都没有。她很纳闷：为什么一个大学生刚进社会就学会了势利，一点都不懂得尊重前辈。

学习职场礼仪，不要拘泥于一招一式的模仿，关键是掌握礼仪的本质——尊重。在职场，尊重是礼仪的首要原则。尊重他人，是获得成功的重要保证，也是职场礼仪的核心。尊重他人，要求把对对方的尊敬与重视放在首位，遇事多站在对方的立场思考，切勿伤害对方的自尊心。在职场交往中，要表现出你的尊重，切记三点：给他人充分表现的机会，对他人表现出你最大的热情，给对方留有余地。只有尊重他人，才能创造和谐的人际关系。

（二）真诚原则

真诚是对人对事的一种实事求是的态度，是待人真心实意的表现。在职场中，诚心诚意，待人以诚，才易于为他人所接受。逢场作戏，言行不一，口是心非，迟早会被揭穿和败露，既有损你的人格，也不利于业务的开展和工作的推进。

（三）平等原则

平等是人与人在交往中建立真实情感的起跑线，是保持良好人际关系的基本原则。遵循平等原则，应做到不骄狂、不自以为是、不厚此薄彼、不目中无人，更不能以貌取人，或以职业、地位、权势压人，而应该时时处处平等谦虚待人。在职场社交中，如果你给对方施礼，对方也会相应地还礼于你。

（四）适度原则

适度原则是指在职场交往中应把握礼仪分寸，适可而止，根据具体情况、具体情境而采用相应的礼仪，否则会过犹不及。很多人在职场礼仪方面犯的错误都是由于没有把握好分寸。在职场交往中，我们既要彬彬有礼，又不能低三下四；既要热情，又不能轻浮；既要自尊，又不能自负；既要坦诚，又不能粗鲁；既要谦虚，又不能拘谨；既要稳重老练，又不能圆滑世故。比如，有人取得了成绩、受到了表扬，其他人自然会向他讨教经验，这时他说我做得很不好，没有什么值得说的。从为人低调和谦虚的角度来说，也许这样说没有问题，但是从礼仪的角度看，这样的说法就有失分寸，因为如果你说你做得很不好，那没被表扬的是不是就更差了？另外你做得不好，领导还表扬你，是不是领导的判断也有问题呢？所以过分谦虚是不被提倡的。

（五）守信原则

案例

某私营公司的董事长以前是个农民，家徒四壁，也从未办过企业。可他一说要办厂，周围的乡邻、亲戚和朋友竟毫不犹豫借给他十几万元资金。他成功了。当地的记者不明白人们为什么要借钱给当时毫无偿还能力的他。一位同乡向记者揭开了谜底。以前，他和一位工友打赌，赌注是谁输了谁就挑走村里晒谷场上的一大堆石头。结果他输了，他便去挑晒谷场上那堆成小山一样的石头。和他打赌的人对他说："千万不要当真，这是开玩笑的。"但他说既然打赌了就得算数。他断断续续地挑了三个月，空出了一大片地，并在空地上种了三棵桃树。现在这些桃树每年都结满果实。从那时起，村里人就知晓他的为人了。

守信是职场人士的必备美德，也是中华民族的传统美德。在职场中，尤其要讲究信用，守时、守约，做到"言必行，行必果"。在职场交往中，如果没有十分的把握，就不要轻易许诺他人，许诺了却做不到，反而会落个不守信的恶名，从此失信于人。

（六）自律原则

自律就是遵循规范，自我约束。规则、规范存在于我们日常的工作、学习和生活中，比如买票要排队，过马路要走斑马线，不能损坏公物，等等。我们平时的一举一动都会受到一定规则的约束，否则就毫无秩序可言。职场礼仪中的自律就是要克己、慎重。要树立道德信念，遵守行为修养准则，严于律已，实现自我教育与自我管理。不要凡事总是要求别人，而要从自己做起。

三、职场礼仪的功能

（一）对于个人而言

1. 调节人际关系

人人都希望别人能接纳自己，喜欢自己。社会学家通过大量的研究发现，人际关系的基础是人与人之间的相互尊重、相互支持。人们之间相互接纳、相互喜欢是建立在相互尊重、真心相待的基础上的，你友善地对待别人，别人才会以同样的态度对待你，正所谓“爱人者，人恒爱之；敬人者，人恒敬之”。职场礼仪是职场沟通的纽带，是化解矛盾的润滑剂，是沟通人际关系的桥梁。在职场中，人们按礼仪规范行事，有助于彼此的相互尊重，建立友好协作关系，避免或缓和不必要的冲突和矛盾，营造一种和谐、平等、尊重、真诚、友爱、互助的新型人际关系。

案例

修养是第一课

有一批应届毕业生共22个人，实习时被导师带到北京的国家某部委实验室里参观。全体学生坐在会议室里等待部长的到来，这时秘书来给大家倒水，同学们表情木然地看着她忙活，其中一个还问了句：“有绿茶吗？天太热了。”秘书回答说：“抱歉，刚刚用完了。”林然看着有点别扭，心里嘀咕：人家给你水还挑三拣四。轮到他时，他轻声说：“谢谢，大热天的，辛苦了。”秘书抬头看了他一眼，眼里满含着惊奇，虽然这是很普通的客气话，却是她今天唯一听到的一句。

门开了，部长走进来和大家打招呼，不知怎么回事，静悄悄的，没有一个人回应。林然左右看了看，犹犹豫豫地鼓了几下掌，同学们这才稀稀落落地跟着拍手，由于不整齐，掌声越发显得零乱。部长挥了挥手：“欢迎同学们到这里来参观。平时这些事一般都是由办公室负责，因为我和你们的导师是老同学，非常要好，所以这次我亲自来给大家讲一些有关情况。我看同学们好像都没有带笔记本，这样吧，王秘书，请你去拿一些我们部里印的纪念手册，送给同学们作纪念。”接下来，更尴尬的事情发生了，大家都坐在那里，很随意地用一只手接过部长双手递过来的手册。部长的脸色越来越难看，他来到林然面前时，已经快要没有耐心了。就在这时，林然礼貌地站起来，身体微倾，双手接过手册，恭敬地说了一声：“谢谢您！”部长闻听此言，不觉眼前一亮，伸手拍了拍林然的肩膀：“你叫什么名字？”林然照实作答，部长微笑点头，回到自己的座位上。早已汗颜的导师看到此景，才微微松了一口气。

两个月后，同学们各奔东西，林然的去向栏里赫然写着国家某部委实验室。有几位颇感不满的同学找到导师：“林然的学习成绩最多算是中等，凭什么推荐他而没有推荐我们？”导师看了看这几张尚属稚嫩的脸，笑道：“是人家点名来要的。其实你们的机会是完全一样的，你们的成绩甚至比林然还要好，但是除了学习，你们需要学的东西太多了，修养是第一课。”

2. 塑造形象

孔子说：“不学礼，无以立。”礼仪有助于塑造个人的良好形象，提升个人修养，是为人立世之本。职场礼仪体现在许多方面，如讲究服饰、动作、姿态，运用语言艺术，等等。职场礼仪不仅可以有效地展现一个人的教养、风度、气质和魅力，还能体现一个人对社会的认知水平及个人的学识、修养和价值，获得更多的发展空间。所以，注重职场礼仪会在无形中给你带来机会，学会职场礼仪会让你看上去更专业。

3. 促进沟通协调

职场礼仪是沟通与协调的有效手段。在工作交往中，人们由于立场、观点不同，对同一问题会产生不同的理解和看法，如果不能很好地沟通，不仅交往的目的不能达到，还可能产生误解与隔阂，进而影响工作的开展。而恰当地运用职场礼仪，可以消除差异，增进理解，促进情感的沟通。

4. 提高素质

任何人在职场中都自觉或不自觉地受到职场礼仪的约束，能够自觉地接受约束的人会被人们认可，成为“成熟的人”。他们具有良好的心理承受力，遇到各种困难都能始终保持沉着稳定的心理状态，采取合理的行为方式。掌握职场礼仪，不仅可以满足你走向社会的需要，而且可以培养你适应社会生活的能力，还可以提高人文素质，影响和改变你的价值观、人生观、个性等，使你成为有素质的文明人。

（二）对于企业而言

1. 提升企业形象

案例

某公司有一位工作多年的司机师傅，他平时工作任劳任怨，安全驾驶，从没有出过任何事故，对公司所在地及周边城市交通非常熟悉。一次，他感冒带病坚持工作，却在开车送客户出访的路上犯了个错误，当天晚上就被辞退了。

那一天，由于感冒，嗓子和鼻子都不舒服，开车时，他摇下车窗向外面吐了一口痰，继续开车。傍晚收车回到公司后，同行的老板找来会计，为他结算了工资。这位司机一脸迷茫，左思右想也不知道自己犯了什么错，难道带病工作不对吗？他找到老板一问才知道一口痰毁了他的前程。老板说：“你带病坚持上班是值得称赞的，我奖励你，多给你三个月的工资，但你在客户面前随地吐痰，不讲公德，影响了公司的形象，是不能原谅的，所以我要辞退你。”

企业的每位员工都是企业形象的代表，员工得体的职场形象与良好的职场礼仪素养将有效提升企业的形象。

2. 营造和谐的企业环境

职场礼仪是现代职场中的“通用语言”，部门与部门之间、员工与领导之间、不同企业之间，都需要顺畅的沟通机制、和谐的工作环境，而懂得职场礼仪的人就是这种环境的营造者。

3. 提高效益

在工作交往中，正确使用职场礼仪，可以促使企业活动顺利开展，促进双方业务合作，给企业带来良好声誉，从而帮助企业建立广泛合作关系，提高企业的经济效益和社会效益。

（三）对于社会而言

普及和运用职场礼仪有利于强化文明行为，提高文明素质，促进社会主义精神文明建设。通过职场礼仪教育，让全体职场人言谈、举止文明，仪表、服饰得体，社会成员的思想修养、文明程度和精神面貌就会有所提升。如果人人讲礼仪，都有较高的文明意识，养成文明行为习惯，将会促进良好社会风尚的形成，使人与人之间、人与社会之间达到高度和谐与有序，我们的社会将更加和谐与温馨。

实训任务

分组讨论：职场人应该如何不断提高礼仪修养？

要求：（1）每5人为一小组，选出一名组长，负责组织讨论，一名秘书负责将大家讨论的内容记录下来。

（2）将讨论内容整理后，由组长指派一名同学代表小组发言。

（3）各小组交流后，选出最优组。

案例分析

一句话改变一生

波兰物理学家英费尔德（L. Infeld）年轻的时候，曾经在柏林饱受歧视，于是他去拜访著名的物理学家爱因斯坦，请爱因斯坦为他写一封让他在柏林求学的推荐信。爱因斯坦答应了，为他写了一封热情洋溢的推荐信。英费尔德满怀感激之情，又提出了一个请求："能不能给我一张有您签名的照片？"爱因斯坦爽快地答应了："好的，但是你也得送我一张有你签名的照片，这样才平等。"爱因斯坦的推荐信让英费尔德顺利进入了柏林的名牌学校。从此，他发愤学习，后来以一篇《麦克斯韦场方程的非线性概括》扬名天下。很多年后，英费尔德回忆起这件事，依然泪流满面："他的话使我感到平等，并给了我自信，他的话是我前进的强大动力。"

问题：这个案例说明了什么？

拓展学习

如何做老板心目中的好员工

初入职场的人，都希望自己得到老板的赏识，但又不知道如何为之，其实心态很重要。一般人认为老板出钱、我出力，我为老板打工，只要我努力工作，老板就会认可我。这种思想仿佛一切工作都是为老板而做。其实，我们的工作不是为别人而是为自己，我们不但可以从工作中学到很多东西，还可以积累经验，提高自己的能力，为日后发展奠定基础。因此，如果你是一个敬业的人，不妨摒弃"为老板打工"的思想，把工作当成自己的事，并融入一种使命感。无论处于哪个层次，都保持一种认真负责、一丝不苟、善始善终的工作态度。从某种意义上说，工作的真正意义是为了自己。如果你能把工作当成自己的事情，付出极大的热情和努力，你的付出一定会有收获，你一定能成为老板心目中的好员工。

综合练习

一、选择题

1.“礼”的本义是（　　）。

A. 礼节　　B. 礼貌　　C. 尊重　　D. 敬神

2. 在工作交往中，使用得体的礼仪会促成商务合作，这说明职场礼仪具有（　　）。

A. 效益性　　B. 发展性　　C. 普遍性　　D. 信用性

3. 践行职场礼仪，应做到（　　）。

A. 养成习惯　　B. 加强修养　　C. 自觉学习　　D. 自我反省

4. 作为一名职场人员，（　　）是最基本的交往行为修养。

A. 热情有度　　B. 注意小节　　C. 真诚谦虚　　D. 宽容理解

5. 职场礼仪的原则有（　　）。

A. 真诚原则　　B. 公平原则　　C. 让他原则　　D. 尊重原则

二、思考题

1. 什么是职场礼仪？它有哪些特征？

2. 职场礼仪有哪些原则？

3. 对于个人而言，职场礼仪有什么作用？

4. 在校学生为什么要学习职场礼仪？

三、案例题

乔·吉拉德是世界上杰出的推销员。一天，一位妇女从对面的福特汽车销售商走进了吉拉德供职的雪佛兰汽车展销室。

“夫人，欢迎您。”吉拉德微笑着说。那位妇女兴奋地告诉他：“今天是我的生日，想买一辆白色的车作为送给自己的生日礼物。”“夫人，祝您生日快乐!”吉拉德热情地祝贺道。随后，他轻声地向身边的助手交代了几句。吉拉德领着那位妇女边看边介绍，一会儿，助手走了进来，把一束玫瑰花交给了吉拉德。吉拉德把这束漂亮的玫瑰花送给了那位妇女，再次对她表示了生日祝贺。那位妇女感动得热泪盈眶，当即在吉拉德这儿买了一辆白色的雪佛兰轿车，尽管她原本想买一辆白色的福特车。

请问乔·吉拉德成功地运用了哪些礼仪？他的举动对于汽车销售有何作用？

任务三　掌握求职礼仪，毕业前必会

学习目标

(1) 了解求职礼仪的概念、特点和重要性等相关知识。

(2) 掌握求职信和求职简历的撰写技巧，掌握求职面试的礼仪和技巧，掌握网络求职礼仪的要求。

（3）掌握书面求职礼仪和求职面试礼仪的要求，并运用于实践。

知识框架

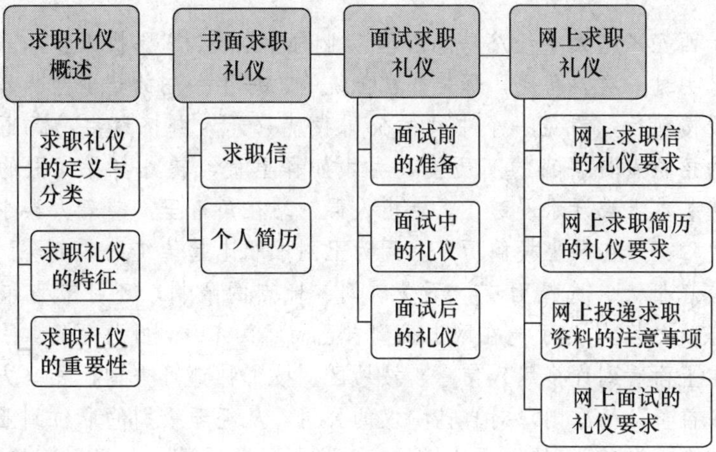

导入问题

T：求职过程中需要注意的礼仪规范有哪些？

S1：要注意面试时的服装。

S2：对面试官要有礼貌。

S3：不能迟到，女性要化淡妆。

一、求职礼仪概述

求职过程中，求职者应讲究礼仪，这是很重要的，因为这会直接影响面试官对求职者的印象，进而决定是否录用。用人单位招聘、录用员工，不仅注重求职者的专业知识和能力，还要看求职者的基本素养，包括言谈举止是否得体，是否有修养、懂礼貌。心理学家奥里·欧文曾说："大多数公司录用的是有礼节的人，而不是最能干的人。"做事先做人，尤其是在求职竞争日趋激烈、人才流动越来越频繁的现实环境下，求职者掌握求职礼仪很有必要。

（一）求职礼仪的定义与分类

1. 求职礼仪的定义

求职礼仪（Etiquette）是求职者在求职过程中与招聘单位接待者接触时应具有的礼貌行为和仪表形态规范，它通过求职者的应聘材料、应聘语言、仪表服饰等方面表现出来，并贯穿于求职全过程，是求职者文化修养、道德水准、个性特征的体现。

2. 求职礼仪的分类

随着经济社会的不断发展，求职形式根据招聘单位的机制、工作性质和招聘形式可以分为多种类别。根据求职形式的不同，求职礼仪大致可以分成三类：书面求职礼仪、面试求职礼仪和网上求职礼仪。

案例

刚刚毕业于西安××大学经济信息管理专业的叶虹说：“要找工作，当然免不了去招聘会，不过我只去过一次招聘会，那是非常传统的、每年一届的毕业生专场招聘会。我在拥挤的人群中缓慢前行，看见一个中意的公司我就分开人群挤过去，高高举起自己的简历，等待公司的招聘人员将我的简历接过去才如释重负，转身去寻找别的公司。几个来回，我的衣服就基本上被汗水浸透了。走出人群，站在角落里，望着人群中一张张疲倦的面孔，我下定决心：只在网上投简历了。因为上网求职比起传统的‘赶会’递自荐书，不仅查询方便、信息量大、选择面广，不受时间、地点的限制，还可节省印制自荐书的费用，也免去了奔波之苦。”为了能在网上找到自己满意的工作，叶虹用搜索引擎找到许多网上求职站点，在上面看到许多用人信息，按地区、按工种都可查询，相当方便。叶虹发简历时秉承“多多益善”的原则，对自己心仪的公司，从经理级别的职位到业务员级别的职位一个不落地“全面发送”，她觉得这样就可以增加保险系数。如果遇到特别中意的公司，在第一次发出简历没有面试消息后，她会将简历重复发送一遍。一转眼，叶虹上网求职已有一个多月，她遗憾地对笔者说：“我每天都上网查看我的电子邮箱，但‘落花有意，流水无情’，我只是害了‘单相思’，好长时间过去了仍杳无音信。有时电子邮箱里虽然也躺着几封回函，但这都是一些人才培训信息以及公司广告之类的无用信息。”

（二）求职礼仪的特征

1. 普遍性

求职者要想获得一份满意的工作，必须掌握并遵从一定的求职礼仪规范。求职行为的普遍性决定了求职礼仪普遍存在于现代人类社会的各种企业活动、商务活动中，并被人们广泛认同。

2. 时机性

在竞争越来越激烈的就业市场，求职择业的成败和礼仪有着密不可分的关系。求职应聘时，礼仪运用得如何，直接关系到能否赢得就业机会。以正确的礼仪规范应对求职面试，是获取工作机会的关键。

3. 目的性

求职对于招聘单位和应聘者来说，其目的性非常明确。招聘单位希望录用综合能力强、整体水平高的人员；求职者希望获得适合自己的、有发展前景的岗位。招聘单位往往把应聘人员面试时的仪表、言谈、行为举止等作为是否录用的重要参考标准之一。

（三）求职礼仪的重要性

1. 求职礼仪能体现求职者的文化素质、道德水准

求职礼仪可以从求职者的语言、仪态和行为举止等方面表现出来。对礼仪规范的遵循程度也是一个人道德水平高低的外在表现。而对礼仪规范掌握的深度和广度，反映着一个人文化层次的高低，体现着其文化素质。

2. 求职礼仪有助于企业科学合理地评估人才，促进面试的顺利进行

招聘单位对求职者进行面试时，会把对方呈现的求职礼仪作为录取与否的重要参考标准。无论在求职前、求职中还是求职结束后，求职者都应运用好求职礼仪，提升自身形象，达到求职成功的目的。

二、书面求职礼仪

多数单位招聘时，都要求求职者先提交书面求职材料，通过求职材料对众多求职者有大致了解后，再通知面试。求职材料主要包括求职信和求职简历。求职信与求职简历是自我推销的广告，是求职者与用人单位结成“姻缘”的桥梁，是求职者提供个人信息的第一重要的媒介。用人单位首先通过求职材料对求职者做出评估。求职材料写得好坏将直接关系到求职者是否能获得面试的机会。为了获得面试机会，求职者必须认真对待，写出高质量、符合礼仪规范的求职信和个人简历。

（一）求职信

1. 求职信的概念

求职信是求职者向用人单位介绍自己的情况以求录用的专用性文书，是一种介绍性、自荐性的信件。求职信不同于普通的信函，它所递交的对象是目标用人单位的人事部经理或一般职员。求职信有特定的目的，它通过表述求职意向和自身能力，让对方了解自己，以引起对方的重视和兴趣。求职信作为日常应用类文体，使用频率极高，其重要作用愈加明显。但需要注意的是：求职信的用处只是争取一个面试机会，它只是一封推销你自己的推销信，并不能够替你立刻找到工作。

2. 求职信的功能

大家都知道，如今的求职方式多种多样，我们可以在求职网站上直接按照模板填写简历，然后选择理想的公司和职位进行投递，但在投递之前，最好能附上一封求职信。一封礼貌、得体、真诚的求职信往往可以给用人单位留下良好的印象，增加通过概率，帮助求职者获得面试的机会。求职信的功能主要有以下两个：

（1）沟通交往，意在公关。

求职信是沟通求职者和用人单位的桥梁。通过一定的沟通，在相互认识、交流的基础上实现相互交往是求职信的基本功能。只有实现交往，求职者才可能展示才干、能力，突出其实绩、专长、技能等优势，从而得以被录用。因此，求职信带有一定的公关要素与公关特色。

（2）表现自我，求得录用。

要达到求职目的，就必须扬长避短，突出自我优势，在众多的求职者中崭露头角，吸引用人单位。表现自我，求得录用，是求职信的又一基本功能。

3. 求职信的写法

求职信与求职简历起着不同的作用，许多求职简历中的具体内容不应在求职信中重复，如工作经历、学历等。求职简历告诉别人你的个性、教育背景、独特经历和特殊技能，而求职信告诉别人：你是这份工作的最佳人选。

（1）写求职信需遵循的原则。

一封好的求职信可以向阅读者展示自己的能力和才干。高质量的求职信，并不在于华

丽的辞藻、较长的篇幅、精美的制作，而在于它能在文体上和内容上给阅读者留下好的印象。撰写求职信，要遵循以下基本原则：

1）事实性原则。求职信中最重要的内容是对求职条件的陈述。求职条件即对自身能力和业绩情况的总结。任何自我陈述都必须要有事实做支撑，尽量避免空洞乏味的泛泛而谈，在内容上要多陈述事实，比如“做过××项目”“参加过××研究课题”“获得过××奖项”，这要比“具备优秀专业知识水平”“专业基础扎实”“研究能力强”等空洞的语言描述更令人信服。要杜绝夸张、虚假性的陈述，因为夸张会给人不诚实、不务实的感觉，反而会影响你的形象。

2）协调性原则。求职信和求职简历的内容要相互协调、要统一。求职简历中无法提及或没能展开的内容可以通过求职信详细描述。求职信的自我介绍和个人经历要与求职简历中的内容相呼应，不能出现相互矛盾的硬伤。

3）规范性原则。求职信在格式、内容与结构上必须符合一定的规范和要求。求职信的文字和语法，要符合通常的语言规范，不得出现文字或语法错误。求职信中使用的专业术语一定要准确，不得出现专业知识上的硬伤。对于学校、学科、专业、地址等不使用简称，因为简称有时会使人误解，比如：“南大”是指南京大学还是南开大学？

4）突出性原则。求职信应当综合反映求职者各方面的素质，不仅要使用人单位对你的情况有一个大体的了解，更重要的是要突出那些能引起用人单位兴趣、有助于获得工作机会的内容，包括专业知识、实践经验和技能、爱好特长和个性特点等，即要从“专”“特”“优”上做文章，全面塑造你的形象。比如销售岗位大多喜欢能说会道、善于交际的人，生产和技术岗位则更欢迎踏踏实实的人。要针对不同的求职目标岗位有所侧重，学会“投其所好”，但切勿离开“胜任工作”这一主旨。

(2) 求职信的要素。

求职信的要素是从求职信的内容上来说的。一般来讲，求职信应包括求职目标、求职缘起、求职条件等方面的内容。

1）求职目标。写作求职信的根本目的是要获得一个岗位，所以应当开门见山，简单明了地写清楚自己希望从事什么工作、能够胜任哪个岗位。用人单位常常同时招聘多个岗位的人员，如不写明，用人单位将难以回复和选拔。在求职的过程中，只有求职目标明确的求职信，才能帮助你顺利地得到面试机会，谋求一份理想的工作。

示例

×××公司人力资源部李明先生：

您好！

从学校公布的招聘信息中获悉，贵公司需招聘一位营销人员，为此，我特向你们申请这一职位。

2）求职缘起。叙述一下你写求职信的理由，阐明你对用人单位或岗位感兴趣的原因。可以扼要说明一下你是通过什么渠道得到的招聘信息，何时开始注意到该公司，并简洁地说明该公司在你心目中的形象和地位。

3）求职条件。求职条件是指你有价值的背景情况和满足招聘要求的能力，是求职信的核心内容，它包括吸引人眼球的自我推荐和明确的未来设想。这些内容要有说服力，要清楚地说明自己的经历及独特的才能，特别是要解释清楚这些才能可以满足公司的需要、有益于公司的发展。在陈述过程中要实事求是，尽可能少用人称代词“我”，那样会让人感觉你想展示自己。在未来设想部分要表明你的下一步计划和设想。

4）其他。求职信如有附件，应在信的左下角注明，如个人简历、成绩表等，并附上联系地址、邮政编码、电话。最后要署名并写上日期。

(3) 求职信的写作格式。

求职信的写作格式是从其形式上来说的。求职信通常由标题、称谓、正文、结尾、署名和日期、附件等部分构成。

示例

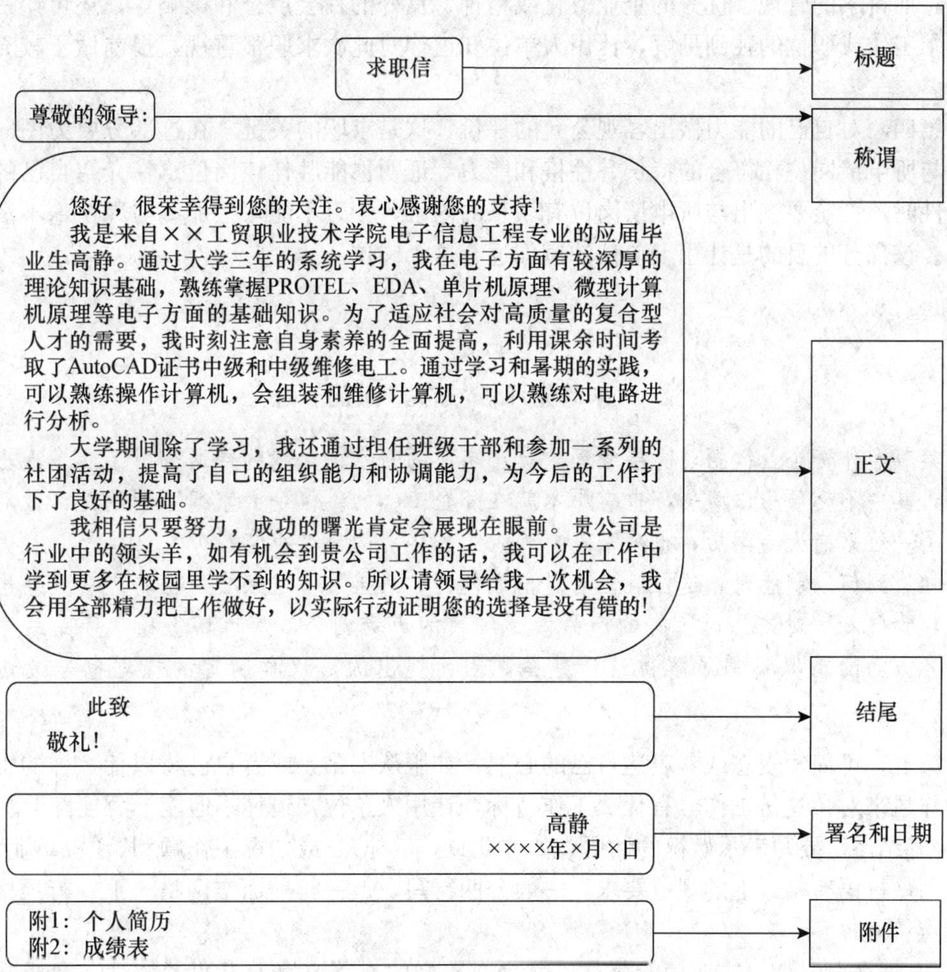

1）标题。求职信的标题通常只由文种名称组成，即在第一行中间写上“求职信”三个字。

2）称谓。称谓是对收信人的称呼，写在第一行，要顶格写收信者单位名称或个人姓名。单位名称后可加“负责同志”；个人姓名后可加“先生”“女士”等。在称谓后写冒号。

3）正文。另起一行，空两格写求职信的内容。正文内容要分出层次：

第一，简要介绍求职者的基本情况，包括姓名、性别、年龄、毕业学校及专业、学历等。该部分的目的是让用人单位知道你是“谁”。

第二，要说明从何渠道得到有关信息以及写此信的目的，如“得悉贵公司正在拓展省外业务，昨日又在《××商报》上读到贵公司的招聘广告，故有意角逐营业代表一职”。如果你的目标公司并没有公开招聘人才，即你并不知道它是否需要招聘新人时，你可以写一封自荐信去投石问路，如“久闻贵公司实力不凡，声誉卓著，产品畅销全国。得悉贵公司欲开拓海外市场，故冒昧写信自荐，望加盟贵公司”。

第三，写对用人单位的认识和对所谋求的职位的看法。可对用人单位进行恰如其分的赞美，如科学的管理、优秀的企业文化或精神、良好的社会声誉和影响等；还可谈一点对所谋求工作或职位的独到见解，让用人单位知道你对此次求职很重视，提前做了较充分的准备。

第四，对自己的能力做出客观公允的评价，这是求职的关键。在这部分要力图向对方展示与所申请岗位相符合的特长、性格和能力，证明你能胜任该岗位。在介绍自己的特长和个性时，一定要突出与所申请岗位有联系的内容，千万不能写上那些与岗位毫不沾边的东西。该部分的目的是让用人单位知道你适合这个岗位。

案例

未聘先评，“方案”敲门

某著名外资企业欲招聘高层管理人员，丰厚的薪水、优越的待遇吸引了众多人士前来应聘，其中不乏硕士、博士，也有原本就在外企工作的。但令大家想不到的是，最后胜出的却是一位只有大专学历，也从来没有外企工作经历的无名小卒。

在谈到何以制胜时，这位胜出者道出了他的“法宝”：“这家公司招聘广告一登出来的时候，我就着手对该公司所有的产品做了细致的市场调查，从市场份额、产品到竞争对手，各方面的情况我都了解得清清楚楚，因而提出的建议和制定的规划也是最切实可行的。”

第五，可简短表态或者表达自己的心愿，如服从安排，或者自己将以什么样的工作态度、作风来对待这份工作，有什么工作目标，让用人单位知道你不但能干而且肯干。

4）结尾。要写表示敬祝的话语，如“此致，敬礼”，或“祝工作顺利”“祝事业发达”等。写敬祝语有格式上的规范要求，一般分两行写，上一行前面空两格，下一行顶格，不加标点符号。

5）署名和日期。求职信的落款，就是在正文的右下方署上求职者的姓名及成文的日期。另外为方便对方回复、联系，最好写上自己的联系方式。

6）附件。求职信的附件是不可忽视的组成部分，有说服力的附件是对求职者进行鉴定的凭证。这些附件包括学历学位证书、荣誉证书等复印件以及简历、近期照片等。在正文左下方注明附件内容，一是方便用人单位审核；二是给对方留下有条不紊、办事周到的好印象。

(4) 求职信的写作礼节。

求职信是求职者与用人单位之间的首次交往，其最终效果直接影响着求职者给对方的最初印象，所以更要遵循恰当的礼仪规范。

1）称谓要恰当礼貌。求职信的称谓要较一般书信更正规，在实际书写时也要区别对待。如果有明确的写信对象，如写给国家机关、事业单位的人事领导，则用司长（处长、负责人）等称呼；如果写信对象是公司、企业，则用“××公司人事部部长”“××厂厂长”等。如果不确定看到求职信的人的职务，可以统一称呼为“先生/女士”。求职信的目的在于求职，是一种私对公并有求于公的信函，因而称谓要求严肃、谨慎、合适、得体。称谓之前一般要加表达敬意的修饰语，如“尊敬的”等。但也不可过分亲近，以免有“套近乎”之嫌。

2）问候要诚恳自然。作为一种礼节，无论是对熟悉的通信人，还是对第一次联系的陌生人，信的开头都应当有问候语。求职信不同于一般私人书信，写信人与收信人未曾谋面，所以问候语可以简短，一般用“您好”比较恰当，表达出对对方的敬意即可。

案例

求职者应注意基本礼仪　求职过程莫忘基本问候语

良好的第一印象是求职成功的基本条件，可很多年轻的求职者却对此不注意。刚刚代表公司参加完招聘会的网友“hkhk9966”就在某论坛上发帖给年轻的求职者提了个醒。

网友“hkhk9966”写道：现在的应届毕业生应注意求职过程中的基本礼仪。今天公司安排我到湾塘招聘会招人，有一个女孩子来到我们公司的摊位前，最基本的问候“你好”都没有，直接上来就一句“喂，我问你呀……”我听后直接对她说：“不用看你的简历了，你太没礼貌了，我们公司肯定不会考虑的。”碰上这样的求职者我真的感到很惊讶，其实我也是今年7月份才毕业的，找工作时大家都很注重礼节，问用人单位工作人员时开头都会用“您好”之类的礼貌用语。

3）格式正确，条理清晰。好的求职信能体现你清晰的思路和良好的表达能力。求职信的内容尽管各不相同，写法也多种多样，但都要求内容清楚、格式正确、文辞通畅。按照求职信的格式要求，每一个段落都应有表述的中心。求职信的主体部分是重点，要层次清楚并有针对性地介绍自己，突出自己的特点，并努力使自己的描述与所应聘职位的要求一致，不能东一榔头西一棒子，让人抓不住表述的主题和中心。内容要突出重点，不要报流水账。比如你在大学期间参与的项目如果对应聘的岗位有作用，可以作为重点来写，没有关系的不必列上。一般在简历上只提项目名称，而求职信上可以多花些笔墨，如项目对于企业或国家的作用，你在这些项目中的贡献等。

4）语言表达要适当得体。求职信要注意措辞和语言表达，遣词造句要态度诚恳、语气谦和、不卑不亢，把自己放在一个正确的位置。用人单位从求职信中看到的不只是一个人的经历，还有品格。求职信不需要任何豪言壮语，也不需使用华丽浮夸的词语，只要实事求是地针对你所求职位的要求介绍自己的能力和特长即可。

错误示例

错误示例1："我家人都在某市，故很想去贵单位就职。"

分析：求职者本来想表达去了以后能安心工作，但可能会让用人单位感觉你的动机只是为了和家人在一起，对用人单位并不感兴趣。

错误示例2："×月×日前复信为盼。"

分析：用词看似客气，但却限定对方回复时间，这是一种以个人意愿强制对方的做法，很容易引起对方反感。

错误示例3："现有多家单位欲聘我，所以请您从速答复我。"

分析：表述过于生硬，可能会让用人单位产生被要挟的感觉。用人单位会认为，既然有别的单位要你，还来我这儿干什么？

另外，求职信中千万不能出现错别字以及不通顺的句子。现在计算机录入的求职信，因为拼音输入法会出现很多同音字，稍不注意，就出现很多"别"字，比如将"出生"写成"出身"，"经历"写成"经理"等，所以一定要仔细审阅内容，发现问题后立刻改正，不然会因小失大。手写求职信不要随便改写，也不能使用涂改液，否则会给人粗心大意、不严谨、缺乏诚意甚至文字功底差的印象。语言表达也要通俗易懂，不要让人费解。当你应聘技术性较强的专业岗位时，文字要通俗易懂，不要用太专业的术语和生僻词语。因为负责招聘工作的一般是人事部门的经理，他们未必对所有的专业技术都懂，会对看不懂的求职信失去兴趣，可能还会认为你有卖弄之嫌。

5）祝颂要热诚规范。祝颂语可以套用约定俗成的句式，如"此致，敬礼""祝贵公司事业发达，鹏程万里""祝贵单位（公司）越办越好"等。

（5）撰写求职信的禁忌。

1）忌滥用纸张。写求职信忌用其他单位的信纸、信封，否则会被对方认为你是个贪图小便宜的人。

2）忌照搬简历。求职信与简历在撰写的内容上各有所侧重，不要把求职信当作简历的翻版，浪费有限的叙述空间，错过让对方多了解你的机会。

3）忌啰唆冗长。求职信的长度不要超过两页，太长了，对方没时间看；太短了，情况介绍不详细，不易吸引人。

4）忌字迹潦草。如果求职者钢笔字写得很好，建议自己工整书写，这样既向用人单位展示了自己的特长，也能让看信的人留下良好的印象。如果求职者的字写得不好，建议用质地好的A4纸打印，字体大小合理，行间距适度，整体布局要给人一种舒适感。

实训任务

任务1：NLC化学有限公司是主要生产、销售医疗药品的跨国公司。随着生产业务的扩大，公司拟在生产部门设立一个处理人事事务的职位，主要负责生产部与人力资源部的协调工作。35岁的姚女士决定前往应聘，她认为自身有如下优势：生产管理专业，硕士学历，有8年一般人事管理经验，熟悉人力资源管理工作的规律与特点，在此之前的两份工作中均有良好的表现；工作非常细心，善于察言观色，与人能良好沟通。请根据以上材料代姚女士写一封求职信。

任务2：某大型跨国连锁集团因扩展业务，需要招聘文秘工作人员2名、销售人员2名、柜台收银员1名。请你以求职者的身份选择一个岗位，写一封求职信。

任务3：根据个人的特点与求职意愿，按求职信的写作要求，为自己拟写一封求职信。

（二）个人简历

除了求职信以外，求职时的重要工具还有个人简历。个人简历是求职者向用人单位发出的一份关于自身情况介绍的书面材料。个人简历是用人单位了解求职者的各项基本情况的最直观的材料。个人简历对个人学历、工作经历、特长、性格及其他有关情况进行简明扼要的书面介绍，以达到求职者对外展示自我、推销自我的目的。

1. 个人简历的主要内容

（1）个人基本情况。如本人姓名、性别、年龄、通信地址和联系电话等，一般写在简历最前面，以方便用人单位联系。

（2）求职意向。求职者要在简历中传达明确的求职意向，这样有利于人力资源主管节省时间和精力去研究求职者适合的岗位。简历中如果没有求职意向，可能会给人以在职业追求上没有设想和规划的感觉。

（3）个人教育背景。按时间顺序列出中学至最高学历的学校、专业，以及所参加的各种专业知识和技能培训。除非与所求岗位相关，一般不必具体列出学了什么课程。

（4）个人工作经历。包括工作经历及原工作单位、职务与工作业绩等。这部分内容应包括公司/单位名称、职务、就职及离职时间，应该突出所任每个职位的职责、工作性质等重要信息，这是个人简历的核心。对于个人经历应该倒序叙述，这样可使用人单位在最短的时间内了解你最近的经历。对于刚开始求职的大学生来说，因之前没有正式的工作经历，这部分可以写一些社会实践活动和实习工作的内容（一定要注明是实习），重点写与所求岗位相关的。

（5）自我评价。包括特长、成就、兴趣爱好与性格特点等。特长应突出求职者拥有的特殊技能，与所应聘岗位相关的专长尤为重要，比如应聘办公室秘书，若应聘者具有较高的外语、计算机、中文写作水平，那肯定比没有这些专长的人多了成功的砝码。成就是指专业领域的工作成就，切记要实事求是，要具体量化，通常还要附上证明材料。兴趣爱好也应突出对求职有用的内容。性格特点能够展示求职者的品德、修养，它与工作性质关系密切。

2. 个人简历的写作原则

（1）简洁明了原则。简明是简历的生命。简历的文字要简洁扼要、清楚明了，不能长篇大论，内容要具有针对性，招聘人员不喜欢看冗长的文字。需注意的是，简历在保证概括性强的同时，要尽量避免含糊、模糊、指代不清的词句出现。

（2）重点突出原则。个人简历的所有内容，一定要与应聘的职位相关，无关的内容不要叙述。求职者如何证明自己就是百里挑一的最适合的那一个，有针对性的说明就显得特别重要。

个人简历要突出三个重点：首先是求职目标。求职目标体现了求职者的自我认知和职业定位，它关系到双方的目标是否一致。其次是工作经历。一定要写出你的经历要点以及成就，重点是你干了什么，从中起了什么作用。最后是个人特长。要突出自身的过人之处，比如沟通能力，可以举例来说明，这要比那种笼统性的语言，如“善于与人沟通”，更具说服力。

(3) 实事求是原则。简历的内容要真实，不说假话，不能为了获得职位而夸大个人的业绩，更不能捏造、虚构。简历千万不要注水，否则代价惨重。招聘官个个练就了火眼金睛，面试时几个问题就可能让你的谎言被揭穿。不管是教育经历还是工作业绩，都要实事求是。

实训任务

假如你是招聘官，简历中的下列两种描述（分别为A组和B组），哪一种令你印象深刻？请说明理由。

	A组	B组
描述1	提高了生产能力	7个月将工厂产量提高148%
描述2	实行新的人事政策，提高了员工的士气	实行新的人事政策，使缺勤率和人员调整率分别降低了25%和32%
描述3	领导工程小组	管理420名技术设计人员
描述4	接管了一个问题成堆的地区，开发出新的客户服务及市场营销技巧	接管了一个问题成堆的地区，开发出新的客户服务程式及市场营销技巧，并于两年内将市场占有率从3.6%提高至5.2%
描述5	组织了公司人员调整，削减了无用的员工	组织了公司人员调整，削减了无用的员工，每年为公司节约68 000元

示例

个人简历

<table>
<tr><td rowspan="7">个人基本信息</td><td>姓　名</td><td>×××</td><td>性　别</td><td>男</td><td rowspan="6">照片</td></tr>
<tr><td>出生年月</td><td>19××年×月</td><td>民　族</td><td>汉</td></tr>
<tr><td>籍　贯</td><td>山东××</td><td>政治面貌</td><td>党员</td></tr>
<tr><td>本科专业</td><td>体育教育</td><td>最高学历</td><td>硕士</td></tr>
<tr><td>硕士专业</td><td>运动人体科学</td><td>毕业学校</td><td>北京体育大学</td></tr>
<tr><td>计算机水平</td><td>能够熟练使用</td><td>外语水平</td><td>大学英语四级</td></tr>
<tr><td>联系电话</td><td>×××××××××</td><td>通信地址</td><td colspan="2">北京市海淀区北京体育大学研究生院</td></tr>
<tr><td colspan="6">教育经历</td></tr>
<tr><td colspan="6">20××年9月至20××年6月　山东省××市第二中学
20××年9月至20××年7月　山东师范大学体育学院　体育教育专业
20××年9月至今　北京体育大学研究生院　运动人体科学专业</td></tr>
<tr><td colspan="6">主修课程</td></tr>
<tr><td colspan="6">足球、篮球、排球、田径、武术、手球、学校体育学、运动训练学、人体生理学、人体解剖学、体育保健学、体育心理学、运动损伤与预防、运动处方、体育教育教学基础理论等</td></tr>
<tr><td colspan="6">获奖情况</td></tr>
<tr><td colspan="6">20××年获得山东师范大学授予的“校级优秀团员”“校级三好学生”称号，一等奖学金
20××年获得山东师范大学授予的“校级优秀团员”“校级三好学生”称号，“寒假社会实践优秀个人”，二等奖学金
20××年获得山东师范大学授予的“校级三好学生”称号，一等奖学金
20××年获得北京体育大学“优秀研究生”称号
20××年获得北京体育大学西门子奖学金</td></tr>
</table>

所获证书
高级中学教师资格证　　足球国家二级裁判证
发表论文
北京体育大学学报（增刊）发表《中跑运动中有氧、无氧供能比例测定》
实习及兼职经历
20××年9月—11月，在济南市第七中学进行了两个月的教育实习，担任三个班的足球老师，很好地完成了学校安排的教学任务，并在学校组织的足球比赛中担任主裁判 20××年7月至20××年8月在济南新东方学校做过兼职班主任，负责学生的管理 20××年在北京体育大学生理教研室实习，给北京体育大学竞技体育学院、武术学院上运动生理学实验课程 20××年11月至20××年4月在北京××文化公司从事编辑工作，主要负责高校体育教材的组稿、编辑等 20××年5月至6月在河北体科所实习 20××年8月至11月在国家奥林匹克体育中心做北京城市业余足球联赛裁判

三、面试求职礼仪

面试是由用人单位对求职者进行面对面的考查，评估求职者是否符合岗位要求的过程。对求职者而言，面试是用人单位决定是否录用的最后一个阶段，也是最重要的阶段。因此，作为求职者，懂得面试礼仪，认真应对是非常重要的。求职者的服饰打扮、举止言谈、气质风度，无一不直接影响主考官对求职者的印象。

案例

不看考官　高才生失去银行工作

××大学的小强在求职中亮出了多个获奖证书：美文大赛一等奖、三好学生、优秀学生干部。小强又高又帅，口才也比较好。“可是，他不看着考官说话。”人事经理范蓉说。

在面试现场，小强的眼睛时而向下看，时而向上看，时而左右看。参与面试工作的有一个行长、两个副行长，还有单位的人事部主任。范蓉说：“通常来说，面试时喜欢向下看、看地面的人有自卑心理，向上看、看房顶的人有傲慢的特点，而向左右看会给人以焦虑和惶恐的感觉。”银行行长很惋惜地对小强说：“你很优秀，可是你一直不看我，我以为你不喜欢我。我希望你以后无论和谁说话，都要看着别人的眼睛。”“太可惜了，高才生失去了银行工作的机会。”人事经理范蓉说，“在面试时，一定要看着考官的眼睛说话。如果有很多考官，初见时要微笑着与每人对视三秒钟，这样会给人以自信和稳重感。”

（一）面试前的准备

古语云：“知己知彼，百战不殆。”面试前的准备是面试能否成功的关键。面试前，一定要广泛收集各方面的资料与信息。有了充分的准备，才能做到有的放矢，从而为面试奠定良好的基础。面试前需要做好以下准备。

1. 面试前的资料准备

首先，要准备好面试时可能会用到的一切书面资料，包括身份证、学历证书、专业技术人员任职资格证书以及各种技能证书、获奖证书、个人简历等。这些书面资料应当有条不紊地放在一个公文包里随身带去，以备主考官随时查阅。资料杂乱无章，递交资料时手忙脚乱，容易使面试官产生做事毛糙、没有头绪的感觉。此外，要准备一个记录本和笔，既表明对面试的重视和对面试官的尊重，也有助于把面试过程中的重要问题记录下来。

其次，要准备与招聘单位和目标岗位有关的资料。把你了解的招聘单位的相关信息运用到面试中去，表明你对招聘单位的兴趣和对面试的重视，这也是面试取得成功的关键。所以，要深入了解招聘单位的背景、性质、规模、特色、组织结构、发展前景，目标岗位的主要职责、任职资格要求、岗位专业知识和专业技能等，做到有的放矢，提升面试胜出的概率。

案例

知己知彼才能取胜

小许今年23岁，即将从××大学国际贸易专业毕业的他希望能找到一份满意的工作。

在接到一家招聘单位的面试通知时，小许正在和好朋友逛街，招聘会上的“多投简历”战术让他早就回忆不起来什么时候向这家单位投了简历。当他如约来到招聘单位，和人力资源部主任聊了一会儿才知道这是一个初中英语教员的职位。主任简单地问了他一些英语方面的问题，小许自信地对答如流。主任又接着问：“你对我们学校了解吗？”“知道一点，你们是外语培训学校。”小许回答。“你知道来我们这里培训的都是什么人吗？我们学校的特色和授课风格你了解吗？”小许无语。主任又说：“你恐怕对我们不大了解，从起先的谈话中我感觉你对英语教员这个职位好像也没做好准备。”小许心里一惊，刚刚还以为瞒天过海之术施展得很好，原来早就被明眼人识破。主任接着说：“我们的学生很多都是需要加强英语学习的，而他们本身对英语又没什么兴趣。刚才听了你的讲课，你的专业水平可能达到了我们的要求，但在教学上，你根本没有与学生互动，不能吸引他们学英语。恐怕你不大适合……”小许面试失败的原因在哪里？

对于面试信息，可以通过传统渠道获取，比如向亲朋好友、同学、同事了解，也可以通过网络、新闻报道、广告、企业名录等渠道查找。

2. 面试前的心理准备

面试前的心理准备，是求职者在求职过程中自我心理管理的一部分。所谓心理管理，即通过对自己心理的调节，力图保持某种乐观的情绪和积极向上的心态。心理准备做得好，求职者在面试的时候才能更加从容不迫，发挥出水平。面试前要做好以下心理准备：

(1) 树立自信心。

面试前，求职者要对自己的实力有充分的估计和坚定的信心。只有这样，才能表现出从容不迫的风度，才能赢得用人单位的赏识和信任。

(2) 切忌苛求完美。

基于对面试的重视，很多人都力求做到完美，这样无形中给自身施加了很大的压力。因为渴望通过面试获得机会，所以抱有一种要全面展示优点，掩饰、遮盖自己不足之处的心态。但是过度追求完美，结果往往事与愿违。因为面试的根本目的是找到“合适”的人，而不是“完美”的人。因此，求职者只要全面而准确地展现自己的风采就可以。

(3) 保持平和的心态。

对面试官提出的苛刻问题，要做好心理准备，同时对面试结果也要有足够的心理承受力，保持平和的心态。凡事都有两面性，面试可能成功，也有可能失败。面试前，求职者只有做好最坏的心理准备，才不至于在面试之后因受到打击而自暴自弃。

(4) 具有竞争意识。

“百舸争流，奋楫者当先；万木竞秀，傲寒者夺魁。”求职也是一场竞争，求职者要有乐观向上的拼搏精神和强烈的进取欲望。面试前，要从实际出发，对环境、能力、特长等进行具体分析和评价，扬长避短，敢于参加竞争，大胆地与竞争对手一比高低。

3. 面试前的提问准备

“凡事预则立，不预则废。”作为求职者，在参加面试前，可以做有针对性的模拟面试问答。事先应该对目标单位及其工作内容做尽可能多的了解，对面试官可能问到的问题提前做出设想。这些问题包括个人的基本情况，对工作和学习的感受，关于工作、职业和岗位的一般性看法，等等。求职者可以对每个设想的问题整理出回答的思路，提前做到心中有数、有备无患、应对自如。

大多数情况下，求职者在面试的过程中可能会遇到类似的问题，这些问题就是面试中的常见问题。掌握一些常见的面试问题，对于求职者的面试准备会有非常大的帮助。

实训任务

为以下十五个经典面试问题整理出回答的思路。

问题一：“请你自我介绍一下。”

问题二：“谈谈你的家庭情况。”

问题三：“你认为个人事业的成败是由什么决定的？”

问题四：“谈谈你的优缺点。”

问题五：“以前你都干过什么工作？后来为什么放弃了？”

问题六：“谈一谈你的一次失败经历。”

问题七：“你做过哪些能表现你某一专长（协调能力、沟通能力、独创性和意志力）的工作？”

问题八：“你从前一家公司离职的原因是什么？”

问题九：“你为什么要选择进入这个工作领域？”

问题十：“你为什么选择我们公司？”

问题十一：“你能告诉我，我们为什么要录用你？”

问题十二：“对这项工作，你有哪些可预见的困难？”

问题十三：“如果我录用你，你将怎样开展工作？”

问题十四：“你喜欢什么样的领导？”/“你愿意和什么样的领导共事？”

问题十五：“你有什么问题要问我吗？”/“还有什么关于你的情况愿意跟我分享的？”

需要注意的是，同一个面试问题并非只有一个答案，而同一个答案也并不是在任何面试场合都有效，关键在于求职者对面试具体情况的把握。

4. 面试前的仪表形象准备

仪表形象包括人的面容、姿态和服饰等，是人的精神面貌的体现。面试前做好仪表形象准备也是非常重要的。

(1) 注重仪表形象。

1) 头发。仪表形象要“从头做起”。头发是否干净、整洁，发型是否适当，直接关系到面试官对求职者的第一印象。

2) 容貌。在面试中，求职者的容貌也会引起面试官的关注，并将影响面试官对求职者的评价。容貌修饰应当端庄、大方、斯文，给人以美感，女性适度化妆是很有必要的，但不要浓妆艳抹。

3) 服饰。面试时的服饰应遵循一些常见的礼仪规范，要整洁、得体。面试时的穿着不必过于奢侈，但也不能过于随便。穿着要符合职业习惯，得体的职业装会给面试官留下好的印象。

(2) 面试时仪表的禁忌。

1) 忌蓬头垢面，发型怪异，不刮胡须。

2) 忌穿T恤、牛仔裤、运动鞋。

3) 忌过于花枝招展、性感暴露。

(二) 面试中的礼仪

1. 基本礼仪

(1) 掌握时间规则。

求职者一定要守时，这是最基本的职业道德。迟到是不尊重面试官的表现，是极其失礼的。最好能提前10分钟到面试现场，一方面可以熟悉环境，稳定心神；另一方面也可以做些准备。不要过早到达，因为去得太早会给面试方带来安排上的麻烦。如果在去往面试现场的路上出现意外情况，不能按约到场，应当及时打电话告知面试官，以免对方久等；到现场后一定要主动解释迟到的原因，以求谅解。

(2) 掌握等候规则。

求职者在等候面试时，不要旁若无人、随心所欲，对接待人员熟视无睹。可以向接待人员做简单的自我介绍，在指定的地方等候，切忌东张西望、乱走乱动。要给所有人留下良好的印象，并非只是尊重面试官。

(3) 掌握放松心情规则。

许多求职者一到面试现场就会产生一种恐惧心理，往往会因为紧张而心跳加快、面红耳赤。此时可以做深呼吸，控制呼吸节奏，调节情绪，努力平稳心态。

(4) 掌握礼貌通报规则。

到达面试地点后，不可冒冒失失推门就进。进门前，一定要有礼貌地通报负责面试的人员。即便门是虚掩的，也应先敲门，不能推门就进，那样会给人鲁莽无礼的感觉。如果门关着，应轻叩门两三下，并同时轻问一声：“我可以进来吗?”不要不停地敲门，这样会给对方留下缺乏教养的印象。当听到允许进入的回答后，再轻轻地推门进入，进门后随手将门轻轻关闭。

(5) 掌握正确称呼规则。

见面打招呼，是基本的社交礼仪。那么，如何称呼面试官才是正确得体的呢？一般来说，面试现场的称呼要根据用人单位性质以及你事先了解的情况灵活处理。如果你知道面试官的职位，可以直接称呼，比如“科长，您好”。如果你不知道面试官的具体职位，可以“领导”相称，或直接用敬语“您好”来打招呼。称呼一览表见表1-1。

表1-1　　称呼一览表

<table>
<tr><th>面试官设置</th><th>是否事先知道姓氏</th><th>职务</th><th>称呼</th></tr>
<tr><td rowspan="4">1人</td><td rowspan="2">事先知道姓氏</td><td>有职务</td><td>1）一般采用姓加职务的称呼，如“刘经理”“李处长”
2）如果对方的职务是副职，最好略去“副”字，就高不就低，以正职相称</td></tr>
<tr><td>无职务</td><td>采用“姓＋先生/女士”的称呼</td></tr>
<tr><td rowspan="2">事先不知道姓氏</td><td>有职务</td><td>只称职务，如“董事长/经理/主任，您好”</td></tr>
<tr><td>无职务</td><td>可简单称呼“您好”或者“老师，您好”</td></tr>
<tr><td rowspan="3">多人</td><td rowspan="2">事先知道姓氏</td><td>有职务</td><td>称呼“姓＋职务”，按照职位从高到低逐一称呼</td></tr>
<tr><td>无职务</td><td rowspan="2">“各位领导好”或者“各位老师好”</td></tr>
<tr><td colspan="2">事先不知道姓氏</td></tr>
</table>

（6）掌握热情握手规则。

求职者进入面试室，应该行握手之礼，通常是面试官先伸手，然后求职者伸手热烈响应。若求职者拒绝或忽视了面试官的握手，则是失礼。若面试官没有主动伸手，求职者切勿贸然伸手与之握手。

（7）掌握入座规则。

求职者不要自行坐下，要等面试官请你就座时再入座。面试官邀请入座时，求职者应该表示感谢，并坐在指定的椅子上。落座要轻，不应发出声响，如果椅子位置不合适或正好面对阳光，最好轻轻移动一下椅子，避免阳光直射。

2. 举止礼仪

（1）面试中举止的内容及特点。

面试中的举止主要包括站姿、坐姿、手势等。

求职者的行为举止作为一种无声的语言，是面试官评判求职者基本素养的重要依据。面试中的举止具有以下三个特点：

一是连续性，即其过程连续不断。如：从敲门、进场到鞠躬入座，这一系列动作是连续性的。

二是多样性，即传递同一信息时，可以多种举止并行。

三是可靠性，即相对于语言来说，举止更多是无意识的，因而对人的内心世界的反映更加真实。

（2）面试中举止的功能。

面试时，求职者的行为举止在面试官与求职者之间的相互沟通中作用很大。具体来讲，面试中的举止有以下五大功能：

1）表露功能，即可以表达口语难以表达的信息，使双方免于受窘。

2）替代功能，即可以替代口语，直接用来与对方交流、沟通。

3）辅助功能，即可以辅助口语，使人“言行一致”，使观点得到强化，被表达得更清楚、更深刻。比如某些手势可以起强调说话内容的作用。

4）适应功能，即可以适应本人的心理、生理需要。

5）调节功能，即可以发出暗示，调节双方关系，使对方做出积极反应。比如鞠躬有尊重对方的意思，使对方对你产生好感。

案例

一张纸决定一个工作机会

涉外文秘专业毕业的女生玲玲，到一家外资企业应聘总经理秘书。她顺利通过了初试、复试，最后一关是总经理面试。玲玲凭借自己出色的专业知识和流利的英语口语，赢得了总经理的赞许。当面试快结束时，总经理故意碰了一下桌面上的文件，一页文件掉在了地上。但玲玲似乎没有注意到，她仍在兴致勃勃地说话，总经理这时也似乎没了刚才的兴趣，他对玲玲说："面试就到这儿吧！"玲玲一脸茫然地出去等待结果。一会儿，人力资源部的经理来了，宣布被录取的是另外一个人。人力资源部的经理遗憾地对玲玲说："我们本来很看好你的，但你连捡一张纸都不愿意，又怎么能当个好秘书呢？"

（3）面试中举止的注意事项。

1）站姿。求职者站立时，要挺胸立腰，两肩和手臂垂直放在身体两侧，肌肉不要太僵硬，要适当放松。不要将手叉在裤子口袋里，那样会显得过于随意，也不要双手交叉抱在胸前，或者双手叉腰，这种姿势给人傲慢的印象。

2）坐姿。良好的坐姿不仅有利于健康，而且能塑造沉稳、端庄的个人形象。求职者在面试时，落座要轻，上半身要保持直立状态，双腿平行并拢，双手可自然放于腿上。离座时，也要注意动作轻缓。

案例

面试未开始却已经结束

一次，有位老师带着三个毕业生去应聘一家公司的业务员。面试前，老师怕学生面试时紧张，同人事部主任商量让三位学生一起面试。三位学生进入人事部主任办公室时，主任上前请他们入座。当主任回到办公桌前，抬头一看，欲言又止，只见两位学生坐在沙发上，一个架起二郎腿，而且两腿不停地抖动；另一个身子松懈地斜靠在沙发一角，两手攥握手指咯咯作响；只有一个学生端坐在椅子上等候面试。人事部主任起身非常客气地对两位坐在沙发上的学生说："对不起，你们二位的面试已经结束了，请退出。"两位学生四目相对，面试怎么什么都没问就结束了？

3）手势。面试过程中，求职者要学会运用不同的手势。手势运用得当，可以借助其描摹事物复杂的状貌，表达潜在情感，增强肢体语言的说服力和感染力。

求职者还要注意避免一些不规范的小动作。比如，边说话边拽衣角，这个小动作很容易让面试官看出你的紧张焦虑，给人留下不成熟、浮躁的印象；再比如，频繁用手拂拭额前的头发，这会透露出你的敏感和神经质，还会令人产生不被尊重的感觉。

递材料给面试官时，应用双手自胸前递出，并把材料名称向着对方，以便对方能够看清楚。接物时，应双手接过。

4）表情。在面试中，应注意保持自信的微笑，要从容、镇定，表情自然。求职者与面试官保持目光接触，是对面试官的尊重，对于面试沟通是十分必要的。

3. 交谈礼仪

（1）自我介绍。

在经过了初始的见面寒暄之后，求职者通常会面临的一个问题是“请谈谈你自己吧”。当面试官要求你做自我介绍时，不用像背书似的把简历上的内容再说一遍，那样只会令面试官觉得乏味。求职者只需简洁清晰、充满自信、语速适中地将简历中的重点内容稍加说明即可。

（2）谈吐礼仪。

交谈是求职面试的核心。在与面试官交谈的过程中，要充满自信，语调要平稳、从容，吐字要清晰。对方给你介绍情况时，要认真聆听，把握关键点，因为好的交谈是建立在聆听的基础之上的；为了表示你已听懂并感兴趣，可以在适当的时候点头或提问。对于面试官的问题应该是有问必答的，回答问题时尽量详细，想好了再说，还没有想清楚的不要说，回答要尽可能有逻辑地呈现，可以采用分条的表达方式，如：“第一，第二，第三……”或者“首先，其次，再次……”，千万不能东一榔头西一棒子。

1）面试遇到不会回答的问题，怎么办？

回答问题要实事求是，知之为知之，不知为不知。遇到不会的问题，可以坦白承认，如“对不起，很惭愧，这个问题我不太清楚，以后要加强这方面的学习”，千万不能信口开河、夸夸其谈。

2）面试官的问题没听清楚，怎么办？

可以采用“复述与提问”的技巧：“您刚才提到……，请问是……的意思吗？可不可以麻烦您重述一遍？”不可想当然地作答。

3）当面试官提出的问题令你感到受冒犯或者与工作无关时，怎么办？

可以有礼貌地拒绝，语气和态度一定要婉转、温和。比如回答：“对不起，我能不能暂时先不回答这个问题呢？”千万不要意气用事，生硬地拒绝：“我不想回答这样的问题。”

4）面试时，说错话了怎么办？

如果是无关紧要的话，影响不大，求职者大可不必放在心上，继续往下说即可，千万不要停下来或者吐舌头、捂嘴，这会给面试官撒谎的感觉。如果错误比较严重，应在合适的时候进行纠正并道歉：“对不起，刚才我太紧张了，好像说错了话，我的意思是……，请原谅。”

案例

欲速则不达

小吴好不容易才通过了用人单位的招聘程序，最后一关是与用人单位领导面谈。面谈中，尽管领导曾当场提示他“不要着急，放松些”，但他急于求成，竟没有注意，常常是领导的话还没有说完，他就按照自己的理解做了回答。谈话很快结束了，小吴回到学校等用人单位的消息。可是，过了预定的日期，他还没有收到任何消息。

求职者在面试时，还要避免谈及以下九个禁忌话题：

1）政治和宗教话题。面试时谈及这类敏感话题是很危险的。

2）以往雇主的机密资料和商业秘密。这会被认为缺乏职业道德，不值得信任。

3）对于性别或种族、地域的偏见。职场里不容许性别和种族歧视存在。

4）对以往雇主的抱怨和批评。这会被认为忠诚度不够，爱抱怨。

5）待遇。工作还没开始干，就先提报酬，会让面试官反感。

6）个人问题。切忌向面试官问及个人问题，也避免谈及任何其他人的个人问题。

7）为面试官取得某物或某种特殊商品的提议。这有贿赂面试官的嫌疑。

8）熟人。面试官听了可能会反感。

9）不当恭维。天花乱坠的赞美可能会导致误解。

4. 告别礼仪

面试结束后的告别就像一篇精彩纷呈的文章的结尾。妥当的收尾能巩固求职者和面试官之间的情感联系，并为求职者的整体形象画上圆满的最后一笔。面试结束时的告别礼仪要求如下：

（1）将自己坐过的椅子回归原位，这样会让面试官觉得你做事有始有终，有责任心。

（2）仔细查看面试桌子是不是被弄乱了，离开桌前应当将资料收好。

（3）面带微笑，自然站起，再次强调你对应聘该岗位的热情，并感谢对方抽时间与你进行交谈，如"非常感谢您给了我这次宝贵的面试机会，再见"。

（4）告别时，求职者仍不要主动与面试官握手，除非面试官主动伸手。

（5）整理好物品，从容向场外走去。走到门前，转身正面朝向面试官再次表示感谢之后开门，退出，并轻轻地关上门。

5. 其他注意事项

（1）应聘时不要带陪伴者，千万不要带亲友团。带陪伴者说明求职者缺乏自信，独立性太差，让面试官认为依赖性太强，从而对求职者的能力产生怀疑。

（2）除了带公文包或手提包外，不要带其他物品。随身带的物品，不可放置在面试官办公桌上。可将公文包、大型皮包放置于座位下右脚的旁边，小型皮包则放置在椅子侧面或背后，不可挂在椅背上。

（3）应聘时不要抽烟，不可嚼口香糖。与人谈话时，口中吃东西显得不尊重对方。也不要随便乱动办公室的东西。

案例

不要让父母陪伴求职——一位大学生的求职教训

大江是一位应届大学毕业生，得知武汉汉口的一家网络公司招聘网络编辑。他想凭着自身过硬的电脑技术，以及发表的几十篇文章，一定可以胜任那个职位。当天来面试的人并不多，前面的几个男孩子很快就从办公室里出来了，脸上写满了失落。终于到了大江，在他走进那间决定自己命运的办公室之前，就听到里面的工作人员说："今天来的大学生，要不没有丰富的网络经验，要不就是文笔太差。"很显然，相对其他人，能力全面的大江赢得了先机。后来他和工作人员有了一场愉快的交谈。虽然没有得到明确的答复，但其中一位经理亲自送他出公司大门的举动，让他心里感觉工作有谱了。

在公司门口，大江还向经理介绍了陪他来面试的母亲，他觉得让母亲陪伴来面试更能说明他对这份工作的重视。

两天后，那家公司的经理打来电话说："大江同学，你各方面都很出色，但是来面试要母亲陪着，说明你适应能力有限，所以……"

（三）面试后的礼仪

许多求职者只留意应聘面试时的礼仪，而忽略了应聘后的善后工作，而这些后续步骤亦能加深面试官对你的印象。

1. 感谢面试官

面试后对面试官表示感谢是十分重要的，因为这不仅是礼貌之举——体现出你对面试官的尊敬，也是有益的行动——可以帮助面试官在决定录用何人时想到你，你的感谢会给对方留下深刻的印象。

感谢的方式有多种，如打电话或发邮件，不要登门致谢。如果打电话，要注意不能询问是否被录用的事宜。因为感谢是目的，不宜在其中掺杂别的因素。如果以发邮件的方式表示感谢，则应撰写感谢信。感谢信的格式如表 1-2 所示。

表 1-2　感谢信的格式

内容	样式	举例
（1）称谓	尊敬的先生/女士：	尊敬的李先生：
（2）问候	您好！	您好！
（3）自我介绍	我是××，于××时间参加了第×场面试。	我是来自清华大学的郑思雨，是参加今天早上面试第一组的第五个学生。
（4）表示感谢	感谢贵公司能给予我这次宝贵的面试机会，有幸得到面试官的点评，深感荣幸。	非常感谢贵公司能够给予我这次宝贵的面试机会，能够和您交谈，我感到非常的荣幸。
（5）陈述收获	参加此次面试我学到了……（主要是面试问题的收获，包括面试官的点评和对工作内容的认知。）	通过此次面试，我从您那里学到了很多有用的知识，收获了不少有益的建议：1. ……2. ……3. ……
（6）自荐补充（可选）	（企业更看重哪方面的能力，有些能力其实是具备的，但由于某种原因，并未完全展示出来，愿意进一步自荐。）	我非常期望自己能够得到进一步面试的机会，因为我确信贵公司是我梦寐以求的公司，同时销售一职也是我理想的岗位。我相信我已为下次面试做好了充分的准备。
（7）客套收尾	（再次表示感谢，并表达对到贵公司工作的期望。）	再次感谢您在此次面试中颇具价值的经验分享。期待能够早日与您再次相见。
（8）署名、日期	××× ××××年××月××日	××× ××××年××月××日

2. 询问面试结果

面试结束之后，求职者最关注的就是面试结果。有的招聘单位会在面试现场对面试结果的给出时间做出许诺，而有的招聘单位则会让求职者回去等。一般来说，从面试结束到做出录用决定，这个过程可能要 3～5 天，面试之后一个星期没有回复也是很正常的。求职者应在招聘方许诺的期限内，耐心等待面试结果的反馈信息。如果面试两周后或者许诺的等待期过后，仍未收到通知，求职者可以向相关人员询问。但要注意措辞，切不可操之过急。

案例

不注重面试后礼仪的教训

侯杰从原公司离职后，投了几十份简历，才得到面试机会。这家公司是人力资源咨询公司，面试方法也与众不同，除了回答问题，还要在电脑上做大约三个小时的测评题。面试结束后，公司让他们在两天之内等通知。侯杰因做过一年多的人力资源工作，他的名字被列在录取名单中，人事部经理等待与老板研究后确定。第二天下午，心情急切的侯杰打电话给该公司说："公司录不录取我没关系，能否把测评结果给我？"接电话的人事部经理愣了一下，和蔼地告诉他："测评结果是公司用来协助选拔人才的，不给个人。"侯杰又补充了一句："录不录取我没关系，我只想要测评结果，因为我测评了三个多小时呢！"放下电话，人事部经理将录取名单取出，去掉了侯杰的名字。

四、网上求职礼仪

随着网络技术的发展和信息化时代的到来，网络已经成为人们工作、生活中必不可少的工具。在网上找工作已经成为广大求职者的必选途径。网上求职作为一种特殊的求职形式，因便捷性、公平性、开放性的特点，越来越受到用人单位和求职者的青睐。网上求职活动虽然在网络上进行，但求职者也应遵守一定的礼仪规范要求。

（一）网上求职信的礼仪要求

撰写网上求职信时，应遵照普通信件的格式和规则。求职信要简洁，把自己的情况说清楚即可，不要长篇大论，以便收件人阅读。用语要礼貌，以示对招聘方的尊重。求职信直接在电子邮件正文内编辑时，排版要工整。有的求职者把事先在 Word 或者 WPS 中编辑好的文字直接复制到邮件里，不加编辑，排版混乱，会让阅读邮件的招聘人员感觉非常不舒服。求职信也可以用邮件附带附件的形式发送。发送网上求职信的注意事项如图 1－2 所示。

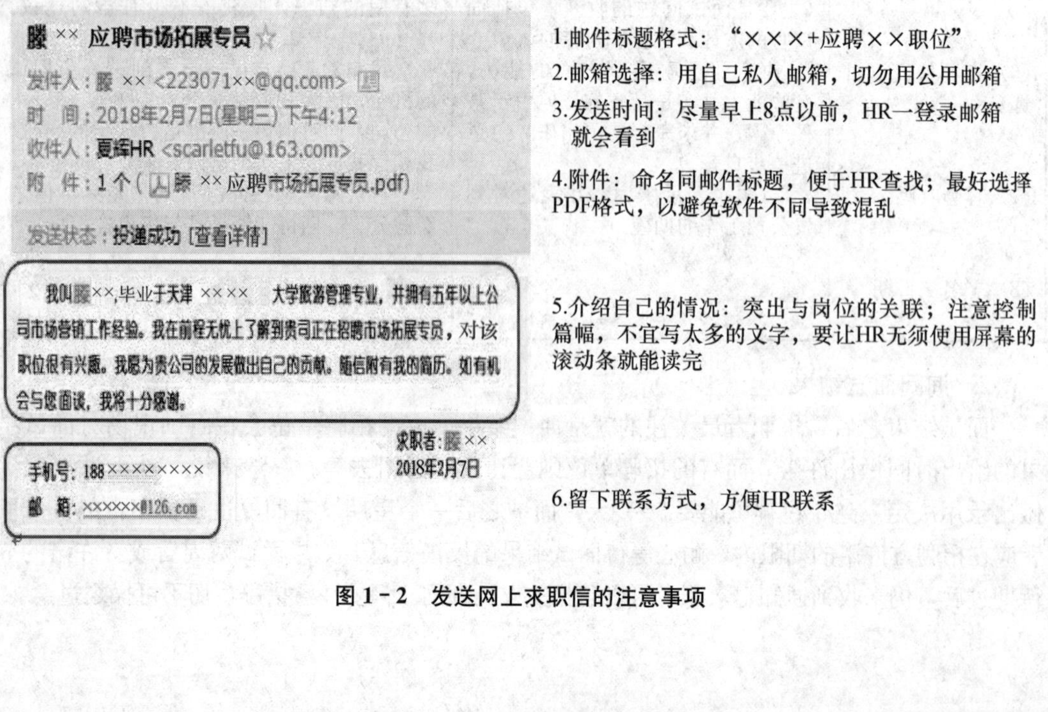

图 1－2 发送网上求职信的注意事项

(二) 网上求职简历的礼仪要求

网上求职简历有两种形式：一种是按照招聘方的要求在网上直接填写的简历；另一种是求职者自己制作的简历。

如果是前者，就应严格按照招聘方的要求在网上填写，不要通过电子邮件来发送简历；有固定区域填写的就不要另加附件；要求填写的栏目都要填写清楚，学习经历、工作经历、自我介绍、个性等一定要仔细填写，这是凸显个人特色的关键。

如果是后者，则内容、格式、礼仪要求和写作技巧与一般求职简历相同。但要注意软件的使用，建议不要用 WPS 和 Word 编写简历。因为 WPS 和 Word 之间，以及不同版本之间的兼容性不好，经常出现格式乱的情况；也不建议将个人简历分解成若干张 PPT，因为容量太大，不规范。建议使用 PDF 格式，这样方便招聘人员阅读。

(三) 网上投递求职资料的注意事项

(1) 用人单位如果对网上求职信的标题格式等有特殊要求，求职者应当严格按要求填写，不可随意发挥。

(2) 用人单位在网上发布的招聘信息都有有效期，求职者发送简历的有效期一般是 30 天到 60 天。在规定的时间内切忌向用人单位频繁发送简历，这样无疑会引起对方的反感。

(3) 不要向一家单位同时申请多个职位。向一家单位同时申请多个职位，只会让用人单位认为求职者盲目求职，没有职业目标和规划。

(4) 使用附件发送简历要谨慎。有的单位出于防范病毒的考虑，不愿接受附件的方式，求职者务必仔细阅读招聘方的要求。

(5) 发出求职资料后，要主动与用人单位联系。可以通过电话联系，以确认用人单位是否收到。

(四) 网上面试的礼仪要求

网上面试是指求职者通过视频聊天等形式接受用人单位面试官的面试。网上面试因其便捷、方便、省时省力、突破地域等特点，越来越受到人们的欢迎。网上面试要注意以下礼仪要求。

1. 提前准备好设备

提前调试好相关设备，如摄像头、耳麦、音箱等，确保效果。面试背景一定要干净整洁。麦克风和音箱要保持一定距离，避免回音。

2. 做好服装、面容、坐姿等方面的准备

虽然网上面试采用的是视频聊天的形式，但着装仍然很重要。求职者应尽量做到服装干净整洁、大方得体，给面试官一个良好的印象。面试过程中，眼睛要直视对方。坐姿一定要端正，面带微笑。

3. 谈吐要礼貌，要充分展示自我

求职者通过视频聊天来展示自己时要特别注意谈吐。视频聊天过程中有可能出现这样那样的状况，要冷静应对，有礼貌地说明情况。

4. 避免各种小动作

要注意避免一些小动作，比如弄头发、摸鼻子等。因为电脑的视窗比较小，这些小动作更容易被注意到。

案例分析

小张面试为什么会失败

某公司招聘文秘人员，由于待遇优厚，应聘者很多。中文系应届毕业生小张前往面试，她的个人条件可能是最棒的：大学四年，在各类刊物上发表了3万字的作品，内容有小说、诗歌、散文、评论、政论等，还为六家公司策划过周年庆典，英语表达也极为流利。小张五官端正，身材高挑、匀称。面试时，面试官拿着小张的材料等她进来。只见小张戴着两个硕大的吊坠耳环，涂着鲜红的唇膏，穿着迷你裙和露肚脐装，轻盈地走到一位面试官面前，不请自坐，随后跷起二郎腿，笑眯眯地等着问话。三位面试官互相交换了一下眼色，主考官说："张小姐，请回去等通知吧。"小张喜形于色，挎起小包飞跑出门。

问题：小张在此次面试过程中，存在哪些礼仪规范问题？

拓展学习

职业价值观在求职中的作用

职业价值观对我们的职业道路以及人生规划起着决定性的作用。所谓职业价值观，就是我们对职业的选择，对待工作的态度以及处理工作大小事宜的方式方法等。我们选择什么样的职业，选择这样的职业出于什么目的，用怎样的态度工作，这些都需要正确职业价值观的引领。求职者的职业价值观能够体现很多信息，如个人职业追求、工作态度等，这些直接关系到一个人的工作效率、发展前景。如果求职者所表现的工作态度不够积极，则用人单位不会轻易录用。也就是说，求职者的职业价值观对用人单位来说是筛选的标准之一。

一个人职业上成功的形式很多，但最重要的是实现自我，充分发挥自身能力，实现自身理想。所以我们不能只是跟随大流去盲目追求一些所谓的成功，一味地追捧热门职业，而是要树立属于自己的职业价值观，追寻自己的理想，以发展的眼光去观察、去思考，从而找到真正适合自己的职业。

综合练习

一、选择题

1. 求职礼仪具有（　　）特点。

A. 普遍性　　B. 时机性　　C. 目的性　　D. 随机性

2. 求职信的写作原则有（　　）。

A. 事实性原则　　B. 协调性原则　　C. 规范性原则　　D. 突出性原则

3. 求职信中可以选用的适当的敬辞有（　　）。

A. 叩上　　B. 敬启　　C. 叩禀　　D. 拜上

4. 个人简历根据格式可以分为（　　）。

A. 表格式　　B. 文本式　　C. 创意式　　D. 混合式

5. 个人简历的写作原则有（　　）。

A. 简洁明了原则　　B. 重点突出原则　　C. 实事求是原则　　D. 灵活调整原则

6. 求职服饰的基本要求是（　　）。

A. 整洁　　B. 规范　　C. 个性　　D. 灵活

7. 关于求职者参加面试时的礼仪，下列描述不妥当的是（　　）。

A. 不做空洞的慷慨陈词　　B. 要善于打破沉默

C. 要有比较明确的职业发展规划　　D. 主动与面试官“套近乎”

8. 参加面试时，下列各项做法不妥当的是（　　）。

A. 资料准备齐全　　B. 礼貌进门

C. 按时到达　　D. 等候时随意与别人交谈

二、思考题

1. 什么叫求职礼仪？求职礼仪对于在校学生有什么重要性？

2. 求职信和求职简历的主要内容有哪些？应该如何撰写？

3. 求职面试过程中有哪些不得体行为？求职者应该如何避免？

4. 网上求职礼仪的主要内容有哪些？

三、实训题

模拟面试场景。

要求：(1) 三位同学作为面试官，准备要提问的问题。

(2) 四位同学作为参加面试的学生，按照面试时的礼仪规范做准备（自我介绍内容）。

(3) 其他同学作为旁观者，准备笔和纸，记录面试中的问题点，并给四位参加面试的同学打分。

项目二
博得职场好感的第一步
——形象设计不可不会

任务一　塑造优雅仪态，提升自我修养

学习目标

（1）了解仪态礼仪的内容，提升审美修养和塑造优雅形象。
（2）理解形象礼仪的作用，了解商务形象礼仪中体姿的基本规范和要求。
（3）掌握正确体姿的要点，塑造美好个人形象。

知识框架

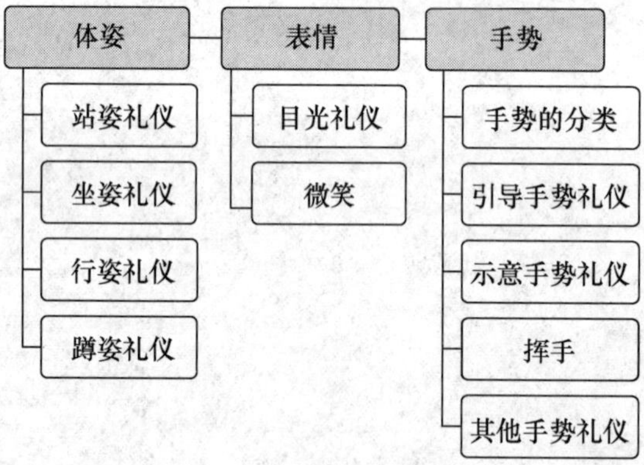

导入问题

T：你认为下面几项中对第一印象最具影响力的是什么？
（1）谈吐、说话的语气等。
（2）外表、表情、姿势、发型、服装等。
（3）待人接物的态度。

S：（2）是最具影响力的。

大家都认为（2）是最具影响力的，也就是外表决定第一印象。所谓第一印象，就是与他人初次接触时，你表现出来的个人整体的外在形象给他人留下的印象。从第一眼看见你开始到2分钟之内这段时间是决定第一印象的关键。在与人交往的最初阶段，对方是通过对你的第一印象来认识你的。美国著名的管理学博士蓝斯登认为：一个人给他人的初步影响力几乎永远是视觉上的。在我们真正了解一个人之前，其实早在第一眼看到他时，便形成了对他的看法。如果他的样子讨人喜欢，我们就会在他的身上寻找其他好的特质；如果他的样子不讨人喜欢，我们会倾向于寻找他不良的特质，以便支持我们的第一判断。

案例

哈佛大学的实验者让一群学生只看一位教授上课的录像十秒钟，然后让大家把对这位教授的印象写下来；等到上完一学期的课以后，再让他们写下对这位教授的印象。结果发现，两次评价并没有多大的差别。

研究发现，第一印象55%来自外貌（长相、仪容、服饰等）、38%来自举止（仪态、眼神、表情等）、7%来自语言（说话的内容）。第一印象会对他人的社会知觉产生较强的影响，在对方的头脑中形成具有主导地位的态势，并可能形成难以改变的心理。例如，在商谈开始的时候，你若坐姿不端正、头发蓬乱、服装搭配不当，便会给对方留下“随便”的坏印象，对方就会认为你“在工作上也是很随便的人，不稳重”。

案例

小莹工作能力很强，美中不足的是不注意个人形象，与她一同参加工作的同事一个个都升职了，唯独轮不到她。有人为她打抱不平，经理私下告诉打抱不平者：“其实，旁观者都看得出来，她不升职不是工作能力的问题，是形象的问题，可是谁又能开口告诉她呢？这是一个注重形象的时代，我们每次有重要的项目想让她洽谈时，却总担心客户以貌取人，认为我们是一家不专业、不注意形象的公司。毕竟公司要注意形象呀！”

个人外在形象影响别人对你的第一印象，进而会影响个人的职业发展。美国纽约州立大学对上千名首席执行官进行调查，结果96%的人认为形象在公司雇用人员方面起着极其重要的作用。所以，注重个人外在形象对于职场人士来说是非常重要的。

一、体姿

体姿主要包括站姿、坐姿、行姿、蹲姿。良好的站姿，可以让你呼吸顺畅、精神饱满，让人感觉神清气爽；良好的坐姿，可以体现你优美的体态和美好的气质；良好的行姿，可以展示你的形态美，让人感觉神采奕奕；良好的蹲姿，可以表现出你注意细节的品格。

（一）站姿礼仪

站姿是人的静态造型动作。自然挺拔的站姿能显示人的自信，站姿优美看起来有精神、有气质。

1. 标准站姿的基本要领

标准的站姿，从正面观看，全身笔直，精神饱满，两眼正视，两肩平齐，两臂自然下垂，两脚跟并拢，两脚尖张开 60°，身体重心落于两腿正中；从侧面看，两眼平视，下颌微收，挺胸收腹，腰背挺直，手中指贴裤缝，整个身体庄重挺拔。

正确的站姿会给人以挺拔劲秀、舒展俊美、庄重大方、精力充沛、信心十足和积极向上的印象。好的站姿，不是只为了美观而已，对于健康也是非常重要的。标准站姿的要求见图 2-1。

图 2-1 标准站姿的要求

（1）男士的站姿。

1）男士的标准站姿：头要正，肩要平，挺胸收腹；手可自然下垂，也可以在身体前或身体后交叉；双腿直立，两脚跟并拢，两脚尖张开约 60°。见图 2-2（a）。

2）男士的分腿站姿：男士站立时双腿可分开，但不能超过肩宽。见图 2-2（b）。

（2）女士的站姿。

1）女士的标准站姿：头端正，两肩放平，挺胸，收腹提臀；双手自然下垂或于腹前交叉；双脚可呈小“V”字形，脚跟靠拢，两只脚的脚尖应相距 10cm 左右，张角为 45°。

2）女士丁字步站姿：上身姿势同标准站姿，两只脚一前一后，前一只脚的脚跟轻轻地靠近后一只脚的脚弓，重心在后脚上。见图 2-2（c）。

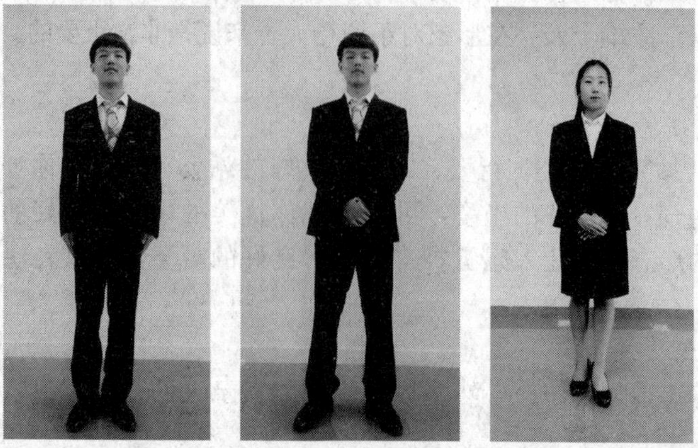

（a）男士标准站姿　（b）男士分腿站姿　（c）女士丁字步站姿

图 2-2 男士、女士站姿

2. 站姿注意事项

平时我们站立时，稍有疏忽，就会出现如图 2-3 所示的错误站姿。

图 2-3 错误站姿

在站立时，要注意避免以下情况：

(1) 东倒西歪、无精打采，懒散地倚靠在桌子上、墙上。

(2) 低头、歪脖、含胸、端肩、驼背。

(3) 将身体重心明显移到另一侧，只用一条腿支撑着身体。

(4) 将手叉在裤兜里面。

(5) 双手交叉抱在胸前，或者双手叉腰。

(6) 男士双脚左右开立时，双脚之间距离过大。

(7) 挺腹翘臀。

(8) 两腿交叉站立。

(9) 身体不停抖动或晃动。

实训任务

站姿训练

训练目的：强化学生练习的自觉性，形成良好的身体姿态。

任务过程：将全体学生分组，每组派出一个代表完成三个训练任务并展示站姿，最后由非本组同学和教师打分评价。

站姿训练评价表

评价内容	小组评价（40%）	教师评价（60%）	总分
两眼平视，下颌微收，面带微笑			
两肩平齐，双臂自然下垂			
挺胸收腹，腰背挺直，挺髋立腰，吸腹收臀			
双腿并拢直立			
两脚跟并拢，两脚尖张开 60°（或略微分开）			
呼吸平稳，放松			
头部、上体和下肢在一条垂直线上			

方法一：贴墙直立（九点靠墙法）。全身背部紧贴墙壁，然后后脑勺、肩、腰、臀部及脚后跟与墙壁间的距离尽可能地缩小，让头、肩、臀、腿之间纵向连成直线。

方法二：头顶书本。要求同标准站姿，书放在头顶中心保持平衡，使书不掉下来，以检测是否做到头正、颈直。保持5分钟左右。此练习对改善体态松弛、驼背、低头、晃动、左顾右盼等不良身体姿态很有帮助。

方法三：两人背靠背站立。

（二）坐姿礼仪

坐姿即人在坐着的时候的姿态，是人们在社交、职场中的主要身体姿势。坐姿优雅、端庄，会给人以稳重、文雅、自然大方的美感。良好的坐姿不仅能塑造文雅、端庄的个人形象，还有利于健康，因此要注意保持良好的坐姿。

1. 标准坐姿的基本要领

（1）落座要轻而稳。与他人一起入座时，要讲究先后顺序，礼让尊长。正式场合讲究“左进左出”。

（2）身体端正舒展，重心垂直向下或稍向前倾，腰背挺直，臀部占座椅面积的2/3（见图2-4），宽座沙发至少坐1/2。

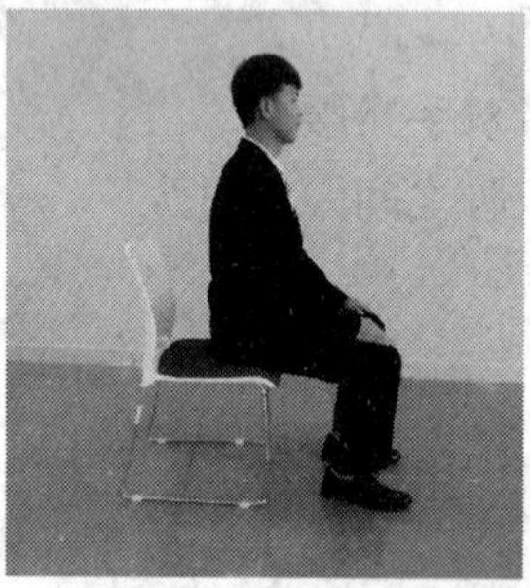

图2-4 臀部占座椅面积的2/3

（3）精神饱满，表情自然，目光平视前方或注视交谈对象，面带笑容，嘴唇微闭，微收下颌。

（4）双肩平正放松，两臂自然弯曲放在膝上，也可放在椅子或沙发扶手上。

（5）双膝并拢或微微分开，双脚并齐。

（6）起立时，右脚向后收半步而后起立。

（7）谈话时，可以侧坐，此时上体与腿同时转向一侧。

2. 男士坐姿

（1）男士常见的坐姿。

1）标准式：双目平视，上半身挺直，双肩正平，双膝并拢，双手平放在大腿上或轻轻握拳放于双腿上。

2）平行式：在标准式的基础上，双腿分开与肩同宽，两脚尖处在同一直线上。

3）前伸式：在标准式的基础上，一条腿前伸一脚的长度。

4）交叉式：在标准式的基础上，一条腿前伸一脚与另一条腿交叉。

5）叠放式：在标准式的基础上，双腿交叉相叠而坐，但是上面的腿和脚不能向上跷。双腿叠放式要点：双腿一上一下交叠在一起，大腿之间没有间隙。

常见的几种男士坐姿如图2-5所示。

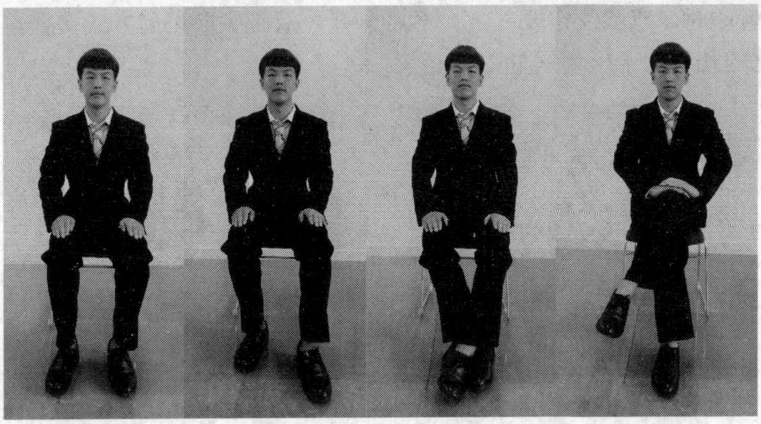

平行式 前伸式 交叉式 叠放式

图 2-5 常见的几种男士坐姿

(2) 男士坐姿禁忌。

1) 双腿分开宽于肩膀。

2) 双脚交叉搁在椅脚上。

3) 跷二郎腿并抖动。

4) 身体在椅子上半躺半靠。

5) 双脚前伸。

6) 双手放进腿中间。

7) 双手抱头或两臂交叉在胸前。

男士不雅坐姿如图 2-6 所示。

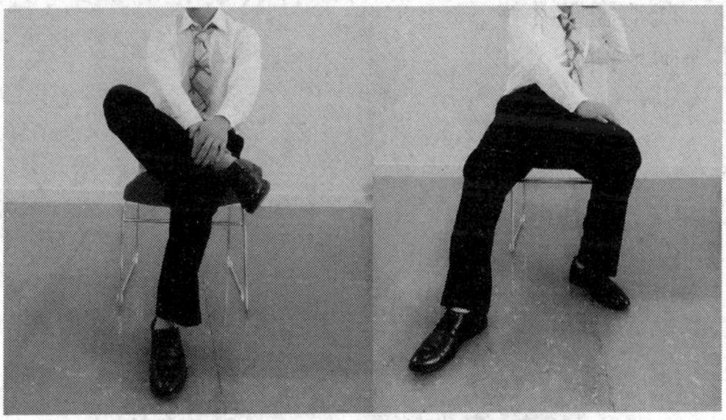

图 2-6 男士不雅坐姿

3. 女士坐姿

(1) 女士坐姿要点。

1) 落座要缓慢，动作要轻盈，尽量不要发出声音打扰别人。

2) 如果穿着裙装，在落座时用双手在臀部后面从上往下把裙子拢一下，以防将裙子坐出褶皱，或者因裙子变短使腿部裸露过多。

3) 坐下后，上身要挺直，双肩要放平，不要弯腰驼背，两臂自然弯曲；两手应掌心向下放在两腿上，或两手相握放在腿上或小腹处。

4）女士就座时，双膝一定要并拢，不可分开，双脚尖向正前方或交叠。

（2）常见的几种女士坐姿（见图2-7）。

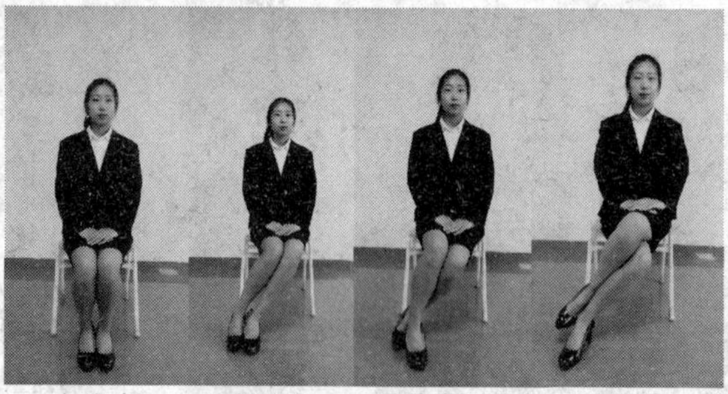

标准式　斜放式　交叉式　叠放式

图2-7　常见的几种女士坐姿

1）标准式：挺胸、收腹，保持背部挺直、双肩放平，坐满椅子的2/3。双目平视，下颌微收，双臂自然弯曲，双手掌心向下置于腿部，双脚、双膝自然并拢，双脚尖向正前方。

2）斜放式：在标准式的基础上，双腿并拢，斜放于一侧。

3）交叉式：在标准式的基础上，双腿并拢，一只脚前伸到另一只脚前面相交。

4）叠放式：在标准式的基础上，双腿一上一下交叠在一起，但是上面的腿和脚不能向上跷。双腿叠放式要点：双腿交叉相叠而坐，大腿之间没有间隙，小腿并拢或斜放于左侧或斜放于右侧，腿部与地面约呈45°夹角，叠放在上的脚尖垂向地面。

（3）女士坐姿禁忌。

1）忌双手抱头或两臂交叉在胸前。

2）忌内八字或外八字。

3）忌双腿劈开，或双腿没并拢。

4）忌双手夹于大腿之间。

5）忌双手垫在臀部下。

6）忌双手抱膝。

7）忌鞋尖指向长者、客户。

女士不雅坐姿见图2-8。

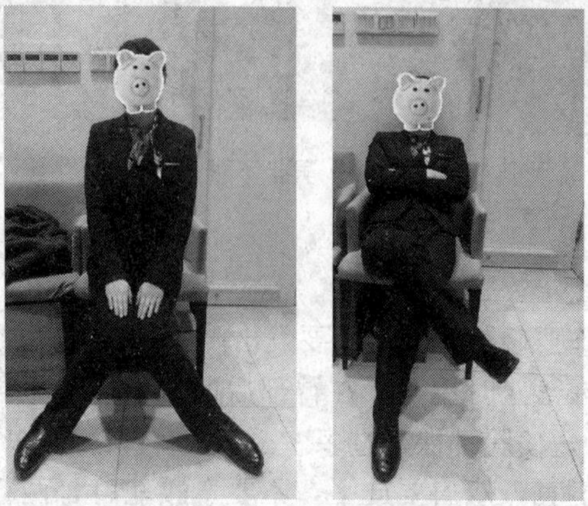

图2-8　女士不雅坐姿

实训任务

坐姿训练

训练目的：使学生掌握坐姿的基本要领和规范，形成良好的身体姿态。

任务过程：将全体学生分成若干组，每组6人，以小组为单位训练，各组相互纠正动作，最后由非本组同学和教师打分评价。

（三）行姿礼仪

行姿是站姿的延续动作，是在站姿的基础上展示人的动态美。无论是日常生活还是社交场合，走路往往是最引人注目的身体语言，也最能表现个人的风度和活力。

行走时，头要抬起，目光平视，脚尖向着正前方，脚跟先落地，脚掌紧跟着落地。要收腹挺胸，两臂自然摆动，步幅适中，给人一种矫健轻快、从容不迫的动态美。

1. 行姿的基本要领

（1）目光平视前方，身体挺直，收腹挺胸。走路要使用腰力，身体重心要略微前倾。

（2）手掌心向内，双臂自然下垂，以身体为中心前后自然摆动，手臂与身体的夹角一般在10°～15°，由大臂带动小臂摆动，肘关节只可微曲。

（3）腿部伸直，腰部放松，脚步要轻，跨步均匀，步伐从容，步态平稳。

（4）步幅一只脚左右，脚尖脚跟应与前进方向近乎一条直线。女性穿裙装时要走成一条直线，穿裤装时宜走成两条平行直线。

行姿动作分解如图2-9所示。

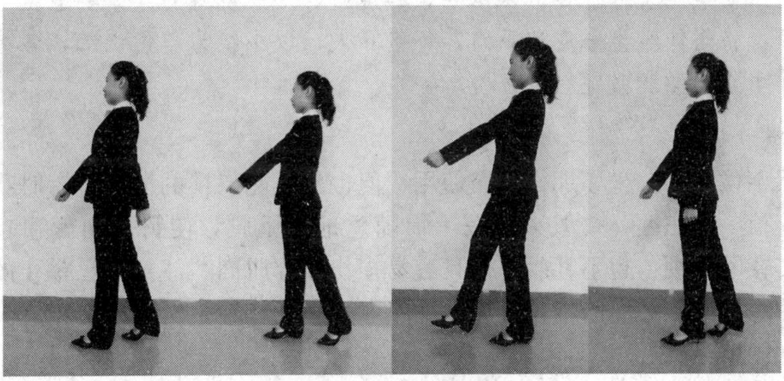

图2-9 行姿动作分解

2. 行姿的注意事项

（1）双臂摆动幅度不可太大，忌做左右式的摆动。

（2）不要左右摇摆或摇头晃肩。

（3）不要走外八字或内八字。

（4）不要低头后仰。

（5）不要背手、插兜、抱肘行走。

（6）多人一起行走时，不要排成横队、勾肩搭背、边走边说。

（7）穿礼服、裙子或旗袍时步伐要轻盈优美，不可跨大步。

3. 失礼的行姿

(1) 横冲直撞。行走时，在人群中乱冲乱闯，甚至碰撞到他人的身体。

(2) 抢道先行。行走时只顾自己，不顾他人，胡乱抢道。

(3) 阻挡道路。在道路狭窄之处，悠然自得地缓步而行，走走停停，或者多人并排而行，影响他人。

(4) 蹦蹦跳跳。必须注意保持自己的风度，走路连蹦带跳是失礼的表现。

(5) 制造噪声。在比较安静的公共场合，穿带有金属鞋跟或带有金属鞋掌的鞋子。

案例

在某个礼仪公司的室外初试现场，出现了这样一幕：20名求职者站成一排，依次进行简单的自我介绍，然后按照面试官的指示，反复训练统一的向左转、向右转或向后转，接着绕场一圈，并回答面试官提出的礼仪问题，最后结束面试。在求职者绕场一圈的过程中，一个面试官遗憾地说："15号小伙子各方面条件都很好，可是怎么走的是'猫步'呢？男生这样走路太难看了。"另一个面试官摇了摇头，无奈地说："真是遗憾，就因为这种走姿，我们要将他淘汰!"

实训任务

行姿训练

训练目的：使学生掌握行姿的基本要领和规范，形成良好的身体姿态。

任务过程：将全体学生分成若干组，每组6人，以小组为单位训练，各组相互纠正动作，最后由非本组同学和教师打分评价。

(四) 蹲姿礼仪

蹲姿虽然不像站姿、坐姿那样频繁使用，但也是不能忽视的体姿。有时我们不得不蹲下去，在地上拾一些东西，一般人比较习惯随意地弯下腰，使臀部向后翘起，上身向前倒，看上去实在不雅观，也不礼貌，而且容易损伤腰部肌肉。注意自己举止的人，尤其是女士，应该注意蹲的姿态。蹲姿讲究屈腿而不弯腰，动作轻缓而不急促。

1. 蹲姿的基本要领

身体呈站立姿势，一只脚在前，一只脚在后，腿部弯曲，双膝一高一低，身体随之下降，两腿紧靠，重心落在后面的腿上。

2. 蹲姿的几种姿势

(1) 高低式。

下蹲时，双脚不要并排在一起，而是左脚在前，右脚稍后。左脚完全着地，小腿基本垂直于地面；右脚则脚掌着地，脚跟提起。双腿一高一低，互为倚靠。右膝须低于左膝，右膝内侧可靠于左小腿内侧，形成左膝高右膝低之态。如图2-10所示。

(2) 交叉式。

下蹲时双腿交叉在一起，通常适用于女性，尤其是身穿短裙的女性。它的主要优点是造型优美典雅。下蹲时，左脚在前，右脚在后，左小腿垂直于地面，全脚着地；左腿在上、右腿在下，两者交叉重叠，合力支撑身体；上身略向前倾，而臀部朝下。如图 2-11 所示。

图 2-10　高低式蹲姿

图 2-11　交叉式蹲姿

（3）半跪式。

下蹲之后，一条腿单膝点地，脚尖着地，臀部坐于脚跟之上；另一条腿则全脚着地，小腿垂直于地面。如图 2-12 所示。

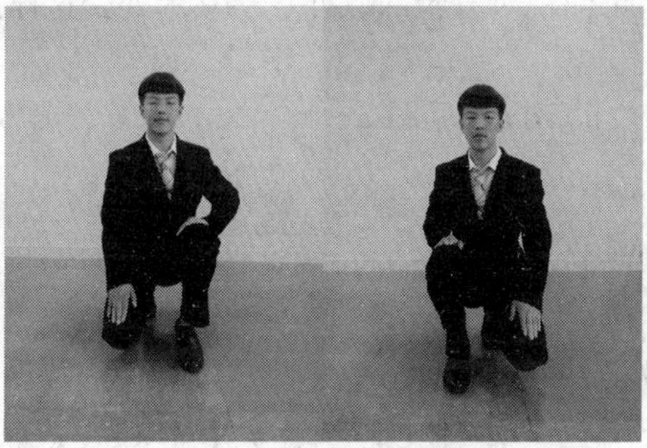

图 2-12　半跪式蹲姿

3. 蹲姿禁忌

（1）不要弯腰撅臀，女士一弯腰，背后的上衣就自然上提，露出背部皮肤和内衣，很不雅观。

（2）不要两脚平行弯腰或半蹲。

（3）不要蹲着休息，在公共场所这种姿势不文明。

（4）不要蹲在椅子上。

二、表情

表情是一种无声的语言，是指人的面部神态，是通过眼部肌肉、面部肌肉和口部肌肉的变化表现出来的各种情绪状态。面部表情是一种十分重要的非语言交流手段。美国心理学家艾伯特·梅拉比安把人的感情表达效果总结为一个公式：感情的表达＝语言

(7%) +声音 (38%) +表情 (55%)。

(一) 目光礼仪

眼睛是心灵的窗户，能够最直接、最完整、最深刻、最丰富地表现人的精神状态和内心活动。

目光可以委婉、含蓄地表达允诺或拒绝、央求或强制、询问或回答、谴责或赞许、讥讽或同情、企盼或焦虑、厌恶或亲昵等复杂的思想情感。

目光交流在人际交往中处于重要的位置，发挥着信息传递的重要作用。

1. 目光运用要点

头微微抬起，视线向上与对方进行目光接触，这是一种权威感和优越感的标志，会令对方产生一种压迫感，容易使对方产生排斥心理。

下巴微微低下，视线向下与对方进行目光接触，这是一种轻视对方的标志，会令对方产生不被信任和重视的感觉。

头摆正，目光平视，面带微笑，这种目光透露出的是坦诚和信任、平等和尊重，既不会令人产生压迫感，也不会令人对你产生怀疑，还有助于树立自己的形象。

在用目光与对方进行交流时，要特别注意注视时间和注视区域。

(1) 注视时间。

将目光从对方身上一扫而过是失礼的，而长时间盯着对方也是不礼貌的。在整个交谈过程中，与对方目光接触的时间应该累计达到全部交谈时间的 50%～70%，一次约 3 秒。其余 30%～50%的时间，可注视对方脸部以外 5～10 米处，这样比较自然、有礼貌。

(2) 注视区域。

场合不同，注视的部位也不同，见图 2-13。

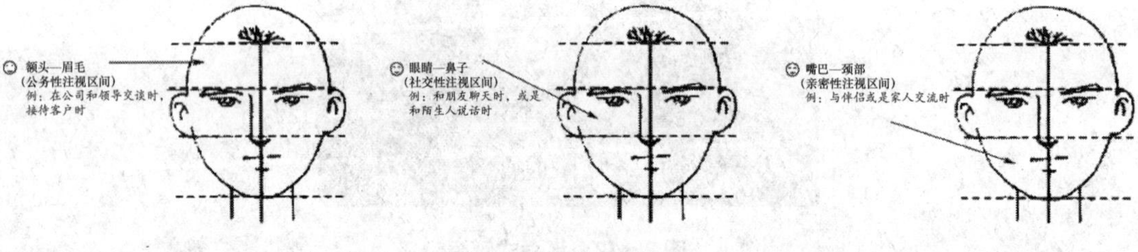

图 2-13 注视的区域

1) 公务凝视。在洽谈、磋商、谈判等严肃场合，目光要给人一种严肃、认真的感觉。注视的位置在对方眉毛与额头之间的区域。

2) 社交凝视。这是指在各种社交场合使用的注视方式。注视的位置在对方鼻子到双眼之间的区域。

3) 亲密凝视。这是恋人之间、家庭成员之间使用的注视方式。注视的位置在对方嘴巴到颈部之间。

2. 目光运用的礼仪

(1) 与人交谈时，如果对谈话感兴趣，就要用柔和友善的目光正视对方；如果想要中断与对方的谈话，可以有意识地将目光稍稍转向他处。

(2) 尽量不要将两眼视线直射对方眼睛，因为对方除了会以为你在窥视他心中的隐秘，还会认为你在向他表示不信任、审视和抗议。但在谈判和辩论时，就不要轻易移开目光，直到逼对方转移目光为止。

(3) 当对方说了错误的话正感到拘谨害羞时，不要马上转移自己的视线，而要用亲切、柔和、理解的目光继续看着对方，否则对方会误认为你高傲，在讽刺和嘲笑他。

(4) 谈兴正浓时，切勿东张西望或看表，否则对方会以为你听得不耐烦，这是一种失礼的表现。

(二) 微笑

微笑是人类独特的一种微妙表情，是人的面部表情因双唇轻启、牙齿半露、眉梢上推、脸部肌肉平缓向上向后舒展而产生的一种效果。微笑可以表现出温馨、亲切，能有效地缩短沟通双方的距离，给对方留下美好的印象，从而形成融洽的交往氛围。

微笑的要点如下：

(1) 眼睛亲切地注视对方，露出半齿，嘴角上提，同时带动眼部周围肌肉的收缩，做出"一""七"口型。

(2) 微笑要做到真诚，发自内心，使笑容甜美。

(3) 微笑也要有尺度，即热情有度。在交际中突然哈哈大笑，表情过于夸张，不仅让人感到不自然，而且会令人感到莫名其妙。

无论何时、何地，不管发生什么，我们都应微笑着去开始一天的工作，而不是只有心情好时才带着笑容。

三、手势

手势是人运用手臂所呈现的具体动作与体位，它是人类最早使用的、至今仍被广泛运用的一种交际工具。手势也是一种语言，能够表达一定的信息甚至感情。布罗斯纳安认为"手势实际上是体态语的核心"，指出了手势的重要性。

用手势辅助语言，其实是人类很自然的行为。人们通过手的动作可以解读出对方的心理活动或心理状态，同时还可将自己的意图传达给对方。在跨文化沟通中，我们应尊重对方的文化习俗，避免使用对方忌讳或难以理解的手势，用国际通用和普遍认可的手势同对方交流沟通。在职场中，恰当地使用手势，有助于表达，并且能够增强感染力。

(一) 手势的分类

按照表达功能特点区分，手势可分为以下几种：

(1) 情意性手势。这种手势带有感情色彩，可表达喜怒哀乐。比如以双手抚胸，表达真诚之情。

(2) 指示性手势。这种手势主要用于指示具体人物、事物或数量，动作比较简单，表达专一，一般不带感情色彩。比如在回答某个现场设置的问题时，可以通过手部动作对现场的物进行"实指"。

(3) 象征性手势。这种手势的含义比较抽象，若能够配合口语准确、恰当运用的话，则能启发听者的思考，引发听者的联想，给听者留下鲜明的、具体的印象。比如说到"提升"时，手向上方扬起；讲到"拓展"时，手平伸外展。这种手势常常略带夸张色彩，不能机械地模仿，也不能过分夸张和有过多的表演痕迹，要不露声色、自然到位。

(4) 描述性手势。这种手势主要用于模拟对话中的人或物的形状、高度、体积、动作等，以引起对方的联想，给人以生动、明确、形象的印象。

(5) 评价性手势。这是一种用来判断行为价值高低的手势。如跷大拇指一般用来表示肯定、赞扬，具有很强的激励作用。

(二) 引导手势礼仪

在引导的过程中要用手掌，并且要求掌心向上，因为掌心向上的手势有诚恳、尊重他人的含义。做引导手势时，可以站在被指引物品或道路的旁边，以肘部为轴伸出手臂，五指并拢，掌心向上，指尖朝向所要指引的方向。在指示道路方向时，手的高度大约齐腰；在指示物品的时候，手的高度根据物品来定，小臂、手掌和物品呈直线就可以了。无论是指人还是指物，都不能用食指指点。常用的引导手势如图 2-14 所示。

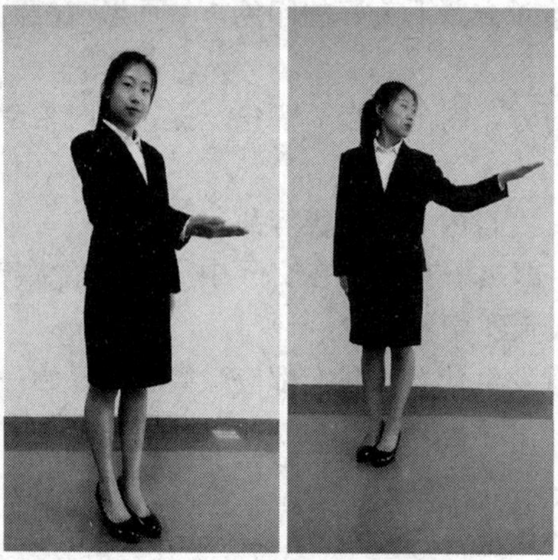

图 2-14　常用的引导手势

(1) 横摆式：手臂向外侧横向摆动，指尖指向被引导或指示的方向，适用于指示方向。

(2) 直臂式：手臂抬至肩高，向外侧横向摆动，指尖指向前方，适用于指示物品所在。

(3) 曲臂式：手臂弯曲，由体侧向体前摆动，手臂高度在胸以下，适用于请人进门。

(4) 斜臂式：手臂由上向下斜伸摆动，适用于请人入座。

(三) 示意手势礼仪

除拇指外，其余四指合拢，用指尖所指的方向示意。不能直接伸出食指，用一个指头进行示意，尤其是在相互介绍的场合，最忌讳用一个指头指着人向第三方介绍。

做"请"的手势时，应站立一旁，在标准站姿的基础上，将手从体侧提至小腹前，优雅地划向指示方向。这时应五指并拢，掌心向上，大臂与上体的夹角在 30°左右，手肘的夹角在 90°到 120°之间，指尖指向被引导或指示的方向。如图 2-15 所示。

(四) 挥手

挥手也是人际交往中的常规手势，用来表示告别、问候、致敬。采用这一手势的正确做法是：

(1) 身体站直，不要摇晃和走动。

(2) 目视对方，不要东张西望。

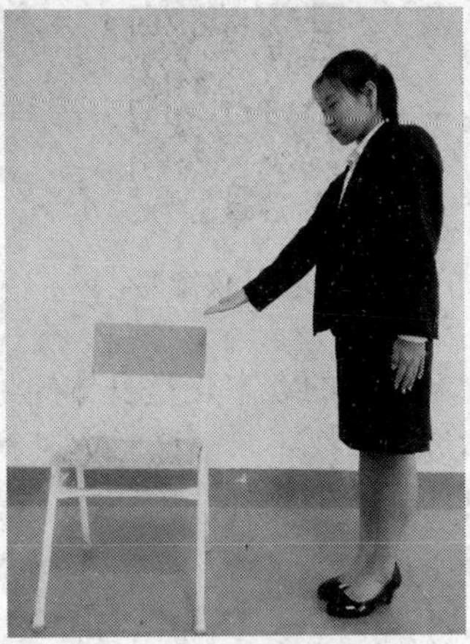

图 2-15 “请”的手势

(3) 可用右手，也可双手并用，不要只用左手挥动。

(4) 掌心向外，指尖朝上，手臂左右挥动；用双手道别时，两手同时由外侧向内侧挥动，不要上下摇动或举而不动。

(5) 注意挥手的速度和高度。挥手速度过快，会给人带来紧张感；手举得过高，有失端庄大方的仪态。

(五) 其他手势礼仪

(1) 递物、接物用双手，等对方拿稳后再放手。递接带尖、带刃的物品，应把尖利的一面朝向自己，同时提醒对方。

(2) 展示物品时，展示角度一定要方便对方观看。

案例分析

希尔顿的微笑服务

当希尔顿在旅店经营领域的资产从数千美元奇迹般地增值到几千万美元的时候，他欣喜而自豪地把这一成就告诉母亲。想不到，母亲却淡然地说：“依我看，你跟以前根本没有什么两样。事实上你必须把握比几千万美元更值钱的东西：除了对顾客诚实之外，还要想办法使来希尔顿旅馆的人住过了还想再来住，你要想出这样一种简单、容易、不花本钱而行之久远的办法去吸引顾客。这样你的旅馆才有前途。”

母亲的忠告使希尔顿陷入沉思：究竟什么办法才具备母亲指出的“简单、容易、不花本钱而行之久远”这四大条件呢？他冥思苦想，不得其解。于是，他逛商店、住旅店，根据自己作为一个顾客的亲身感受，终于得出了准确的答案：微笑服务。只有它才实实在在地同时具备母亲提出的四大条件。从此，希尔顿实行了微笑服务这一独创的经营策略。每天他对员工说的第一句话就是“你对顾客微笑了没有”。他要求每个员工不论如何辛苦，都要对顾客保持微笑，即使在旅店业务受到经济萧条的严重影响的时候，他也经常提醒员工：“万万不可把我们心里的愁云摆在脸上，无论旅馆本身遭遇的困难如何，希尔顿旅馆员工脸上的微笑永远是属于旅客的阳光。”

问题：希尔顿的微笑服务给你什么样的启示？

拓展学习

站姿、坐姿和行姿的微课学习。

体姿礼仪微课

综合练习

一、选择题

1. （　　）是人的站、坐、走、蹲的姿态，是身体向外释放的一种语言信息。

A. 动作　　B. 体姿　　C. 仪态　　D. 神态

2. 注视的位置在对方眉毛与额头之间的区域是（　　）。

A. 私密区间　　B. 社交区间　　C. 公务区间　　D. 亲密区间

3. 最有魅力的表情是（　　）。

A. 高贵的笑容　　B. 友善的目光　　C. 得体的体姿　　D. 自然的微笑

4. 站立的要点是（　　）。

A. 脚并齐　　B. 躯挺　　C. 端肩　　D. 腿并拢

二、思考题

1. 标准站姿的基本要领有哪些？
2. 标准坐姿的基本要领有哪些？
3. 行姿的注意事项包括哪些？

三、实训题

练习引导手势、示意手势和微笑。

任务二　注重仪容风采，焕发靓丽光彩

学习目标

（1）了解仪容礼仪的内容，提升审美水平。
（2）理解仪容礼仪的基本规范和要求。
（3）掌握化妆的基本技巧，塑造美好个人形象。

知识框架

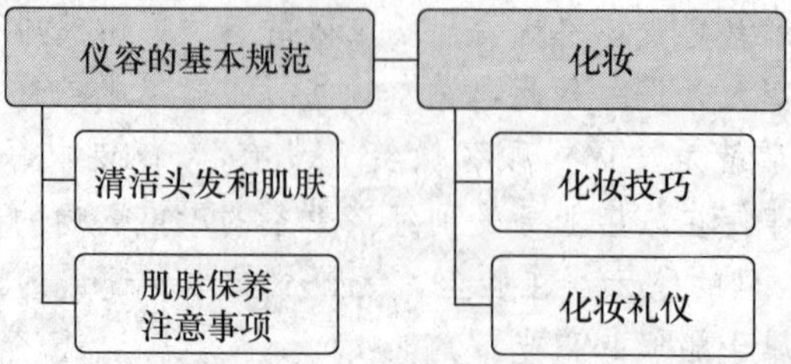

导入问题

T：你觉得下面这些妆容适合职场吗?

S：不适合。

仪容是指人的容貌，主要是指人的面部和头部形象，是个人形象的重要组成部分之一。职场人士应通过对面部与头发的修饰，展现个人的个性、喜好、修养等。由于仪容在商务交往中通常最先被对方注意到，所以必须展现积极健康的仪容。

一、仪容的基本规范

（一）清洁头发和肌肤

1. 头部

人的仪表形象在他人面前展现时，头部最先被注意到。仪容修饰要“从头做起”。头发是否干净、整洁，发型是否适当，直接关系到人们对你的第一印象。

（1）洗发。

头发一定要经常清洗，无汗味、烟味，无头皮屑，让人感觉清爽。油腻的头发会让人感觉不舒服。因此不论有无交际活动，平日都要勤于梳洗头发。勤于梳洗头发，既有助于保养头发，又有助于消除异味。

（2）梳理。

头发要梳理整齐，千万不可凌乱不堪。从职场礼仪和审美的角度看，一个人头发的长短受到若干因素的制约，不可以一味只讲自由与个性，而不讲规范。梳理头发不宜直接使用手指抓挠，应选用专用的发梳、发刷等梳理工具。油腻、凌乱的头发说明你的卫生习惯欠佳，比较懒惰，所以不得小视。

（3）美发。

发型不仅要美观大方，而且要自然，不宜雕琢痕迹过重，或不合时宜。发型要适合自己的脸型，长度适中。男士前发不覆额、侧发不掩耳、后发不及领。女士不要随便披发过肩，也不要遮住脸庞，发型也不能过分追求时尚，不要把头发染成夸张的颜色，以免给人留下不稳重的印象。以下发型（见图 2－16）在职场中都是不太合适的。

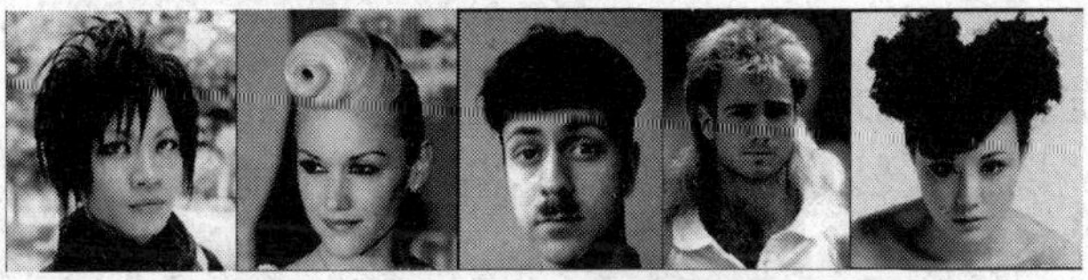

图 2－16　不适合职场的发型

2. 面部

面部应保持清洁，做到早晚洗脸，清洗附在脸上、耳朵上、脖颈后的污垢，脸上不能有污渍、汗渍和眼屎等不洁之物。

男士要每天剃须修面，保持面部清洁，即使因个人喜好而特意蓄须，也应保持胡须干净整洁。

(1) 眼部的清洁。主要指眼部分泌物的及时清除。戴眼镜者应及时对眼镜进行擦拭或清洗。

(2) 耳朵的清洁。在洗澡、洗头、洗脸时，注意清洗耳朵。定期清除耳孔中的分泌物，但不可在他人面前做。耳毛过长时，应对其进行修剪。

(3) 鼻子的清洁。平时应注意保持鼻腔清洁，不要让异物堵塞鼻孔，或是让鼻涕流淌出来。不要随处吸鼻子、擤鼻涕，更不要在他人面前挖鼻孔。鼻毛过长时应及时进行修剪。

(4) 口腔的清洁。牙齿洁白，口腔无异味，是修饰上的基本要求。要做好这一点，一是坚持早晚刷牙，以去除异味；二是经常采用漱口水、牙签、洗牙器等工具保护牙齿；三是在重要应酬之前忌食葱、蒜、韭菜、腐乳之类气味明显的东西。

3. 双手

在日常生活中，手是接触他人、物体最多的部位，从清洁、卫生、健康的角度考虑，应当勤洗手。

应定期修剪手指甲，千万不要留过长的指甲，否则会给人不美观、不卫生的印象。手指甲的长度以其不超过手指指尖为宜。如果手指甲周围产生死皮，应立即将其修剪掉，不应用手去撕或用牙去咬。若手部皮肤粗糙、红肿、皲裂，应及时进行护理、治疗。不要涂颜色艳丽的指甲油。

(二) 肌肤保养注意事项

(1) 随时注意保湿，每天摄取充足的水分，使用保湿润肤产品给肌肤补充水分，避免肌肤出现干燥的细纹。

(2) 视自己的肌肤状况，适度去除角质。

(3) 做好肌肤防晒。在户外时尽量避免肌肤暴晒在阳光下，尽量选择衣物遮蔽，无法用衣物遮蔽时就要涂抹防晒产品。

(4) 清洁动作要轻柔。每天清洁肌肤时，要避免过度拉扯肌肤，可用中指及无名指的指腹轻轻揉搓，这样不会增加肌肤的负担。

(5) 避免用手指搔痒、抠抓，因为这些动作都很容易破坏肌肤的组织结构，造成肌肤松弛，甚至留下疤痕。

(6) 适度按摩，有效避免皱纹出现。

(7) 保证睡眠充足。睡眠期间是肌肤自我修护的关键时间，睡眠可以有效帮助肌肉放松。

(8) 多摄取具抗氧化功效的营养物质，如维生素 C、维生素 E、绿茶多酚、葡萄多酚等，还可以多摄取水果。少抽烟、少吃油炸食物等，也可以有效避免体内过氧化物的形成。

二、化妆

化妆是指运用化妆品和工具，采取合乎规则的步骤和技巧，对人的面部进行修饰，掩饰缺陷，表现神采，从而达到美容的目的。人们化妆的直接目的是美化自己的容貌。化妆在给人们增添美感的同时，也给人们带来了自信；同时，化妆也是对他人的尊重。

（一）化妆技巧

1. 化妆的基本原则

（1）扬长避短：先找优点，把优点扩大，再对缺点进行修饰，让人不易察觉，扬长避短。

（2）真实自然：不虚不夸，展现自然真实的一面。

（3）突出个性：有自己的个人风格，不要千面化，塑造独特的风格。

（4）整体协调：色系搭配和谐，视觉感柔和。

2. 化妆前的皮肤护理

（1）洁肤：对于敏感肌肤而言，选择护肤用品不可掉以轻心。如果有化妆习惯的话，应选择性质温和或敏感肤质专用的卸妆乳液，切不可用力按摩以免引起过敏反应。每日正常的洁肤次数最好为三次，还要考虑肤质、年龄和季节等因素。干性肤质者、敏感肤质者和年龄偏大者，应适当减少洗脸的次数，并应慎重使用具有去角质功能的洁面用品。

清洁肌肤可以使用磨砂膏，磨砂膏中的活性磨砂微粒能深入毛孔清除多余油脂、污垢及老化角质，其中的维生素 E 成分起到润肤作用，但过度使用磨砂膏会令肌肤失去天然防御能力，所以每周最多只能使用一到两次。

（2）爽肤：爽肤的作用在于恢复肌肤表面的酸碱值。油性皮肤使用紧肤水，中性皮肤使用爽肤水，干性皮肤使用柔肤水，混合性皮肤 T 区使用紧肤水，敏感皮肤选用修复水。

（3）润肤：每天清洁面部后应进行润肤步骤，在额头、双颊、鼻梁、下颏等处涂上润肤乳，用指腹轻轻按摩至吸收。

3. 化妆

（1）化妆步骤和方法。

化妆工具如图 2－17 所示。

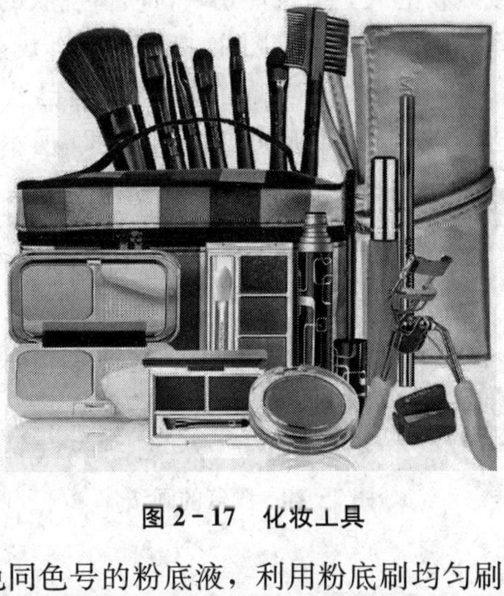

图 2－17　化妆工具

1）底妆。选择跟肤色同色号的粉底液，利用粉底刷均匀刷在脸上，来回轻扫，避免留下刷痕。在使用完粉底刷之后可以再用海绵块轻轻按压一下全脸，这样能帮助粉底分布得更均匀，也让整体妆效更加自然通透。

2）遮瑕。用遮瑕笔轻轻涂抹脸部的眼袋等明显的瑕疵。

3）定妆。先用干粉扑蘸取适量的蜜粉对折揉匀，均匀地按压在肌肤上，再用大号化妆刷刷去多余的粉末。好的蜜粉不仅有定妆、吸走油光的效果，还能起到二次修饰作用。不同颜色的蜜粉适合不同肤色，比如粉红色适合肤色苍白的，绿色适合皮肤上有红血丝的，紫色适合肤色暗沉的。

4）眉毛。画眉毛时可以借助一定的辅助工具，按照自己的脸型和妆容选择合适的眉型，见图 2－18。眉笔的颜色应与发色接近。

图 2－18 化眉毛

5）眼妆。先用浅色的眼影涂抹整个眼皮，再用颜色深一点的眼影涂抹双眼皮的褶皱处。用同样深一点的眼影勾画下眼线三分之二处。眼线要紧贴在睫毛根部，进行渐进式描画，在距外眼角 1/3 处开始逐渐提升，内眼角略细，如图 2－19 所示。睫毛可用睫毛夹使之自然弯曲上翘，然后用睫毛膏定型。刷睫毛膏时，眼睛向下看，用睫毛刷以“Z”字形运动的方式在睫毛上轻刷；眼睛向上看，用睫毛刷横向涂抹，也可用睫毛刷的顶部纵向涂抹下睫毛。

6）腮红。涂腮红的时候有一个小技巧，就是保持笑脸，然后将腮红涂抹在脸部凸起的苹果肌部分。肤色偏白或偏粉的人，适合使用映衬白皙皮肤的玫瑰色系和淡粉色系；皮肤偏黄的人适宜选择橙色系。腮红的画法见图 2－20。

7）口红。化妆的最后一步就是涂抹口红，选择适合自己肤色的口红很重要，还可以根据自己当天衣服的颜色进行搭配。口红的涂法如图 2－21 所示。

图 2－19 眼线的画法

图 2－20 腮红的画法

图 2－21 口红的涂法

(2) 化妆后的皮肤护理。

1）眼部卸妆：使用专业的眼部卸妆产品卸除眼影、眼线、睫毛膏、眉妆等。

2）面部卸妆：使用卸妆油对全脸的底妆进行溶解、卸除。

3）深层清洁：使用深层洁面用品把脸上的残余化妆品彻底洗干净。

4）滋养皮肤：使用化妆水，平衡皮肤，收缩毛孔，补充水分与营养；使用乳霜使面部全面得到滋润，保持皮肤健康。

实训任务

结合所学内容，练习眉毛、腮红的画法。

工具：眉笔、眉刷、眉粉、腮红等。

时间：30分钟。

要求：分成3个小组，每个组两位同学示范，其他同学观摩并评价，最后由老师统一点评。

（二）化妆礼仪

(1) 化妆是对他人的尊重，尤其是在职场中，保持良好的个人形象，适当化妆，会让你显得更有气质。

案例

一天，黄先生与两位好友小聚，来到一家知名饭店。接待他们的是一位五官清秀的服务员，接待工作做得很好，可是她面无血色，显得无精打采。黄先生一看到她就觉得心情欠佳，仔细观察后才发现，这位服务员没有化工作淡妆，所以在餐厅昏黄的灯光下显得病态十足。上菜时，黄先生又突然看到传菜员涂的指甲油缺了一块，他的第一反应就是“不知道是不是掉到我的菜里了”。但为了不惊扰其他客人用餐，他就没将自己的怀疑说出来。用餐结束后，黄先生招呼柜台内的服务员结账，而服务员却一直对着反光玻璃墙面修饰自己的妆容，丝毫没注意到客人的需要。自此之后，黄先生再也没去过这家饭店。

(2) 妆容有晨妆、晚妆、上班妆、社交妆、舞会妆等多种形式，它们在浓淡程度和化妆品的选择使用方面，都存在一定的差异。职场人士在工作岗位上应当化淡妆。

(3) 职场妆容要求简约、清丽、素雅，具有鲜明的立体感。它既要给人以深刻的印象，又不容许显得脂粉气十足。总的来说，就是要淡雅而又传神。图2-22所示的是不适合职场的妆容。

图2-22　不适合职场的妆容

(4) 避免当众化妆或补妆。我们常常可以见到一些女士，不管置身于何处，只要稍有闲暇，便立刻掏出化妆盒来，补一点蜜粉、唇膏。当众化妆，尤其是在工作岗位上当众这样做是很不庄重的。许多公司都有专门的化妆间，就是为需要随时化妆或补妆的人准备的，女士要补妆最好去专门的化妆间或去卫生间。

(5) 不要借用他人的化妆品。众所周知，借用他人的化妆品很不卫生。

(6) 不要与他人探讨化妆问题，因为每个人的审美观未必一样。也不要评价、议论他人妆容的得失，当面指出对方的妆容失误会使对方不快，甚至会因此产生矛盾。

(7) 不要让自己的妆容出现残缺。用餐之后、饮水之后、休息之后、出汗之后，一定要及时为自己补妆。如果妆面深浅不一、残缺不堪，必然会给他人留下十分不好的印象。

案例分析

1960 年 9 月，尼克松和肯尼迪在全美的电视观众面前，举行他们竞选总统的第一次辩论。当时，他们的名望和才能大体相当，可谓棋逢对手。但大多数评论员预测，尼克松应该可以轻松击败比他缺乏电视讲演经验的肯尼迪。而事实却并非如此。

为什么呢？原来肯尼迪事先进行了练习和彩排，还专门跑到海滩晒太阳，养精蓄锐。结果，他在屏幕上出现时，精神焕发，红光满面，挥洒自如。而尼克松没听从电视导演的规劝，加之十分劳累，更失策的是面部化妆用了深色的粉底，因而在屏幕上显得精神疲惫，表情痛苦，声嘶力竭。

最终，肯尼迪取胜，竞选结果出人意料。

问题：这个案例给你什么样的启示？

拓展学习

如果过去几年你都是素面朝天的话，建议你工作后最好化点淡妆。在职场中，女性不化妆通常会被视为不礼貌，在有些国家，女性要是没有化妆，甚至不可以出门。

教育家张伯苓常讲："人可以有霉运，但不可以有霉相。越是倒霉，越要面净发理，衣整鞋洁，让人一看就有清新、明爽、舒服的感觉，霉运很快就可以好转。"工作中难免会碰上以貌取人的领导、客户，注意打扮自己才能让自己"转运"。但要记住，职场上不能化浓妆。一个人要是粉底擦得很厚，一笑脸上就要开始掉粉似的，能好看吗？夏天时化浓妆，一流汗，眼周的妆如果花了，就跟刚哭过似的，会非常难看。

综合练习

一、思考题

1. 职场上对发型有什么要求？
2. 面部清洁需要注意些什么？
3. 职场人士要注意哪些化妆礼仪？

二、案例题

王芳是某高校文秘专业高才生，毕业后在一家公司做文员。刚上班时，她选择了"清纯少女妆"：看上去娇嫩欲滴、鲜亮淡雅，非常清纯可爱。但是领导和同事好像并不喜欢这种妆容，来访的客户也总是盯着她看，还有几次把她当成了来实习的学生。后来她放弃了"清纯少女妆"，化起了整洁、漂亮、端庄的"白领丽人妆"：不脱色粉底液，修饰自然、稍带棱角的眉毛，与服装色系搭配的灰度高、偏浅色的眼影，灰棕色眼线，黑色自然型睫毛，再加上自然的唇型和略显浓艳的唇色，整个妆容清爽自然，尽显自信、成熟、干练的气质。领导和同事对她的态度变了，更加信任她。后来，王芳以自己得体的外在形象、勤奋的工作态度和骄人的业绩，赢得了公司同事的好评。

请谈谈你对王芳改变妆容的看法。

三、测试题

1. 男士形象自检项目：

(1) 发型款式大方，不怪异；头发干净整洁，长短适宜，无异味、无头皮屑。

(2) 鬓角及胡须已剃干净，鼻毛不外露。

(3) 脸部清洁滋润。

(4) 手部清洁，指甲干净整洁。

(5) 耳部清洁干净，耳毛不外露。

(6) 衣服上没有脱落的头发和头皮屑。

2. 女士形象自检项目：

(1) 头发干净整洁，不过多使用发胶，发型大方、高雅、得体、干练，前发不遮眼。

(2) 化淡妆：眼亮、粉薄、眉轻、唇浅红。

(3) 指甲不太长、不太艳、不太怪。

(4) 脸部清洁，鼻毛不外露。

(5) 衣服上没有脱落的头发和头皮屑。

(6) 耳部清洁干净，耳毛不外露。

(7) 颈部清洁。

任务三 讲究服饰得体，彰显自我气质

学习目标

(1) 了解服饰礼仪的内容，提升审美修养。

(2) 理解服饰礼仪的作用和基本规范。

(3) 掌握正确穿着的要点，塑造美好个人形象。

知识框架

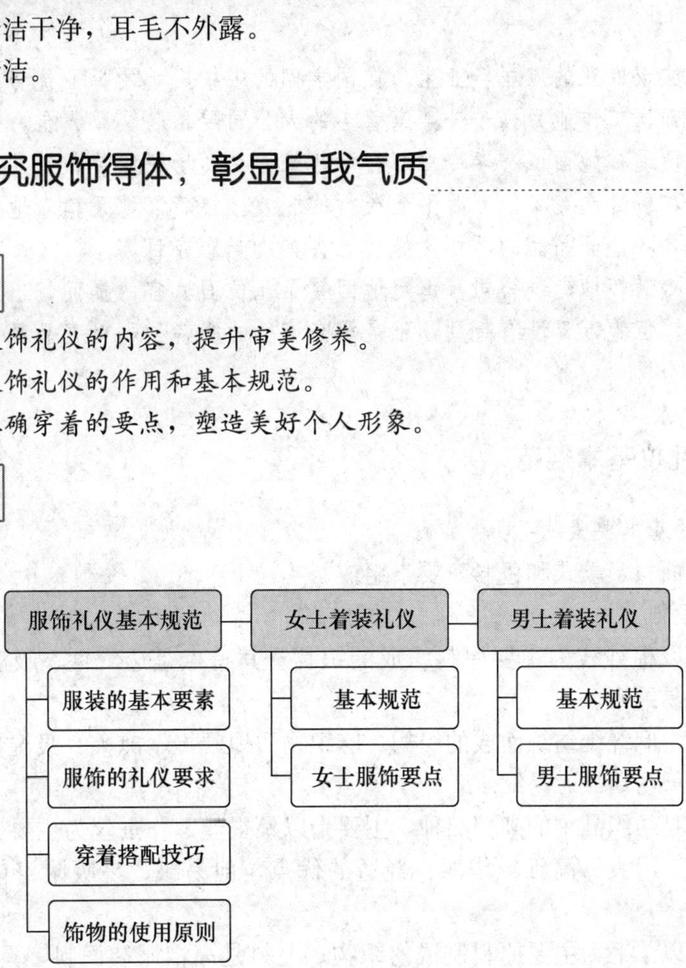

导入问题

T：请问下面哪一款服装符合职场的服饰要求？

S：男士西装和女士套裙。

服饰是对人们穿着的服装和佩戴的饰物的统称，包括上装、裤装、裙装、鞋帽、围巾、手袋、首饰等。职场人士的服饰应符合身份，要庄重、得体，不能凭个人喜好。若穿着不当，会令人产生不良的第一印象，影响个人及单位形象。

案例

李玲是某校文秘专业的应届毕业生。在同学们的眼中，她的择业优势太多了：学习成绩好、学生会干部、工作能力强……某家著名的大公司要招聘文秘人员，李玲递交了个人简历，很快公司便通知她面试。李玲立即行动起来，去商场买服装。她几乎试穿了衣橱中应季的所有衣服，最终选定了一套时下最流行的服装。接着，她又精心地搭配了一对同样是时下最流行的耳环，亮晶晶的耳环使她看上去更加光彩夺目。

李玲如约信心满怀地走进公司，镇定地回答了几位面试官的提问。出来的时候，她觉得自己志在必得。但她万万没有想到，正是那套流行的服装和那对亮晶晶的耳环使她与这次工作机会失之交臂。

一、服饰礼仪基本规范

（一）服装的基本要素

服装主要由面料、款式和色彩三要素组成。

1. 服装的面料

（1）棉布：以棉纱线为主要原料织成的织物。其特点是透气性、吸湿性好，穿着舒适，但易褶皱、易缩水。

（2）麻布：由麻纤维纺织而成的织物。麻织物质地硬挺、凉爽、吸湿性好，是理想的夏季服装面料，但易褶皱、易缩水。

（3）丝绸：是纺织品中的高档品种，主要指以桑蚕丝、柞蚕丝为主要原料的织品。它具有薄轻、柔软、滑爽、高雅、华丽、舒适的优点，但易皱、易吸附身体、不结实、易褪色。

（4）毛料：以羊毛为主要原料制成的织物。毛料是高档服装面料，具有保暖、舒适、弹性好、耐穿耐磨等优点，但洗涤较难，不宜做夏装。

（5）化纤：以高分子化合物为原料制作而成的纤维纺织品。化纤面料以其牢度大、弹性好、挺括、易保管而受到人们的喜爱，但是它透气性差。

2. 服装的款式

服装的款式指服装的式样。比较常见的服装款式有职业装系列、典雅系列、时尚系列、晚装系列、休闲系列、运动系列等。下面着重介绍一下职业装。

（1）职业装的特点。

职业装是与人们的职业密切相关的服装，是工作状态下在特定的场所为特定的目的穿着的服装。西服、女性套装是职业装的代表。职业装具有实用、科学、标志性、艺术性的特点。

（2）职业装的总体要求。

1）适合性：职业装要与个人容貌、体型、年龄、气质相符合。

2）整体性：各部位的修饰要与职业装整体协调一致。

3）适度性：在修饰程度、饰品数量、修饰技巧上，要自然适度，注意分寸，与职业装的风格特点相适应。

3. 服装的色彩

色彩是服装的灵魂。每种色彩都有独特的色彩感情与个性表现。不同的服饰色彩搭配，可以表现出不同的风韵，或活泼俏丽，或高贵典雅，或稳重成熟。

服装分为无彩色和有彩色两大系列。无彩色主要由黑、白、灰组成。有彩色包括红、黄、绿、青、蓝、紫等颜色。红、黄、橙及相近的色彩为暖色调，给人以热的感觉；青、蓝是冷色调，给人以冷的感觉；绿、紫是中间色。颜色搭配要考虑以下因素：

（1）主色调服饰搭配。确定一种起主导作用的色彩，其他服饰应与其基调相一致。运用这种搭配法首先应充分考虑主辅关系，不能“喧宾夺主”；其次，要考虑主辅色调的对比效果，既要鲜明，又不要太刺眼；最后，辅助色彩的安排要充分考虑自身情况，扬长避短，以达到画龙点睛之妙。

（2）补色搭配。即两个相对的颜色组合，如黑与白等，颜色配合形成鲜明的对比，色彩上反差强烈，突出个性，有较好的效果。

（3）同类色搭配。即深浅、明暗不同的两种同一类颜色相配，以达到一种统一、和谐的审美效果，如墨绿配浅绿、咖啡配米色、深红配浅红等。同类色配合的优点是显得服装整体柔和文雅。

（4）近似色搭配。即两个比较接近的颜色相配，如红色与橙色或紫红色相配，黄色与草绿色或橙黄色相配等，整体感觉非常素雅、文静。近似色搭配由于富于变化，服装更显活泼与动感，但是搭配的难度大，讲究也更多，弄不好会给人“不太和谐”的感觉。因此，要认真考虑色彩的明度差异以及纯度变化，尽量满足自己及公众的审美需要。

除了服装的色彩搭配外，还应考虑肤色与服装色彩的关系。服装色彩能影响甚至改变人的肤色在他人感官中的印象，因此，要善于根据自己的肤色，选配适当的服装色彩。

知识链接

汉族人的皮肤普遍偏黄色，所以，汉族服装长期崇尚蓝色，这与蓝色能将黄色皮肤衬托得更加明亮、更显白皙是分不开的。一个肤色发黄甚至略黑的人，如果服装的颜色过深，会加深肤色偏黑的感觉；要是选用颜色过浅的服装，会反衬出肤色的黑。因此，这种肤色的人最适宜选择的是与肤色对比度不强的粉色系、蓝绿色，忌用色彩明亮的黄色、橙色、紫色或色调极暗的黑色、黑紫色、深褐色、深驼色等。

（二）服饰的礼仪要求

1. 职场服饰礼仪的基本要求

（1）选择正装。

职场不同于其他场合，庄重大方是基本追求。对于一名公司职员来说，衣冠不整不仅会使同事、客户不悦，甚至会影响公司的形象，所以要穿正装。

（2）制作精良。

做工粗糙、劣质的服装会有损你的个人形象，影响他人对你的评价。

（3）外观整洁。

服饰必须整洁，不能沾有污渍，衣领、袖口处需格外注意。一件衣服即使很漂亮、很合身、很昂贵，若上面有污渍的话，也会破坏着装人的形象。

（4）讲究文明。

着装要符合本国的道德传统和礼仪规范，在正式场合，忌穿过露、过透、过短、过紧的服装。身体部位过分暴露，不但有失自己的身份，而且是对别人的不尊重，会使别人感到难堪。

2. 服饰的 TPO 原则

TPO 原则是目前国际公认的衣着标准。TPO 是三个英语单词的缩写，分别代表时间（Time）、场合（Place）和目的（Object），即着装应该与当时的时间、地点和目的相协调，也就是我们平时所说的应时、应景、应事的原则。

（1）时间原则——应时。

应时有两层含义：一是着装要与时代相吻合；二是着装要与具体的时间相吻合。着装不能脱离时代，也不能四季“乱穿衣”，要遵守不同时段的着装规则。不同时段的着装规则对女士尤其重要。男士有一套质地上乘的深色西装或中山装足以应对职场活动，而女士的着装则要随时间而变换。白天工作时，女士应穿着正式套装，以体现专业性；晚上出席鸡尾酒会就需多加一些修饰，如换一双高跟鞋，适度佩戴饰物等。此外，女士服装的选择还要适合季节气候特点，保持与潮流大势同步。

（2）场合原则——应景。

所谓应景，是指要尽量使着装与所处的场景、环境保持和谐一致，绝不可以我行我素，使自己的着装同所处的环境格格不入或反差过大。如：在自己家里接待客人，可以穿着舒适但整洁的休闲服；如果去公司或单位拜访，穿职业套装会显得专业；外出时要顾及当地的传统和风俗习惯，如去教堂或寺庙等场所，不能穿过露或过短的服装。

（3）目的原则——应事。

所谓应事，是指着装应与所办理的事相配合、相呼应。与客户会谈、参加正式会议等，着装应庄重、高雅、大方；出席正式宴会，则应穿中国的传统旗袍或西方的长裙晚礼服；而与朋友聚会、郊游，着装应轻便舒适。

3. 着装注意事项

(1) 符合身份。

着装符合身份是非常重要的，每个人在日常工作和生活中都有自己特定的身份，如：工人上班时间应穿作业服；公司职员要穿西装；教师着装不可以太随便；等等。总之要符合身份。

(2) 扬长避短。

每个人的身材都有优点，也有缺点，如有的人胖，有的人瘦，要注意扬长避短。脖子细长的，就不要穿U字领或V字领的服装，穿高领衫更显精神；小腿较粗较短者，就尽量不要穿短裙。

(3) 区分场合。

1) 公务场合：庄重保守。公务场合指的是在工作岗位上处理工作事务的时间，着装的基本要求是庄重保守，要穿套装、套裙、制服等。

2) 社交场合：时尚个性。工作之余的交往应酬时间，着装的基本要求是时尚个性，要与众不同，可以穿时装、礼服或具有民族特色的服装等。

3) 休闲场合：舒适自然。在家休息、健身运动、观光游览、逛街购物时，穿着打扮的基本要求是舒适自然。

案例

小张刚进入杂志社工作，领导安排她去采访民营企业家陆总。陆总是一位既能干又极有魅力的女性，即使再忙，她也不会忽视对时尚的关注，对自己衣着的要求。小张非常期待做这个专访，事先做了大量的准备工作，采访纲要修改了多次。到了采访当天，穿什么衣服却让小张犯愁了。由于小张不是个会打扮的女孩，要面对一位重量级的时尚女性，当然不能显得太落伍，于是她买了时尚杂志，按照杂志上摩登女孩的装束打扮了一番，紧身吊带装配热裤，再梳了一个流行的发髻，就兴冲冲地去采访了。但是当小张来到该公司前台说明自己的身份和来意后，她明显感到了前台小姐不屑一顾的眼神。最后小张拿出记者证，前台小姐才带她去见陆总。陆总高挑的身材，优雅的举止，得体的穿着，让小张觉得自己的穿着就像个小丑，顿时失去了自信。

(三) 穿着搭配技巧

1. 整洁平整

服装并非一定要高档华贵，但须保持整洁，并熨烫平整，穿起来才能大方得体，显得精神焕发。条件允许的话，争取每天更换一套。

2. 色彩协调

不同色彩会给人不同的感受，如深色或冷色调的服装让人产生视觉上的收缩感，显得庄重严肃；而浅色或暖色调的服装让人产生视觉上的扩张感，显得轻松活泼。因此，可以根据不同需要进行选择和搭配。

3. 搭配得体

除了主体衣服之外，对鞋袜、手套等的搭配也要多加考究。如袜子以透明近似肤色或与服装颜色协调为好，带有大花纹的袜子不能登大雅之堂。正式、庄重的场合不宜穿凉鞋或靴子，黑色皮鞋是适用面最广的，可以和任何服装相配。

4. 饰品点缀

巧妙地佩戴饰品能够起到画龙点睛的作用。

（四）饰物的使用原则

若参加一些重要活动，特别是外事活动，为了显示对主人和他人的尊重，要对自己进行适当的打扮，佩戴饰物是很有必要的。常用的饰物包括头饰、项饰、胸饰、臂饰等，这些都是纯装饰性的。此外还有围巾、腰带、手表、手袋等，这些是具有很强装饰性兼具实用性的用品。使用饰物应遵循以下原则。

1. 数量以少为佳

饰物讲究的是少而精，宁少毋多，数量不可过多，不应超过三个品种。如：耳环可以戴一对，再配个项链，恰到好处，如果再加个手镯、套装上别个胸花，就会画蛇添足，反而不好看。

2. 同质同色

首饰应选择同一质地、颜色款式相近的。比如手上戴着红宝石戒指，耳朵上却是珍珠耳环，或既有黄金首饰又有白银饰品，会给人以纷乱的感觉，显得佩戴人的品位较差。

3. 符合身份、习俗、季节规律

佩戴饰物要符合身份、符合习俗、符合季节规律，不仅要考虑个人爱好，更应使之适合本人身份，与佩戴者的性别、年龄、职业、工作环境保持一致。例如，气质文雅的女士不要佩戴过于夸张的首饰，在国际交往中不宜佩戴十字架形的饰物。

4. 搭配合理

所佩戴的饰物要和服装款式及色彩相协调。

5. 扬长避短

选择饰物应充分考虑自身的特点，使饰物为自己扬长避短，通过适宜的装饰突出自己的优点，弥补自己的不足与缺陷。例如：脖颈上有赘肉和褶皱的女士，就不适宜佩戴太有个性的项链；手形不好或手指有畸形，聪明的做法是千万别佩戴会引人注意的戒指。

二、女士着装礼仪

（一）基本规范

女士服装的类型比较多，有西服套裙、夹克衫、毛衣、连衣裙、套裙等。图 2-23 所示为几款女士职业装。

选择女士职业装，应从面料、色彩、图案、尺寸、款式等方面考虑。西服套裙是女士的标准职业着装，可塑造出干练的职业形象。套裙分两种：配套的，其上衣和裙子同色同料；不配套的，其上衣和裙子的颜色或面料存在差异。穿单色套裙能使身材显得瘦高一些。

女士穿裙子应当配长筒丝袜或连裤袜，颜色以肉色、黑色最为常用。女士不能在公众场合整理自己的长筒丝袜，而且袜口不能露在裙摆外边。不要穿带图案的袜子，因为它们会惹人注意你的腿部。应随身携带一双备用的透明丝袜，以防袜子拉丝或跳丝。

图 2-23　女士职业装

1. 女士套裙选择技巧

面料要舒适、挺括，颜色要素雅，以纯色、较深颜色为宜，如灰、黑、深蓝等；夏天可以选择浅色、纯色，如白、米黄等。尺寸要合适，款式要大方。

2. 女士套裙穿着技巧

（1）应当大小适度。

（2）应当穿着到位。

（3）应当考虑场合。

（4）应当协调装饰。

（5）应当兼顾举止。

3. 女士着套裙时要注意“六不”

（1）不允许过大或过小。

（2）不允许衣扣不到位。

（3）不允许不穿衬裙。

（4）不允许内衣外观。

（5）不允许随意搭配。

（6）不允许乱配鞋袜。

女士职场不宜穿的服装如图 2-24 所示。

图 2-24　女士职场不宜穿的服装

（二）女士服饰要点

1. 女士职业装要点

女士职业装要点如图 2-25 所示。

2. 女士服饰“五不准”

（1）不穿过露、过透、过短、过紧的服装，不穿黑色皮裙。

（2）正式场合，穿裙装不光腿。

（3）不穿残破的袜子，不穿网格长筒袜。

（4）穿正装不能穿便装鞋、旅游鞋、凉鞋，衣与鞋要配套。

（5）裙子、袜子之间不要有空白，否则被称为“三节腿”。

图 2-25 女士职业装要点

案例

谷小姐准备参加有300多位应聘者参加的XB航空公司招聘空中乘务员的面试。在面试的前几天，她先在网上查询相关的资料，并致电该航空公司，同一位员工进行了交流，询问了关于公司现状和公司历史的一些问题，还特意了解了空中乘务员的穿着。面试当天，她穿了一条深蓝色的裙子，同色的短上衣，白色衬衣，黑色长筒袜，藏青色的高跟鞋。在面试的过程中，她与其他应聘者一样站在面试官的面前，用一分钟时间谈了自己想到航空公司工作的理由。第二天，她接到电话，招聘主管要求她参加第二次面试，并最终录取了她。与其他应聘者相比，谷小姐面试回答问题时并没有太突出的表现，为什么她会脱颖而出被录用呢?

三、男士着装礼仪

（一）基本规范

对男士而言，一般正式场合中使用最多的就是西装了。在正式的商务活动中，男士必须着西装、衬衣并打领带，如图 2-26 所示。西装穿之前要拆除商标、熨烫平整，穿着时系好纽扣，袖子不卷不挽，里头慎穿毛衣，口袋里不要装东西。

1. 西装

正装西装应选择藏蓝色、深灰色和黑色等比较稳重的颜色；休闲西装可以是单色，也可以是多色，如条纹或格子等。

正装西装一般是纯毛面料或含毛量比较高的混纺面料。面料悬垂、挺括会显得比较儒雅、有档次。

图 2-26 男士着装

一粒扣西装，纽扣可扣可不扣；两粒扣西装，扣上面第一粒或都不扣；三粒扣西装，扣上面两粒或只扣中间一粒或都不扣；四粒扣西装，扣中间两粒或都不扣。

2. 领带

领带面料最高档、最正式的应为真丝与纯毛，其他面料如棉质、麻、皮革等质地，大多不适合在正式场合使用。

领带的色彩分为单色、多色。单色领带适用于公务活动和隆重的社交场合，以蓝色、灰色、棕色、紫红色最受欢迎。多色领带一般不应超过三种颜色，可用于各类场合。不同图案的领带有不同寓意，例如斜纹，显示出果断权威、稳重理性，适用于谈判、主持会议、演讲等场合。

当站立时，领带的长度要及皮带或皮带扣下端 1～1.5 厘米；领带结的大小应与衬衫领口敞开的角度相配合；当打上领带时，衬衫的领口和袖口都应该系上；如果取下领带，领口的纽扣一定要解开。

3. 皮带

黑色、栗色或棕色的皮带配以钢制、金质或银质的皮带扣比较适宜。高质量的皮带应该是全皮的。皮带的宽度最好为 3 厘米，长度应比裤子的腰围长 5 厘米左右。皮带上不应挂手机、钥匙等物品。

4. 鞋袜

穿西装只能配皮鞋，旅游鞋和长筒靴不适合在商务场合穿着。黑色的皮鞋搭配任何西装都没错；浅色的皮鞋只能搭配浅色的休闲西装。男士为避免坐着时露出腿毛，最好选择黑色或深蓝色长及小腿肚的中长袜。

5. 着装“三个三”

三色原则：全身穿着限制在三种颜色之内。在西服套装、衬衣、领带、鞋子、袜子中，最少要有两个单色，最多一个图案。

三一定律：身上要有三个要件是同一颜色，如鞋子、皮带、公文包一个颜色。如果佩戴金属表带的手表，那么金属表带的颜色应与眼镜镜框、皮带扣的颜色一致。

三大禁忌：忌衣袖商标未摘掉；忌穿白袜子和尼龙袜子；领带忌棉、麻、皮革等质地。

（二）男士服饰要点

1. 男士职业装要点

男士职业装要点如图 2-27 所示。

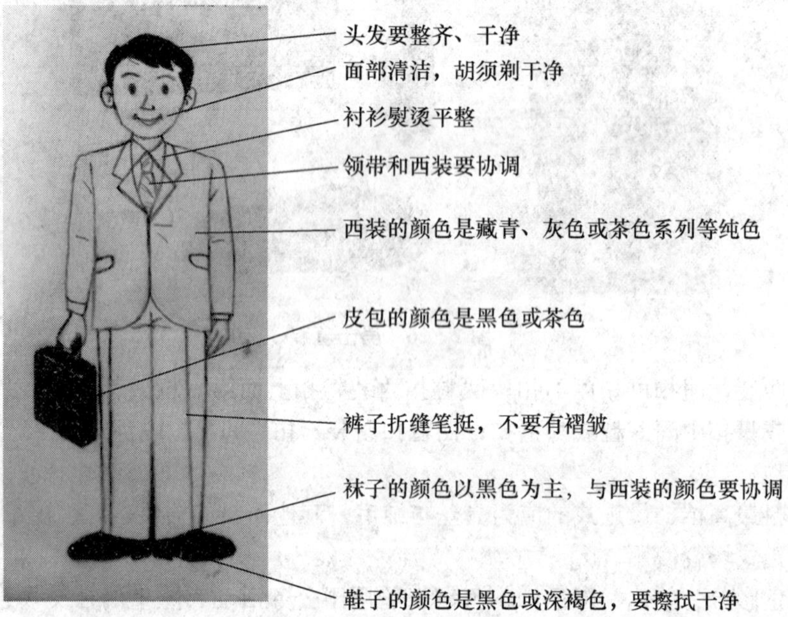

图 2-27 男士职业装要点

2. 男士着西装八忌

（1）西裤过短。

（2）衬衫放在西裤外。

（3）不扣衬衫纽扣。

（4）西装袖子长于衬衫袖子。

（5）领带太短。

（6）西装上装两粒扣都扣上（双排扣西装除外）。

（7）西装的衣、裤袋内鼓鼓囊囊。

（8）西装配便鞋。

案例

张先生是一家国有企业的总经理。有一次，他获悉日本某著名企业的董事长正在本市进行访问，并有寻求合作伙伴的意向。于是，他想尽办法请有关部门为双方牵线搭桥。让张总经理欣喜的是，对方也有兴趣同他的企业进行合作，而且希望尽快与他见面。到了双方会面的那一天，张总经理为了能给对方留下精明强干、时尚新潮的印象，特意给自己做了一番时尚的打扮：上身穿深灰色西服，系红色领带，下身穿蓝色牛仔裤，脚上还特意穿上了刚买的白色耐克旅游鞋。双方见面后，结果是事与愿违，而且问题就出在着装上。张先生事先在衣着方面进行了认真的准备，为什么会事与愿违呢？

实训任务

着装达人服饰礼仪大赛

活动场地：室内。
人员要求：全体同学。
材料准备：若干服饰。
活动目标：训练同学们的服装搭配能力。
活动流程：
(1) 同学们根据自己的喜好搭配服装，注意要遵守着装原则和个体着装注意事项。
(2) 由大家打分选出各类着装达人。

拓展学习

教你几种领带的系法

1. 平结

平结是男士选用最多的领结打法之一，几乎适用于各种材质的领带。

要诀：领结下方所形成的凹洞两边需均匀且对称。

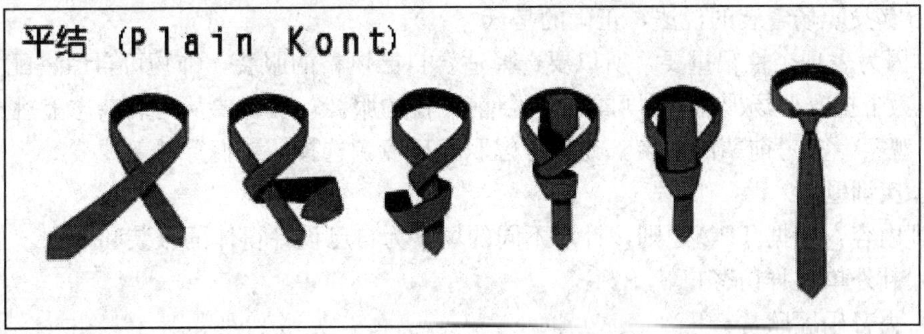

2. 交叉结

交叉结是单色素雅且质料较薄的领带适合选用的领结。喜欢展现流行感的男士不妨多采用交叉结。

3. 双环结

一条质地上乘的领带再搭配双环结颇能营造时尚感，适合年轻的上班族选用。该领结完成后的特色就是第一圈会稍露出于第二圈之外，可别刻意给盖住了。

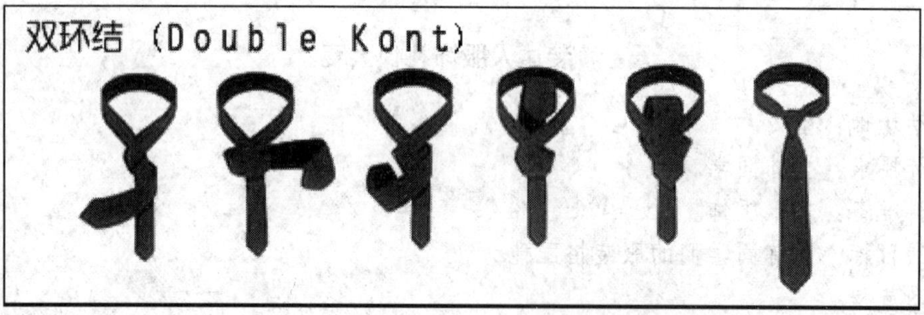

综合练习

一、思考题

1. 什么是着装“三个三”?
2. 女士佩戴首饰的原则有哪些?
3. 着装的 TPO 原则是什么?
4. 女士服饰的“五不准”是什么?

二、选择题

以下有关职场着装的说法，正确的是（　　）。

A. 因为表现个性很重要，所以要选择适合自己风格的服装，饰物可自由搭配

B. 为了提升职场形象，尽可能选择目前流行的服装，所以要从时装杂志上挑选

C. 观察、参考前辈的服装，充分考虑职场环境，选择前辈们穿的款式

三、实训题

实训内容：依据 TPO 原则，针对不同的场景为自己设计得体的服装和饰物。

（1）赴外单位拜访客户。

（2）去音乐厅欣赏音乐。

项目三
习得成功沟通的要素
——见面礼仪不可不学

任务一　学好打招呼礼仪，赢得职场好人缘

学习目标

（1）熟知见面寒暄语的类型，掌握称呼和礼貌用语的使用规范，学会运用打招呼时应呈现的体姿。

（2）学会在日常生活与工作中有针对性地灵活运用打招呼的规范与技巧。

知识框架

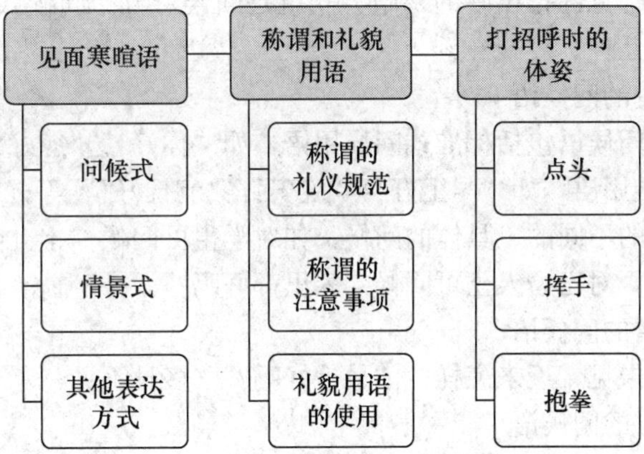

导入问题

T：在职场上如何与人打招呼？

S：说声“您好”，道声“您辛苦”。寒暄一下，点一下头或者鞠个躬。

见面是人际交往的第一步，是人与人沟通交流的重要平台。见面是人们相互间留下深刻印象的重要时机，是促进信息传递、合作形成的伊始。为此，人们在日常生活与工作中要掌握见面时的各种礼仪的相关知识，并将其运用到实践中，以实现人际交往的顺畅、成功。

那么，什么是见面礼仪呢？就是人们见面时用来表示问候、尊敬、祝福与关心的语言或行为的规范与准则。

常见的见面礼仪，大致可分为语言型、体姿型和混合型三大种类。语言型是指人们在见面时用有声语言，即见面寒暄语来表达礼貌和敬意的习惯方式。语言型一般分为问候式、寒暄式、情景式等。体姿型是指人们在见面时用身体语言向对方致意，以达到向对方传递交际信息的目的。混合型是语言和体姿并用，可以灵活自然地表达友好意愿，是人们生活中习惯和常用的方式。

一、见面寒暄语

打招呼是联络感情的手段，是沟通心灵的方式，是增进友谊的纽带，也是一个人内在修养程度与外在素质高低的重要标志。人们在初次见面打招呼时，必要的寒暄语是表示问候、尊敬、祝福与关心的第一环节，也是给对方留下第一印象的关键所在。为此，人们要善于把握寒暄的时机，正确选择寒暄的方式，巧妙运用有声语言来表达礼貌与敬意。寒暄语就是人们社会交往中见面打招呼时的应酬语言，一般来说，分为问候式、情景式及其他表达方式。

（一）问候式

人们见面时，最常见的打招呼的寒暄方式就是问候对方。问候式寒暄的用语比较多，归纳起来主要有以下几种。

1. 表示友好礼貌的问候语

表示友好礼貌的问候语包括标准式问候用语，如“你好!”“您好!”“大家好!”“各位好!”等；时效式问候用语，如“早上好!”“晚安!”“节日好!”等；针对对方的年龄、职业、家庭情况等进行的不同的、具体的问候，如对学生可问候“上几年级了?”，对老师可问候“今天有课吗?”，对已婚人士可问候“家里都好吗?”。

2. 表现思念之情的问候语

常用的有“好久未见，近来怎样?”“最近好吗?”“多日不见，十分想念”等。

3. 表现关心对方的问候语

如果问候的对象是比较亲密的同学、朋友、同事等，那么寒暄的内容就更丰富了，问候语可以密切双方关系、增进彼此友情。如对同学可问候“近日学习累吗?”；对朋友可问候“今天身体好些了吗?”；对同事可问候“出差回来了，还顺利吗?”；等等。

（二）情景式

情景式寒暄语主要用于一些特定环境、时间和场合。归纳起来主要有以下几种。

1. 初次见面时的寒暄语

与初次见面的人寒暄，最标准的说法是“很高兴能认识您”“见到您非常荣幸”“久仰您的大名”等，以表示仰慕与敬重；也可较文雅地说“久仰”“幸会”等；或可较随意地说“早就听说过您”“早就拜读过您的大作”“早就听过您做的报告”；等等。

2. 喜庆场合时的寒暄语

在一些喜庆场合，如婚礼、生日、庆功、乔迁、晋升、升学等，常用祝福语“恭喜恭喜!”“祝贺祝贺!”等表示由衷的祝福、问好。

3. 具体场景中的寒暄语

针对具体的见面场景的寒暄语，如在食堂见面寒暄“吃了吗?”；在图书馆见面寒暄“在用功读书呀!”；在服务场所，服务人员与客人见面时用热情礼貌的寒暄语打招呼，如“欢迎光临”“很高兴为您服务”“请问需要什么帮助吗?”；等等。

（三）其他表达方式

在日常的社会交往与商务活动中，还可使用一些其他的较为灵活自然的打招呼寒暄方式，可起到调节气氛、打破紧张或陌生局面的作用。

(1) 赞美式寒暄，如“您起得真早啊!”“您身体真棒啊!”“您今天的打扮格外漂亮啊!”“您的生意真兴隆啊!”等。

(2) 攀认式寒暄，如“我们是老乡呀!”“我也是北京人”等，通过抓住双方相似点，达到顺利亲近、接近对方的目的。

(3) 言他式寒暄，如“今天天气真冷”“今天真是好天气”等。双方见面时以天气冷暖等话题作为寒暄语，借以向对方表示自己的敬意，目的是在交流中打破僵局，缩短人际距离，或是借以向对方表示乐于与之多结交之意。陌生人之间见面，一时难以找到合适话题，为打破尴尬场面也可采用这种方式。

总体来说，人们见面打招呼寒暄的方式是比较多样而灵活的，寒暄的话题也是可以十分广泛的，但见面寒暄时具体话题的选择要讲究，要自然得体，要能建立双方的认同感，拉近双方的心理距离，要用诚恳、热情、友好的态度，语言、表情要能创造和谐的交际气氛，为建立良好人际关系打下坚实基础。

案例

一个旅游团在冬季来北京观光，恰巧遇上了鹅毛大雪，着装、行车、步行、登山等都受到一定的影响，有的游客对在北京的行程安全比较担忧。这时导游员一定要把握住游客的这种心理状态，加以安慰。在出行的大巴上进行讲解时就可以不失时机地这样寒暄：“亲爱的朋友们早上好。今天实在是个难得的日子，因为北京此时正呈现出难得一见的‘北国风光，千里冰封，万里雪飘’的壮观景象，是我们可以亲自去体验毛泽东主席诗句意境的日子。我们就是这么幸运，上天给我们送来飘飘的雪花，那么就让我们快乐地上路，去当一次踏雪登长城的好汉吧!”导游员寒暄讲的是天气，同时又将美好的雪景与游客的行程巧妙地结合起来，从而使游客减少了对天气变化所带来的不便的担心，情绪甚至慢慢高涨起来。这种寒暄是基于情景，从关照游客的心理感受的角度出发的，自然也就容易被游客接受。

总之，无论是哪一种方式的寒暄，都要掌握好分寸，恰到好处。从交际心理学的角度看，恰当的寒暄能够使双方产生一种认同心理，使一方被另一方的感情所同化，体现着人们在交际中的亲和需求。这种亲和需求在融洽的气氛的推动下逐渐升华，从而使人们顺利地达到交际目的。

二、称谓和礼貌用语

案例

斯诺先生在《西行漫记》中记载了他在20世纪30年代进入中央苏区后碰到的一件事：

有一次我和驻扎在这里的交通处的人员一起吃饭。像平常一样，除了热开水以外，没有别的喝的，而开水又烫得不能进口，因此，我口渴得要命。饭是由两个态度冷淡的孩子端来的。他们最初不高兴地看着我，可是在几分钟后，其中一个孩子友善地对我微笑，这使我胆子大了些。他从我身边走过时，我就招呼他："喂，给我们拿点冷水来。"那个孩子压根儿不理我。几分钟后，我又招呼另外一个孩子，结果也一样。这时我发现交通处处长李克农在笑我。他扯扯我的袖子，对我说："你可以叫他'小鬼'或者'同志'，可是，你不能叫他'喂'。这些孩子是少年先锋队员，他们是革命者，所以志愿到这里来帮忙。他们不是佣人，他们是未来的红军战士。"

在日常的人际交往中，我们常常会遇到不知道该如何称呼对方的情况，这时往往以"喂"开始，这对他人来说明显是称呼上的一种失礼。

称呼指的是人们在日常交往与应酬过程中，所采用的彼此之间的称谓语。而称谓语又是礼貌用语的起始语，是双方沟通情感的第一信号。在人际交往中，选择正确的、恰当的称谓，是社交人员、商务人员、职场人员应该具备的基本素养之一，也是反映与衡量自身修养、对对方了解与尊重程度的重要标尺。见面时，一个得体、适当的称谓将促进双方关系的良性发展；而错误的、不适宜的甚至是混乱的称谓，将严重影响双方的人际关系，易导致失去商务合作伙伴，正如下面案例中所阐述的。为此，作为社交人员、商务人员、职场人员，要掌握称谓的礼仪规范，并正确使用礼貌用语，这样才能赢得尊敬，促进人际交往的成功。

案例

张冠李戴

某公司的李总为了参加在本市举办的经济技术开发洽谈会，已准备了很久。他一心想借此机会寻找一家合作伙伴，以拓展更大的市场。就像想象中那样，洽谈会上来了不少李总非常向往合作的企业，有几家企业对李总的项目表示非常感兴趣。也许是连日操劳过于劳累或过于兴奋，李总在和这些公司负责人洽谈时，竟然连续出现将负责人姓名张冠李戴的现象，引起了对方的反感。他们觉得头脑如此不够清晰的合作者，经营与管理能力值得怀疑，因而都纷纷打消了合作意向与打算。

（一）称谓的礼仪规范

对人的称谓可以分为尊称和泛称。尊称是指对人尊敬的称谓，尤其指代词"您"；泛称是指不分对象具体身份的一种统称，如"先生""女士""师傅""同志"等。但有时，人们会依据对象的不同年龄、职务、职位、身份、地位等，而采用不同类型的称谓方式，具体如下。

1. 职务称谓

职务称谓是以交往对象的工作职务相称，以示身份有别、敬意有加。这是一种较为常见的称谓方式，包含三种称谓情况：一是直接称职务，如“董事长”“经理”“主任”等；二是在职务前加上姓氏，如“李主任”“王总经理”等；三是在职务前加上姓名，这仅适用于极其正式的场合，如“杨磊董事长”等。

案例

王露是太平洋盈科电脑城的一个小职员，去年刚刚毕业。说起职场称呼，她满脸兴奋：“我应聘时就是因为一句称呼转危为安的。”去年应聘时，由于她在考官面前太过紧张，有些发挥失常，就在她从考官眼中看出拒绝的意思而心灰意冷时，一位中年男士走进办公室和考官耳语了几句。在他离开时，她听到人事主管小声说了句“经理慢走”。那位男士离开时从王露身边经过，给了她一个善意鼓励的眼神，王露说自己当时也不知道哪儿来的灵光一闪，忙起身，毕恭毕敬地对他说：“经理您好，您慢走!”她看到了经理眼中些许的诧异，然后他笑着对自己点了点头。等她再坐下时，她从人事主管的眼中看到了笑意。后来她顺利地得到了这份工作。人事主管后来告诉她，本来根据她那天的表现，是打算刷掉她的。但就是因为她对经理那句礼貌的称呼，人事部门觉得她还是能够胜任行政客服工作的，所以对她的印象有所改观，给了她这份工作。

2. 职业称谓

职业称谓一般以对方从事的职业为敬称。与职务称谓类似，职业称谓也包含三种称谓情况：或直接以被称呼者的职业作为称谓，如“老师”“医生”“律师”“会计”“警察”等；或在职业前加上姓氏；或在职业前加上姓名。

案例

这里没师傅，只有大夫

某高校一位大学生，用手捂着自己的左下腹跑到医务室，对坐诊的大夫说：“师傅，我肚子疼。”坐诊的医生说：“这里只有大夫，没有师傅。找师傅请到学生食堂。”学生的脸红到了耳根。

3. 职称称谓

职称称谓是针对具有职称者，尤其是对于有中、高级职称者，在工作中以其职称相称。同样，职称称谓也包含三种称谓情况：或直接以其职称作为称谓，如“教授”“工程师”“主任医师”等；或在职称前加上姓氏，如“张教授”等；或在职称前加上姓名。

4. 学衔称谓

学衔称谓是在工作中以被称呼对象的学衔作为称谓，以起到增强学术氛围、强化学术权威的重要作用。学衔称谓包含四种称谓情况：一是直接称学衔，如“博士”，但注意一般对硕士、学士不直接称呼学衔；二是在学衔前加上姓氏；三是在学衔前加上姓名；四是将学衔具体化，说明其所属学科，如“化学博士李伟”“文学硕士王静”等。

5. 姓名称谓

姓名称谓是在工作中以被称呼对象的姓名作为称谓，一般而言，仅限于朋友、同事、熟人之间使用。姓名称谓包含三种称谓情况：一是直接称呼其姓名；二是只呼其姓，不称其名，但在姓氏之前加上“老”“大”“小”等前缀，以增强亲切感，如“老吴”“大刘”“小马”等；三是只称其名，不呼其姓，但值得注意的是这种称谓适合同性之间及上级称呼下级、长辈称呼晚辈之时使用，有时在亲友、同学或邻里之间也可使用这样的称谓。

6. 亲属称谓

亲属称谓适用于有直接与间接血缘关系的人，以表亲切。但注意在外人面前，对于自己亲属的称谓应视环境、情况选择敬称或谦称。

(1) 对本人的亲属应采用谦称，包含以下三种称谓情况：

1) 对于辈分或年龄高于自己的亲属，在称谓前加上“家”字，如“家父”等；

2) 对于辈分或年龄低于自己的亲属，在称谓前加上“舍”字，如“舍弟”等；

3) 对于自己的子女，在称谓前加上“小”字，如“小女”等。

(2) 对他人的亲属应采用敬称，包含以下三种称谓情况：

1) 针对他人长辈，在称谓前宜加“尊”字，如“尊母”等；

2) 针对他人平辈或晚辈，在称谓前宜加“贤”字，如“贤弟”等；

3) 针对可不分辈分或长幼的，在称谓前宜加“令”字，如“令堂”“令爱”等。

要知道，称谓是否正确、恰当、规范，将会产生“一声暖心，一语伤人”的效果。因此，在社交场合中，除了掌握以上几种称谓的礼仪规范之外，我们还需要了解一些称谓的注意事项。

(二) 称谓的注意事项

1. 称谓的禁忌

(1) 忌使用错误的称呼。常见的错误称呼是误读或误会，误读是念错对方的姓氏，这样是很不礼貌的。为了避免这种情况的发生，可以事先问好对方，或者当面请教。

(2) 忌使用不通行的称呼。有些称呼，具有一定的地域性。比如全国大多数地方称呼爱人为“老公”“老婆”，但西北一些地方的老年人忌讳这样称呼；中国人把配偶经常称为“爱人”，而在外国人的意识里，“爱人”是“第三者”的意思。所以，要入乡随俗，在哪里使用，就遵从哪里的习惯。

(3) 忌使用不当的称呼。对对方的称呼要谨慎、恰当。如果对方是公司的董事长，而你称他为“经理”，就会贬低对方，是很无礼的。

(4) 忌使用庸俗的称呼。有些称呼在正式场合不适合用。例如，“兄弟”“哥们儿”等称呼，虽然听起来亲切但显得庸俗。

(5) 忌称呼外号。不要自作主张给对方起外号，更不能用外号去称呼对方，也不能随便拿对方的姓名乱开玩笑。

2. 注意事项

(1) 注意女性的年龄、婚姻状况，使用得当的称谓。对于女性尽量虚化其年龄，轻易不对女性称“老”字；另外，对于未婚女性应以“小姐”“女士”相称，不可以“夫人”相称。

（2）注意区分对象与所处场合，选择适宜的称谓。在不同的场合，应根据对象不同的社会身份相称。在工作中，以职务相称，回归家庭后则应以家庭成员身份相待。如，你的父亲是公司领导，你在工作中应以职务称呼他，但在家里，不宜再以职务相称。另外，注意恋人、夫妻之间的亲昵称谓不宜出现在公共社交场合。

（3）注意顾及主从关系，掌握正确的称谓顺序。面对多人见面交际的场合，与人打招呼时的称谓是有一定顺序的，一般遵循先上后下、先长后幼、先疏后亲、先女后男的原则。

（4）注意考虑文化背景、风俗习惯，使用差异化称谓。在开放的国际化交往中，尤其要注意称谓对象在文化背景、宗教信仰、风俗习惯等方面的差别，应尽量做到入乡随俗。

（5）注意避免贬义、低俗称谓，使用文明的称谓。通常不称对方绰号，不因对方的"缺陷特征"而使用极不尊敬、低俗的称谓，不用代号、代词、"的"字结构的称谓，要文明用语，既尊重他人，也尊重自己。

案例

一位年轻人去青海湖景区旅游。那天天气炎热，他口干舌燥，筋疲力尽，不知距离目的地还有多远，举目四望，未见一人。正失望时，走来一位老者，年轻人大喜，张口就问："喂，离青海湖还有多远呀？"老者目不斜视地回了两个字："无礼（五里）。"年轻人精神倍增，快速向前走去。他走呀走，走了好几个五里，青海湖还不见踪迹。这时候，他寻思着老者的话，突然明白了什么……

（三）礼貌用语的使用

礼貌用语，是指在社交过程中所使用的能展现尊重与友好的词语。礼貌用语是尊重他人的具体表现，是建立友好关系的重要载体。俗话说："良言一句三冬暖，恶语伤人六月寒。"这充分说明了在公关活动中使用礼貌用语的重要作用。在人们的日常生活与社交活动中，正确使用礼貌用语不仅表明自身具备的修养，也表示对对方的尊重与友好，还利于营造和谐、融洽的气氛，促进社交成功。

案例

夏衍先生是中国现代文学史上的泰斗人物，他不管是作为一位文化界的领导者，还是作为一个著名的剧作家，都不以自己的身份而自居，尊敬别人的道德风范令人敬佩。夏衍先生临终前，感到十分难受。秘书说："我去叫大夫。"正在秘书开门要出去找大夫时，夏衍先生突然睁开眼睛，艰难地说："不是叫，是请。"随后，夏衍先生就昏迷过去，再也没有醒来。"不是叫，是请。"这句话竟成了夏衍先生的临终遗言。

在众多礼貌用语中，最常用的是"十字文明用语"，即"您好""请""谢谢""对不起""再见"。但根据礼貌用语使用场合的不同，可将礼貌用语具体划分如下：

（1）问候用语。在社交场合，人们见面彼此向对方问好示意时需要使用问候用语。如"您好""早上好"等。

（2）迎送用语。在迎接、送别场合，人们为表达热烈欢迎或依依不舍时需要使用迎送用语。如“欢迎光临”“见到您真高兴”“再见”“欢迎再来”“一路平安”等。

(3) 请托用语。在需要请求他人帮助或委托他人代劳时，需要使用请托用语。如“请问”“拜托帮个忙”“劳驾借过”等。

(4) 应答用语。在回应对方询问或召唤时，需要使用应答用语。如“好的，稍等一下”“没问题，请放心”“没关系，别担心”等。

(5) 致谢用语。在得到他人帮助、支持时，在受到他人夸奖、赞赏时，需要使用致谢用语。如“谢谢”“十分感谢”“谢谢您的支持与鼓励”“您过奖了”等。

(6) 致歉用语。在向他人表示歉意时，如认知错误、礼数不周、打扰他人时，需要使用致歉用语。如“对不起”“抱歉，我理解有误”“请您原谅”“真是失礼了”“打扰了”等。

(7) 赞美用语。在称赞他人以增进彼此间感情时，需要使用赞美用语。如“你做得很好”“你表现得真不错”“真棒”“你很优秀”等。

小游戏

赞美游戏

游戏规则：学生依次抛绣球，手中的绣球抛到谁，谁就要真诚地赞美对方，可从外貌、气质、性格、服饰、能力及具体事情等方面赞美对方。赞美时的要求：正确使用赞美语，赞美具体而有针对性，赞美时要真诚、友好，并与对方有目光交流；被赞美的一方要使用礼貌语给予回应。

(8) 祝贺用语。在一些喜庆、吉利的场合，向他人表示祝福、祝贺时，需要使用祝贺用语。如“祝你成功”“恭喜恭喜”“祝生意兴隆”等。

礼貌是人们交际中言语和举止谦恭、得体的表现。作为社交人员、商务人员、职场人员，要时刻谨记依据不同的场合，正确使用礼貌用语，才能更利于自己人际交往的顺畅进行。与此同时，还需要注意使用礼貌用语要把握分寸，得体表达；要体现礼节，展现修养；要规避隐私与忌讳，展示学识。

小测试

(1) 在我国，无论对何种职业、地位、年龄的人都可称作同志。(　　) A. 对 B. 错

(2) 在我国，与西方国家朋友见面时，可根据中国的风俗习惯用“吃过饭了吗?”“上哪儿去?”等寒暄语和他们热情打招呼。(　　) A. 对 B. 错

(3) 有客人来访，为了营造友好、不拘束的氛围，可招呼其“随便坐”。(　　) A. 对 B. 错

(4) 别人用令堂称呼你的亲属，这里的令堂是指你的父亲。(　　) A. 对 B. 错

三、打招呼时的体姿

在职场中，人们除了使用礼貌用语打招呼寒暄外，在人多、距离较远、不方便说话等

的时候相互打招呼，还可以使用体姿型礼仪。打招呼方式得当、规范，对于促进良好交流、建立良好关系意义重大，注重打招呼体姿的规范也是做好见面礼仪的良好开端。

（一）点头

人们最常用、最便捷的打招呼方式是点头。点头致意通常使用在途遇、会场等不适宜交谈的场合，或使用于双方在同一场合多次见面时。点头致意是一种常用礼节，称为点头礼或颔首礼，它在公众场合显示出一个人的风度、修养和礼数，也向对方展示出尊敬、友好之意。

点头致意打招呼的基本要领是头部微微向下一动（屈颈、收颌），幅度不大，动作轻缓，上身可微微前倾，并目视对方，辅以微笑，给人一种亲切、友好之感。

（二）挥手

见面时挥手打招呼也是比较常见的方式。挥手致意适用于不同场合，熟人之间、陌生人之间都可用挥手致意打招呼。挥手致意也是一种常用礼节，挥动手臂向对方表示问候、致敬。手臂挥动的不同快慢程度、手举姿势至不同高度都能体现出双方的空间距离远近、双方的亲密熟知程度及双方相见时的热情友好程度。

挥手致意打招呼的基本要领是五指分开竖起，手掌心朝外，左右挥动。对距离较远的对象行挥手礼时，要注意手举过头部为宜；对距离适中的对象行挥手礼时，要注意手举在胸部之上、耳部之下，约在肩部位置为宜。见图 3-1。

图 3-1 挥手

（三）抱拳

见面时抱拳打招呼是我国古代见面礼节之一，犹如现在的握手，一般都伴有“久仰”“幸会”等敬辞。这一传统礼节因其简单易行在现代社会中也被喜爱的人们所传承使用，多用于武术界见面时，也用于祝贺、恭喜、拜年等喜庆场合。

行抱拳礼的基本要领是头正身直站立，右手握实拳，左手四指并拢抱住或掌心按贴遮住右拳（注意左手大拇指不要指向自己，而应屈拢贴紧虎口处），置于胸前或偏上，与胸部相距 20 厘米左右，两肘稍抬，双眼目视受礼者，表示郑重致礼。如图 3－2 所示。

图 3－2　抱拳

案例分析

案例一　　**被拒绝的生日蛋糕**

有一位先生为一位外国朋友定做生日蛋糕。他来到一家酒店的餐厅，对服务员小姐说："小姐，您好，我要为我的一位外国朋友订一个生日蛋糕，同时配一张贺卡，你看可以吗?"小姐接过订单一看，忙说："请问先生，您的朋友是小姐还是太太?"这位先生也不清楚他的外国朋友结婚没有，从来没有打听过，他为难地抓了抓后脑勺想了想说："小姐？太太？一大把岁数了，太太。"生日蛋糕做好后，服务员小姐按地址到酒店客房送生日蛋糕，敲门，一女子开门，服务员小姐有礼貌地说："请问，您是怀特太太吗?"女子愣了愣，不高兴地说："错了!"服务员小姐丈二和尚摸不着头脑，抬头看看房间号，打电话问了那位先生，确认房间号码没错。再敲一遍，门开了，服务员小姐说："没错，怀特太太，这是您的蛋糕。"那女子大声说："告诉你错了，这里只有怀特小姐，没有怀特太太。"啪一声，门被大力关上，蛋糕掉在了地上。

问题：这个案例说明了什么？称呼他人时应注意哪些禁忌事项?

案例中的情况就是因为错误的称呼造成的。在西方，特别是女子，很重视正确的称呼。如果搞错了，引起对方的不快，往往好事就变成坏事。

案例二　　**电梯里的礼仪**

陈小姐在宾馆开电梯。有位中年男子乘电梯时，经常会抱着一大堆书报，有时在电梯里难免会掉几份书报，陈小姐每次见状总不厌其烦地为中年男子捡起书报。有趣的是，她从没问及中年男子从事何种职业，彼此间每次顶多是"谢谢你"和"不客气"的对话。

一次，中年男子说完"谢谢你"时，陈小姐说："您不必客气，举手之劳而已。"中年男子依然表明自己的观点："你的工作只要开好电梯就行了，却每次不声不响地为我做你工作之外的事情，我当然要说'谢谢'才合乎情理。"日复一日，陈小姐一如既往地为中年男子捡起掉落在电梯里的书报，依旧没问中年男子的身份。

一天，那位中年男子突然对陈小姐说："我还不知道你的名字呢。"陈小姐笑道："叫我小陈就可以了。"中年男子又说："你怎么一直不问我是做什么的?"陈小姐若有所思地说："反正您在这座宾馆上面办公嘛。"

这天早上，中年男子发现陈小姐不在电梯里了。大厅的清洁工告诉中年男子："宾馆效益下滑，上层研究后决定将电梯小姐辞退。"中年男子通过宾馆人事部找到了陈小姐的住址："陈小姐，我们商务公司要招聘两名接待员，就是接电话或者给客人倒开水的工作，你的为人告诉我你能胜任这份工作。"这时，陈小姐才知道中年男子是一家商务公司的副总。

问题：这个案例体现了哪些见面礼仪知识？案例中的陈小姐为何能获得新工作？

上述案例讲述了见面礼仪中的称谓、礼貌用语等知识。小陈每天礼貌的用语与行为举止及较为专业的职场礼仪，让她赢得了这家商务公司副总的青睐，她注重的细节礼仪为自己赢得了新的工作机会。

拓展学习

常用谦辞敬语

初次见面——久仰，好久不见——久违，未及远迎——失迎，宾客来到——光临
等候客人——恭候，向人祝贺——恭喜，陪伴朋友——奉陪，无暇陪客——失陪
与人相会——幸会，与人分别——告辞，请人勿送——留步，谢人来访——劳步
请人帮助——烦劳，谢人帮助——有劳，请人原谅——包涵，请人批评——指教
请人谅解——见谅，请人告诉——见告，请人接受——赏脸，请人指教——赐教
请给方便——借光，麻烦别人——打扰，请改文章——斧正，诗画送人——雅正
请人收礼——笑纳，辞谢赠品——璧谢，请人帮忙——劳驾，托人办事——拜托
访问别人——拜访，祝贺别人——拜贺，问人姓氏——贵姓，问人表字——台甫
问人年龄——贵庚，问人何事——贵干，称人之家——贵府，称己之家——寒舍
问老人年龄——高寿，问姑娘年龄——芳龄

我国是礼仪之邦，几千年的文明史积淀了深蕴的礼仪文化。以上传统谦辞敬语是我国汉语中礼貌用语的精华。

综合练习

一、选择题

1. 见面寒暄的方式有哪些？（　　）

A. 情景式　　B. 问候式　　C. 夸赞式　　D. 攀认式

2. 根据打招呼对象的年龄、职务、职位、身份、地位等不同，可采用的称谓方式有（　　）。

A. 职业称谓　　B. 性别称谓　　C. 职务称谓　　D. 姓名称谓

3. 最常用的是“十字文明用语”包括（　　）。

A. “您好”　　B. “谢谢”　　C. “对不起”　　D. “再见”

4. 打招呼时可采用的体姿有哪些？（　　）。

A. 抱拳　　B. 点头　　C. 挥手　　D. 拥抱

5. 与人打招呼、称谓要遵循一定顺序，正确的有（　　）。

A. 先上后下　　B. 先女后男　　C. 先长后幼　　D. 先亲后疏

二、简答题

1. 见面寒暄的重要作用是什么？问候式寒暄语有哪些类型？

2. 区分职业称谓、职务称谓、职称称谓的差异。

3. 根据礼貌用语使用场合的不同，可将礼貌用语具体划分为哪些种类？

4. 掌握称谓的礼仪规范需要考虑哪些注意事项？

三、思考题

1. 见面时，当对方主动挥手向你致意，你应该怎样回应？

2. 使用称谓语时应避免哪些禁忌？

四、实训题

练习见面打招呼。

任务二　学会见面体姿规范，留下职场好印象

学习目标

（1）熟知见面时鞠躬、握手、拥抱的礼仪规范，掌握其基本要求、使用方法与注意事项。

（2）学会在日常生活与工作中学会正确运用鞠躬、握手、拥抱礼仪，具备在不同场合与人见面交往的基本素质。

知识框架

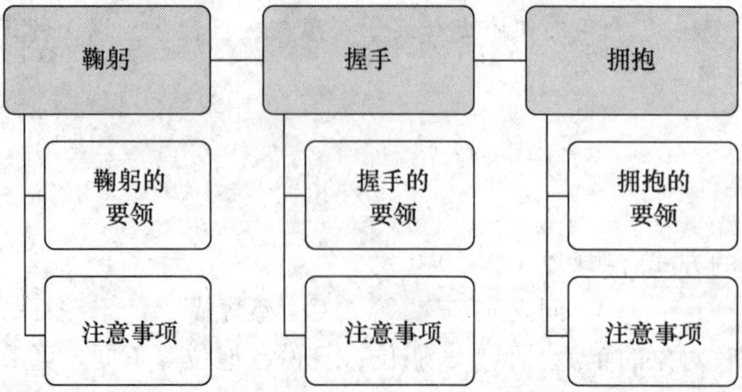

导入问题

T：你了解握手的顺序吗？

S：不了解，握手还有顺序呀？

一、鞠躬

鞠躬，就是弯腰行礼，是一种表示对他人崇敬、敬重的郑重礼节。鞠躬礼是一种盛行于亚洲地区的见面礼节。鞠躬起源于中国商代时期的一种祭天仪式“鞠祭”，即将祭品（猪、牛、羊等）整体弯卷成圆的鞠形，再摆放到祭处奉祭，以此来表达祭祀者的恭敬与虔诚。在当今现实社会交际活动中，人们沿用鞠躬的方式来表达对地位崇高或辈分高者的崇敬。鞠躬一般适用于见面时，下级向上级或同级之间、学生向老师、晚辈向长辈、服务人员向宾客或宾主之间以及表演者、演讲者、领奖者对听众、观众表达由衷的敬意与心意。

鞠躬礼自隋唐时期传入日本、韩国、朝鲜以及东南亚地区，至今仍是这些国家传统的、普遍使用的一种礼节，也成为商务活动中特别注重的礼节之一。

（一）鞠躬的要领

1. 鞠躬的内涵

鞠躬主要表达“弯身行礼，以示恭敬”的意思。鞠躬深度不同表达的意思也不同。如图 3-3 所示。

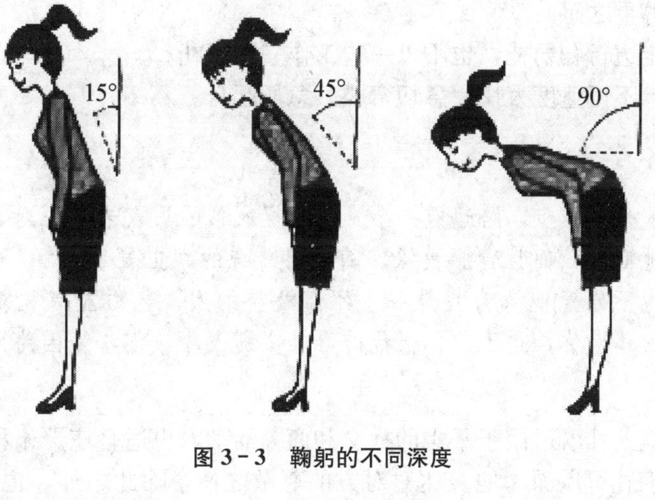

图 3-3　鞠躬的不同深度

（1）一般应酬：身体前倾 15°左右，礼貌性表示，用于一般性问候、致敬、感谢等情境。

（2）正式敬礼：身体前倾 30°～45°，用于需要正规地行礼的场合，表示谢意或歉意时使用，也可在迎接或告别时使用。

（3）最高礼节：身体前倾 90°左右，多用于隆重场合，如在婚礼、葬礼、谢恩、忏悔等情境，并且常伴随三次鞠躬的大礼。

2. 基本要领

行鞠躬礼时，应取立正姿势，脱帽，双目注视受礼者，目光也随鞠躬自然下垂，表示一种谦恭的态度。鞠躬礼毕，直起身时，双目还应有礼貌地注视对方，使人感到真心实意。具体包括如下要领：

(1) 行礼前，双方之间的距离以两三步为宜。

(2) 行礼前，保持正确的站立姿势，身体端正。

(3) 行礼前，两腿并拢，脚跟靠拢，脚尖略微分开。

(4) 行礼时，双目注视对方，随着身体前弯目光向下移动，并面带微笑。

(5) 行礼时，以腰部为轴，腰及肩部前倾 15°、30°～45°或 90°，同时使用问候语。

(6) 行礼时，脖子伸出不宜过长，收敛下颌。

(7) 行礼时，男性双手放于身体两侧，女性双手叠放于身前。

(8) 行礼后，抬头直腰，动作舒缓，给人以舒服之感。

(二) 注意事项

在掌握了鞠躬礼的基本要领与方法的基础上，还应注意行礼时的细节事项，以全面表达对对方诚心诚意的敬意。具体如下：

(1) 行礼时，必须脱帽致敬。戴帽鞠躬是十分不礼貌的，并且弯腰时帽子容易滑落，使自己处于尴尬境地。

(2) 行礼时，嘴里不可吃东西或叼着香烟，否则会给对方一种怠慢之感，使人不舒服。

(3) 行礼时，目光应注视对方，不可将视线移向他处，也不可边行礼边翻起眼睛看着对方，否则有失谦恭。

(4) 切记不可撇开两腿，随意弯一下腰或向前探一下脑袋敷衍行礼，这样会给对方一种毫不在乎的不尊重之感。

(5) 不可边走边行鞠躬礼，也不可一边工作一边行礼。

(6) 行礼时，不可速度太快、急切弯腰、急切起身。

案例

有位总统一次外出散步，路边有一个身穿破烂衣衫的黑人老乞丐对其行鞠躬礼，总统马上驻足脱帽向他回礼，而且弯腰更深。随员对总统的举止表示不解，总统回答："即使是一个乞丐，我也不愿意他认为我是一个不懂礼貌的人，乞丐能有礼貌，总统更应有礼貌！不要以为别人尊敬你，是因为你很优秀，其实别人尊敬你，是因为别人更优秀，优秀的人对谁都尊敬。"

总体来说，鞠躬礼既适用于平常的社交和商务活动，也适合庄严肃穆或喜庆欢乐的仪式。见面时行鞠躬礼可以深深地表达对对方的尊敬之情，除此之外，也可表达感激之情，还可表达羞愧与歉意之感。在这些具体情况下，人们将依据对受礼者的尊敬程度、感激程度、歉意程度而选定鞠躬行礼的不同深度。

实训任务

学生两人一组，面对面站立，按照鞠躬礼仪规范要求练习鞠躬礼。

要求：1. 每组练习 3 次。

2. 选出5组做示范，其他同学进行点评。

二、握手

握手礼是世界上最通行的见面致意礼节，在商务交际和职场活动中使用最为广泛。握手礼起源于远古时期的摸手礼，双方见面，即伸出手，彼此互摸一下，向对方表明手中没有武器，表示友好之意。此礼节经过传承发展，逐渐成为全球性的见面礼节，除表示致意、亲近、友好、寒暄外，也表示祝贺、感谢、慰问及道别等多重含义。为此，握手适用于迎客时、被介绍时、久别重逢时、偶遇熟人时、接受祝贺时、拜托他人时、送客分别时等场合。而在每一个场合中，双方都能通过握手增进彼此情感，加深彼此友谊，促进彼此建立良好的人际关系。

案例

有一则文坛轶闻：俄罗斯文豪屠格涅夫一日在镇上散步，路边一个乞丐伸手向他讨钱。他很想有所施予，往口袋掏钱时才发现没有带钱袋，见那乞丐的手举得高高地等着，屠格涅夫面有愧色，只好握着乞丐的手说："对不起，我忘了带钱出来。"乞丐笑了，含着泪说："不，我更愿意接受你的握手！"握手传递着友善。

（一）握手的要领

1. 握手的内涵

握手是一种礼仪，人与人之间、团体之间、国家之间的交往都赋予这个动作丰富的内涵。一般说来，握手表示友好，可以沟通情感，加深双方的理解、信任。与客户握手，表示愿意合作；与对手握手，表示冰释前嫌；与朋友握手，表示欢迎、问候；与领导握手，表示敬重、感谢；与部下握手，表示鼓励。

2. 握手的动作要领

握手的过程能体现出握手者的修养与素质，也能反映出握手者的学识阅历、身份地位、精神面貌，为此，掌握正确的握手礼节是非常必要的。讲究握手礼仪，需要掌握如下要领：

（1）距离。握手双方间距离约一步为宜。

（2）姿势。端正站立，双腿立正，上身略向前倾，伸右手相握，左手垂放在身体左侧。当要表达尊重和激动心情时，可以加用左手叠握。行礼双方为表示郑重，也可右手相握，左手扶住对方手臂、上臂、肩部，显得更加热情真诚。左手所扶部位越高，其友好致意的深度越强，但身份低者注意不可手扶过高。例如：当领导在视察工作时，一边握你的手，一边用左手拍你的肩膀，表示他对你很赏识，但你千万不能也用左手去拍领导的肩膀，若你想表示感谢的话，可以用左手叠握。

（3）神态。注视对方，面带微笑，同时使用问候寒暄语。

（4）手位。伸出右手，拇指朝上，四指并拢，掌心微屈向左，虎口相交。见图3-4。

（5）时间。握手时间控制在两三秒内为宜，随后自然松开。注意在公共场合，握手时间一般较短。但是握手时间通常要视双方亲密程度而定，如是偶遇亲密好友、离别亲人，表达敬仰之情或由衷感谢他人时，握手时间可以略长些。

图 3-4 握手

(6) 力度。双手稍微上下晃动一两下，用力适中，既不过重也不过轻。尤其与女性握手时，要做到既不过紧握手也不过分用力摇晃，但也不可轻轻无力触碰，显得过于敷衍、无诚意。但有的时候，双方表达深厚情感时，也会用力长时间握手。例如，两位当兵时的战友重逢，他们之间握手的力度可能会特别强而有力，而且会握了又握，以表达友谊深厚及重逢的喜悦。

案例

王先生遇见一位他很敬重的学者，这位学者正和其他人谈话。王先生想，在这么多人面前，应该更加表示对学者的尊敬。于是在握手时，他用左手盖在对方的手背上，以示亲密，并长时间地握住学者的手不放，寒暄了几分钟。王先生的行为是否合乎礼仪？

3. 握手的顺序

双方握手讲求遵循一定的次序原则，即以尊者为先，也就是身份高者占主动地位，一般是先上后下、先长后幼、先女后男。具体来说：

(1) 上级与下级之间：由上级先伸手。但若双方之间同时存在主宾关系，则可不考虑上下级关系，由主人先伸手。

(2) 长辈与晚辈之间：由长辈先伸手。注意与长辈握手时，必须起立，以示尊敬。

(3) 男性与女性之间：由女士先伸手。但初次见面时，女性可不选择握手，点头致意即可。

(4) 主人与宾客之间：宾客到来时，由主人先伸手以示欢迎；宾客告辞时，由宾客先伸手以示感谢。

(5) 先到者与后来者之间：由先到者先伸手，与后来者相握。

(6) 一人与多人之间：可遵循“由尊至卑”原则，或按顺时针方向或由近及远依次进行。

以上是见面时双方应遵循的基本握手顺序，但值得注意的是随着双方身份的变化及所处场合的不同，要遵照首先考虑宾主关系，其次是上下级关系，最后是长幼间关系的原则。另外，在表示感谢、祝贺、慰问等特殊场合，下级、晚辈、男性也可主动先伸手。

案例

小高大学毕业后到一家公司当公关。一天领导告诉小高，公司要来一个大客户，让他好好接待一下。小高听了很高兴，心想自己终于有用武之地了。因此小高好好地准备了一番，然后提前到目的地接见来宾。整个迎接过程，小高都表现得很不错。在客户临走的时候，小高也同前面一样表达了自己的“热情”：还没等对方伸手，就急忙把手伸过去说“欢迎下次再来”。小高觉得自己的整个接待过程表现得很好，回去以后领导会表扬自己的，结果却挨了领导的批评。小高为什么会挨领导批评呢？

（二）注意事项

行握手礼时不仅要掌握握手的基础要领，还要掌握一些注意事项和禁忌，以使握手礼仪合乎规范、合乎情理。具体如下：

(1) 不用左手与他人握手。尤其是在一些国家或地区，左手被认为是不清洁的。

(2) 不要戴着墨镜、帽子或手套与他人握手。但在社交场合，女性戴着薄纱手套与人握手是被允许的。

(3) 不要用脏手、湿手、有疾的手与他人握手，不要拒绝与他人握手。若出现用手不便时，应向对方表示歉意。

(4) 不可眼光旁视、左顾右盼或与第三人交谈。

(5) 不要用力过重，或死死握住对方的手不放。

(6) 握手时，先伸手者应掌心向上，若掌心向下则显得傲慢无礼。握手时忌用指尖与他人握手，用指尖握手，即使主动伸手，也会给对方一种冷淡的感觉。

(7) 握手时，要注视对方，微笑致意或简单问候、寒暄，不可左顾右盼。

(8) 多人见面时不要交叉握手，也不要只与其中一人握手，而对其他人视而不见。

(9) 男士和女士之间，男士绝不能先伸手，这样不但失礼，还有占人便宜的嫌疑。但男士如果伸出手来，女士一般不要拒绝，以免造成尴尬的局面。

(10) 握手时不要将另一只手插在衣袋里或另一只手依旧拿着东西。

(11) 握手后，不要当着对方的面擦手，以免造成误会。

总体来说，见面时行握手礼能体现双方的身份地位高低，也能体现双方的亲密熟悉程度，还能体现双方的修养素质情况。作为社交人员、职场人员，要全方位掌握握手礼仪，以正确的方式表达对对方的尊重、友好。

实训任务

根据所学内容练习握手。

场景：(1) B公司的科长和科员去拜访A公司，A公司的总经理、部长和员工甲（年长）、乙（年轻）前来迎接，双方握手。

(2) 一个座谈会，A先生第一个到现场，紧接着B、C两位先生一起进来，B、C为同一单位的同事，前者是科长，后者为科员，又过一会儿D先生来了，最后E女士也来了。

要求：五人一组练习握手，其他同学观摩，并进行评价。

三、拥抱

拥抱礼是盛行于西方国家的重要礼节，主要适用于欧美国家熟人、朋友间表示亲密或迎送、祝贺、感谢的场合。但随着全球国际化发展，很多国家在见面时也使用拥抱礼，以示亲近、友好。采用拥抱礼，在一定程度上说明见面双方之间的熟悉与亲密关系，适用于特定场合，如熟人朋友间好久未见之时、获得成功深表祝贺之时、至亲间依依不舍别离时等。

(一) 拥抱的要领

人与人之间最好的身体接触方式就是拥抱，它简单明确、直截了当地表达人们之间最真挚的关爱。在适当的场合，正确行拥抱礼可以帮助双方增强勇气，增进感情，提升活力。正确行拥抱礼的要领如图 3-5 所示。

图 3-5 拥抱

(1) 对站姿的要求：双方相对而立，左脚在前，右脚在后，上身稍稍前倾。

(2) 对手臂的要求：右臂偏上，环拥对方左肩部位；左臂偏下，环拥对方右腰部位。

(3) 对头部的要求：双方头部的右侧相靠，即右侧脸颊相碰。

(4) 对时间的要求：双方拥抱时间不宜过长，有时可采用三个回合的拥抱，即双方先左侧、再右侧、再左侧拥抱。

(二) 注意事项

见面行拥抱礼时，必须把握拥抱礼仪的分寸，才能使拥抱显得真诚，而不显轻浮、尴尬或引起误会。为此，行拥抱礼需要注意以下细节事项：

(1) 行拥抱礼时，要选择合适的对象。若对方是还不熟悉的人，采用拥抱礼就显得不合适，尤其对于第一次见面的异性更不宜行拥抱礼。

(2) 行拥抱礼时，双方离得不宜太远，否则容易出现翘臀的情况。

(3) 行拥抱礼时，右手不可搭在对方肩上。

(4) 行拥抱礼时，左臂环拥对方右腰使用的力度不宜过大，不能显得过于亲密。

(5) 行拥抱礼时，不可因充分展现情感而抬起小腿。

(6) 行拥抱礼时，不宜将下颌靠在对方脖子上，也不宜将头部埋在对方颈脖里，这通常适合恋人之间。

(7) 行拥抱礼时，注意必要时才可在对方肩背上轻轻抚摸或拍打。

(8) 行拥抱礼时，尤其是涉外交往时，要十分注意尊重对方的民族文化和风俗习惯。

有些国家和地区，见面时不喜欢拥抱，有的喜欢紧紧相抱与热情拍打，有的则先握手再拥抱。

总体来说，全世界范围内，因各国家或地区民族文化、风俗习惯的不同，见面时采用的礼节不尽相同。为此，作为社交人员、职场人员，向对方行拥抱礼之前，务必提前做好功课，了解对方对此的认同感与接受度，以正确的礼节方式遇人、待人。

案例

有这样一则新闻：两只棕熊见面后相互拥抱，还会行贴面礼呢！你可见过？你有何感想？假设一下，如果在大街上，有个陌生而天真的孩子向你张开双臂：“我可以抱抱你吗？”你的第一反应是什么？惊喜？惶恐？迟疑？不知所措？你是否会像棕熊那样与孩子相拥，行贴面礼呢？

小游戏

快乐的大转盘

游戏规则：将学生分成两组，当两组人见面时，每人都同时向对方打出一个代表自己希望与对方以何种见面礼节相见的手势。出1个指头，代表自己想与对方见面的方式是“点头”；出2个指头，代表自己想与对方见面的方式是“挥手”；出3个指头，代表自己想与对方见面的方式是“握手”；出4个指头，代表自己想与对方见面的方式是“拥抱”。若双方所出的手势不一致，以指头数量少的手势为准。即一方出“3”，另一方出“2”时，则双方完成“2”的见面方式。

经过全体学生每次琢磨思考对方以何种方式见面及自己该出几个指头的一轮一轮“大转盘”，预测游戏的结局：大家最后是否都出“4”，即全体学生在见面时都快乐地互相拥抱。

实训技能

将学生分成若干组，每组由组长牵头编撰一个情景剧，由每位成员扮演剧中角色，以展示见面时对鞠躬、握手、拥抱礼仪的正确掌握与运用。情景剧展示之后，每组分别对自己编撰该剧的动机、行为、结果等目的要素及展示的礼仪知识进行阐述，其他组对该组的展示情况进行评价。通过情景剧将关于鞠躬、握手、拥抱礼仪的知识融会贯通，并促进各组间相互学习与训练。

拓展学习

各国见面礼

阿拉伯人见面，将右手举在额前，左手贴在胸前，表示情意。

巴基斯坦人见面行拥抱礼，通常要头靠左边搂抱一次，再靠右边搂抱一次，反复三遍。

马来西亚人见面，彼此将手指并在一起，在手面、手背轻轻拍一下，然后将手贴在嘴唇或额角。

尼日利亚人见面，各自用大拇指在手上轻轻弹几下，以示问好。

坦噶尼喀人见面，各自先拍拍自己的肚子以表健康，然后再鼓掌握手以表祝福。

刚果人见面，先伸出两手握几下，然后躬下身子吹几口气。

太平洋某些岛屿上人的见面，彼此用中指勾住，然后用力向自己身边拉，以示亲热友好。

摩洛哥人，如客人来访，主人要敬茶三杯，客人必须饮完，然后才叙家常。

也门人，如客人来访，主人要往客人身上洒香水。

缅甸人，如客人来访，主人向客人身上泼水，客人告别时再次向其泼水，反之客人也可向主人泼水，以示彼此情深谊长。

综合练习

一、选择题

1. 握手的错误形式有哪些？（　　）

A. 左手握手　B. 交叉握手　C. 戴帽握手　D. 用力过大

2. 鞠躬时不当的表现有哪些？（　　）

A. 戴帽鞠躬　B. 叼烟鞠躬　C. 伸长脖子　D. 目光游动

3. 握手顺序应遵循的一般原则是（　　）。

A. 先上后下　B. 先长后幼　C. 先女后男　D. 先主后宾

4. 一人与多人握手时，应该怎样做？（　　）

A. 交叉握手　B. 由远及近　C. 顺时针握手　D. 先尊后卑

5. 关于拥抱礼仪的正确描述有（　　）。

A. 男女第一次见面时可行拥抱礼　B. 拥抱时可右侧脸颊相碰

C. 可采用三个回合的拥抱　D. 行礼前应考虑对方的风俗习惯

二、简答题

1. 鞠躬的基本要领是什么？

2. 握手有哪些注意事项和禁忌？

3. 采用拥抱礼应注意哪些细节？

三、思考题

1. 客人来会谈，主人和客人应由谁先伸手握手？会谈结束时，又由谁先伸手握手？

2. 请思考与归纳全世界范围内，常用的见面礼有哪些？特别的见面礼又有哪些？

任务三　学懂介绍礼仪，树立职场自信

学习目标

（1）熟知见面时自我介绍或介绍他人的基本礼仪规范，掌握介绍要领、介绍内容、介绍顺序及注意事项。

(2) 学会正确运用介绍礼仪，通过主动沟通或通过第三方从中沟通促进双方相互认识，开启人际交往。

知识框架

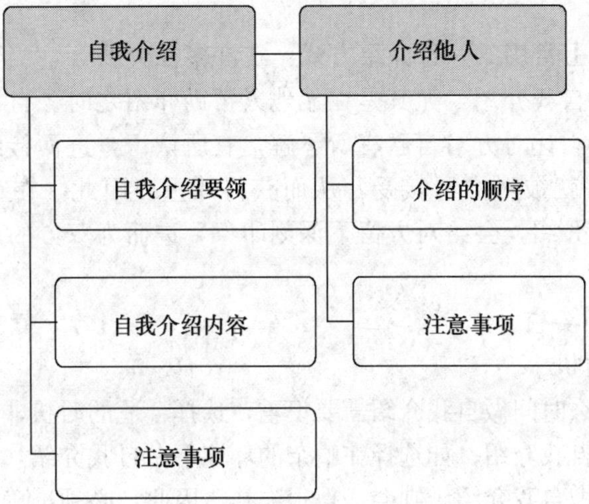

导入问题

T：如果你面对一个新客户，会怎么做自我介绍呢？
这样的自我介绍符合规范吗？

S：我叫×××，是BC公司的业务主管。

介绍是一切社交活动的开始，是人们相互认识的重要桥梁，是开启人们沟通交流的前提。介绍是人际交往中与他人进行良好沟通、增进相互了解、建立有效信任与联系的一种最基本、最常见的礼节方式。在职场上，如能正确利用介绍，不仅可以缩短人与人之间的距离，还可以扩大与客户交往的圈子。

见面时，有了介绍这个重要环节，能缩短人与人之间的距离，避免唐突或尴尬局面，促进双方相互认识，增进彼此间友谊，建立社交关系。因此，掌握介绍礼节就相当于拿到了一把通往社交之门的钥匙，对职场新人来说无疑是一个很好的入门指南。

案例

小王是一家公司刚入职的接待人员，她对这份工作很满意，工作很认真。可突然有一天她被辞退了。她自己觉得很不解，后来才知道了事情的原委。

一天午休时间，她的一位朋友来找她聊天，正好老板从外面回到公司，小王只顾着和朋友聊天，没有将朋友介绍给老板，也没有将老板介绍给朋友。因为小王没有介绍，她的朋友也没有和老板打招呼，气氛非常尴尬。事后，小王就被辞退了，理由是：作为一名接待人员，最基本的介绍礼节都不懂，如何去接待顾客，如何建立企业形象？

一般来说，根据介绍者的不同，介绍可以分为自我介绍和介绍他人。

一、自我介绍

自我介绍是职场上常用的一种介绍方式，在许多社交场合，当人们遇到自己有意向结识的人时都需要做自我介绍，尤其是在无他人帮助介绍之时。自我介绍的目的就是想通过说明自己的情况，让对方对自己有所了解，有所认识，进而接纳自己。实际上，人们都希望初次见面时就被对方所接受，从而获得尊重。因此，在初次见面时，自然得体、大方自信的自我介绍，会给对方留下深刻印象，进而为双方的进一步交往奠定扎实基础。

（一）自我介绍的要领

1. 要准确把握时机

在什么场合、什么时间做自我介绍需要慎重，选择合适的时机非常关键。如遇对方正忙于交谈，则不宜做自我介绍；如选择在嘈杂的环境下做自我介绍，则会倍感压力；如未得到对方回应就强行做自我介绍，则会显得很失礼。因此，必须准确把握良好时机，经对方同意后，点头致意，介绍自己。

2. 要选准介绍内容

在介绍时要考虑清楚什么内容需要介绍，什么内容不需要介绍，做到介绍的内容能引起对方的兴趣，使对方产生好感。一般主要向对方介绍姓名、身份、单位。如果对方有意继续了解你，可丰富介绍的内容。同时，要注意根据交往目的来决定介绍内容的繁简。

3. 要把握展示分寸

做介绍展示自我时，要把握分寸，做到镇定自如、热情大方、充满自信、亲切自然、眼神友善、面带微笑、谦虚内敛，通过不卑不亢、流畅的展示产生感染力与吸引力，使对方愿意接近，深入了解。

4. 要掌握表达技巧

面对不同的交往对象，自我介绍时要采用差异化的表达技巧。如面对长者或尊者，语气应谦恭；面对平辈或同事，语气应简洁明快。同时，在介绍自己时运用巧妙风趣的表达方式和与众不同的话风、语言会为自己增色不少，产生不同凡响的效果。

案例

有一个大学生在实习期间，实习单位让他到某公司去推销新产品，他到了该公司后，见人就介绍我是某名牌大学毕业，我的特长爱好是善于沟通交流，我为什么来你们公司推销，说了很长一串，结果不仅东西没有卖出去，还遭人白眼。他非常纳闷，不知道什么地方做得不妥。

（二）自我介绍的内容

自我介绍是让他人了解自己的第一步，第一印象决定了听者以何种姿态对待自己。如果要让听者愿意跟你进一步交谈，从讲述方式、态度到内容，都要认真对待。

首先应微笑地说“你好，很高兴认识你”，然后充满自信地说出自己的姓名、工作单位、职务等想让对方了解的情况，最后满怀诚意地表达以后希望多交流的意愿。

一般来说，见面时自我介绍的内容应围绕姓名、身份、单位、职务、职位、教育背景、专长、兴趣爱好、个人能力等展开。但针对自身所处的不同场合，应视情况而选择合适的介绍内容。具体如下。

1. 一般应酬

在一些公共场合或一般性的应酬场合，做最为简洁的自我介绍更适宜，主要表达自己的姓名即可。例如，“您好，我叫××”或“您好，我是××”。

2. 工作中

在工作场合，应该做具体的介绍，内容包括姓名、所在单位、具体职务或所从事的具体工作内容等。例如，“您好，我叫×××，是××公司的销售经理”或者“您好，我叫××，在××公司从事销售工作”。根据需要有时还可以介绍自己的兴趣爱好等。例如新员工就职后，在部门做自我介绍时，可以介绍自己的姓名、毕业学校、所学专业、个人爱好、进入公司后被分配的职位、今后的打算等。

3. 社交场合

在与交往对象有进一步沟通与交流的社交场合，自我介绍内容会更接地气，内容包括姓名、籍贯、工作情况、学历、兴趣爱好等。例如，“您好，我叫××，在××工作。我是××的同学，都是××人，平时喜欢打篮球”。

4. 面试中

在面试应聘场合，自我介绍的内容要视聘任需求而定，一般多以一问一答的方式向对方介绍自己的情况。

5. 特殊场合

在讲座、报告、演出、慰问等一些正式而隆重的场合，不仅要介绍自己的姓名、单位、职务等内容，还要在介绍时适当添加谦辞、敬辞。例如，“各位领导、各位同事、各位来宾，大家好！我叫××，是××公司的销售经理。我代表××公司全体员工欢迎大家的光临”。

小游戏

面对面介绍

游戏规则：将所有学生排成相对的两个同心圆，随着歌声响起，两个同心圆朝着反向转动。当歌声停止时，两个同心圆也停止转动，面对面的两个人要彼此握手、寒暄，并按照介绍的礼仪规范进行相互的自我介绍，介绍后再相互说说共同点、各自的优点与不足。歌声再次响起时，游戏继续进行。通过这个游戏，让学生们相互深入了解，增进彼此的友谊与感情。

（三）注意事项

1. 自我介绍的原则

简明扼要，一般以半分钟为宜，情况特殊的也不宜超过三分钟。如果对方表现出认识自己的意愿，则可在报出姓名、供职单位、职务的基础上，再简略地介绍一下自己的籍贯、学历、兴趣、专长等。

2. 注意事项

见面做自我介绍，除需要学会介绍要领及把握介绍内容外，还需要注意自我介绍时的一些细节问题，以将自我介绍的作用发挥到极致。

（1）介绍前，一定要经对方同意或回应，不可打断正忙的对方而擅自介绍，也不要中止别人的谈话而做自我介绍。

（2）介绍时，要随时留意与关注对方的反应，如对方表现出不够热情或不感兴趣，应尽快调整介绍内容或终止介绍。

（3）在公共场合，最好只介绍自己的基本信息，如姓名、身份、单位等，对于隐私的内容不宜向外公布。

（4）介绍时，要举止端庄，可将右手放在自己的左胸前示意介绍自己，但不要用手指着自己。

（5）介绍时，要表情坦然、亲切，眼睛目视对方，不可东张西望、心不在焉，或不知所措、不敢抬头。不要态度轻浮，要尊重对方，表情一定要庄重。

（6）介绍时，如果对方是女性或长者、尊者，一般应起身站立介绍以示尊重；若在会谈或宴会中，可不必起身，略微欠身致意后即可开始介绍。

（7）自我介绍应该实事求是，既不能把自己拔得过高，也不要过分贬低自己。介绍用语一般要留有余地，不宜用“最”“第一”“特别”等极端的词语。夸夸其谈甚至炫耀式的自我介绍，一般不会收到良好的效果；相反，谦虚大方的自我介绍却能赢得他人的尊敬与信任。尤其是面对位高权重的人士介绍自己时，需特别留意。

（8）如果面对一个以前曾经听过你自我介绍但未记起你的姓名的人，你不要提醒式地询问“您还记得我吗?”免得对方尴尬，最佳的方式是直截了当地再自我介绍一次。

案例

某公司经理对于她为什么要录用一个没有任何推荐人的小伙子，如是说：“他带了许多介绍信：他神态清爽，服饰整洁，在门口蹭掉了脚下带来的土，进门后随手轻轻地关上了门。当他看到残疾人时主动让座。进了办公室，其他人都从我故意放在地上的书上迈过去，而他却很自然地俯身捡起来并放在桌上。他回答问题简洁明了，干脆果断。难道这些不是最好的介绍信吗?”该经理所说的“介绍信”指什么？介绍了小伙子哪些优点？小伙子在应聘中是如何“介绍”自己的？体现了哪些礼仪规范？

实训任务

自我介绍训练

场景：（1）应聘制造业企业的人事部员工，面试时做自我介绍。

(2) 应聘连锁商业企业的销售专员，面试时做自我介绍。

(3) 进入公司第一天，面对今后一起工作的领导和同事做自我介绍。

(4) 去拜访客户，遇见第一次见面的对方领导进行自我介绍。

要求：分别请8位同学，每个场景2位同学做自我介绍，其他同学认真听，然后请听介绍的同学分别指出好的地方和存在的问题。

二、介绍他人

在职场和社会交往中，往往存在需要被他人介绍或介绍他人的情况。介绍他人是为了引见不相识的双方相互认识，是帮助彼此建立联系的一种介绍方式。作为介绍人，在介绍他人前，一定要清楚掌握被介绍人的基本情况，以备介绍时做到准确无误。在介绍时，不仅要注意介绍语言与介绍姿态的得体恰当，而且要掌握介绍的顺序，符合礼仪规范。

(一) 介绍的顺序

案例

小王作为接待组成员，在陪同领导与贵宾见面时，由于与该团长熟识，因此先为团长热情地介绍了身边的领导。小王自认为自己的接待很顺利，殊不知，他的行为已引起了领导的不满。

学习介绍他人的礼仪最重要的是掌握介绍的顺序。在为他人介绍时，应遵循“位尊者具有优先知情权”原则。

1. 顺序原则

国际公认的介绍顺序原则如下：

(1) 介绍上级与下级认识时，先将下级介绍给上级。

(2) 介绍长辈与晚辈认识时，先将晚辈介绍给长辈。

(3) 介绍男性与女性认识时，先将男性介绍给女性。

(4) 介绍主人与宾客认识时，先将宾客介绍给主人。

(5) 介绍宾客间相互认识时，先将后到者介绍给先到者。

(6) 介绍同事朋友与家人认识时，先将家人介绍给同事朋友。

(7) 介绍已婚者与未婚者认识时，先将已婚者介绍给未婚者。

2. 集体介绍的顺序

集体介绍是介绍他人的一种特殊形式，被介绍者一方或双方都不止一人。进行集体介绍的顺序可参照介绍他人的顺序，也可酌情处理。尤其在正式、大型的交际活动中，更要注意介绍的顺序。

(1) “少数服从多数”的介绍。若被介绍者双方地位、身份大致相似，应先介绍人数较少的一方。

(2) 突出地位、身份的介绍。若被介绍者双方地位、身份存在差异，要将地位、身份高的放于尊贵的位置，最后予以介绍，即便其人数较少或只有一人。

(3) 特定场合的单向介绍。在演讲、报告、比赛、会议等场合，只需将主角介绍给广大参加者即可。

(4) 一方人数多的介绍。若一方人数较多，可采用笼统的方式进行介绍。如“这是我的家人”“这是我的同学”等。

(5) 各方人数多的介绍。若被介绍的不止两方，需要对被介绍的各方进行位次排列。排列的方法：1) 以其负责人身份为准；2) 以其人数规模为准；3) 以到达时间的先后顺序为准；4) 以座次顺序为准；5) 以距离介绍者的远近为准。

3. 姿势和语言规范

介绍时，三方应采用站姿，介绍人站于被介绍人旁侧，上身略倾向被介绍者，伸出手臂，掌心朝上，四指并拢，指向被介绍者，面带微笑，平视被介绍者，边说边示意。介绍时，可用起始语“请允许我来给你们做个介绍”“让我来介绍一下”“我想请你认识一下××”“我想把××介绍给你”等。

被介绍者中身份高、年长、身为女士或身为主人的一方，在听他人介绍后，应立即问候对方，表现出愿意结识对方的热情，点头致意；另一方在被介绍给对方时，应根据对方的反应做出相应的应对，如对方主动伸手，你也应及时伸手相握，并适度寒暄。例如：“见到您真高兴”“很高兴认识您”“久仰久仰”。然后应再向介绍人致谢“多谢您的引荐”“谢谢您帮我们介绍”等。

(二) 注意事项

介绍他人时，要在掌握正确的介绍顺序的基础上，注意考虑介绍时机选择、介绍姿态方式、介绍语言使用、介绍内容选取等重要事项。

(1) 介绍他人时，介绍人要先了解双方是否有结识的意向，不可贸然行事。要选择适宜的时机，征得双方同意后，再正式介绍。

(2) 介绍他人时，介绍人要有礼貌地以手掌示意，四指并拢，拇指自然张开，指向被介绍一方，并注意不可背对任何一方，也不可用手指点或拍打任何一方的肩背。

(3) 介绍他人时，介绍人和被介绍人都应起立，以示尊重和礼貌，介绍人要面带微笑，用专注、大方的眼神与被介绍者交流，以使被介绍者感到受重视和尊重。待介绍人介绍完毕后，被介绍双方应微笑示意或握手致意。在宴会或会谈时，如果被介绍双方相隔较远，不方便握手，可举起右手，微笑致意。

(4) 介绍他人时，介绍人要口齿伶俐，语气平和，清楚介绍双方，并多使用敬辞、谦辞和尊称。通常可用“请允许我向您介绍一下”，接着再介绍双方。

(5) 介绍他人时，介绍人要在介绍彼此的姓名、工作单位与职务后，尽量为双方找寻到共同感兴趣的话题，如共同的爱好、共同的经历等，以使交际场面轻松、和谐。

案例

A公司李经理到B公司拜访该公司的张总裁，B公司的秘书小王负责接待，李经理和张总裁之间互不认识，于是秘书小王先把李经理介绍给自己的总裁，然后再把张总裁介绍给客人李经理，结果引起李经理不悦。问题出现在哪呢？

实训任务

介绍他人训练

场景：(1) 王科长将自己的部下老张和小刘介绍给李总经理。

(2) 甲介绍乙、丙（女）和丁相识。

要求：4人一组，分别练习场景（1）和（2），注意体姿、介绍顺序和语言。

案例分析

多年以后的相遇

王峰在学校读书时学习非常刻苦，成绩也非常优秀，几乎年年都拿特等奖学金，为此，同学们给他起了一个绰号“超人”。大学毕业后，王峰顺利获得了去美国攻读硕士学位的机会，毕业后又顺利进入了美国一家公司工作。一晃8年过去了，王峰已成为公司的部门经理。

今年国庆节，王峰带着妻子和女儿回国探亲。一天，在大剧院观看音乐剧时，刚刚落座，就发现有3个人向他们走来。其中一个边走边伸出手大声地叫：“喂！这不是‘超人’吗？你怎么回来了？”这时，王峰才认出说话的人正是他的高中同学贾征。

贾征当年没考上大学，跑到南方做生意，赚了些钱，如今回到上海注册公司当起了老板。今天正好陪着两位从香港来的生意伙伴一起来看音乐剧。这对生意伙伴是他交往多年的年长夫妇。此时，王峰和贾征彼此都既高兴又激动。

贾征大声寒暄之后，才想起了王峰身边还站着一位女士，就问王峰身边的女士是谁。王峰这才想起向贾征介绍自己的妻子。待王峰介绍完毕，贾征高兴地走上前，给了王峰妻子一个拥抱礼。这时贾征想起了该向老同学介绍他的生意伙伴。大家相互介绍、握手和简单地交谈后，就各自回到自己的座位上观看音乐剧了。

问题：分析案例中的见面礼仪是否存在不规范情况，若存在请指出正确的做法是什么。

分析本案例，需要从学习到的见面礼仪知识入手，考虑在公共场合应如何打招呼，应注意些什么；如何正确地称呼对方，尤其是对多年未见的老同学；双方见面时应怎么做，如何做介绍；介绍后是采用握手礼还是拥抱礼，采用拥抱礼应注意哪些事项。

实训技能

将学生分成若干组进行介绍的模拟实训。每组选定一个场景，如办公室、会议室、演讲现场、宴会现场、接受媒体采访现场等公共场合，每组成员拟定角色，或经理，或接待人员，或介绍者，或被介绍者，等等，依据介绍的礼仪规范进行模拟自我介绍与介绍他人。模拟后，各组要进行互评，指出介绍过程中是否存在不妥的地方，并给予纠正。通过模拟训练，使学生们掌握自我介绍与介绍他人的技巧、方法。

拓展学习

自我介绍和介绍他人的微课学习。

介绍礼仪微课

综合练习

一、选择题

1. 自我介绍的基本要领有哪些？（　　）

A. 把准时机　　B. 选准内容　　C. 注意分寸　　D. 善于表达

2. 一般来说，自我介绍的内容应包括哪些？（　　）

A. 姓名、身份　　B. 工作单位　　C. 兴趣、爱好　　D. 职务、职位

3. 介绍他人的顺序应遵循的一般原则是（　　）。

A. 先将男性介绍给女性　　B. 先将家人介绍给同事朋友

C. 先将晚辈介绍给长辈　　D. 先将宾客介绍给主人

4. 关于自我介绍礼仪的正确描述有（　　）。

A. 介绍给女性或长者应站立以示尊重　　B. 介绍时目视对方

C. 随时关注对方对介绍内容是否感兴趣　　D. 可介绍自己的隐私内容

5. 关于介绍他人礼仪的正确描述有（　　）。

A. 先将未婚者介绍给已婚者　　B. 介绍他人前要征得被介绍人同意

C. 多使用敬辞、谦辞和尊称　　D. 清楚掌握被介绍人的基本情况

二、简答题

1. 做自我介绍时要注意哪些礼仪规范？

2. 介绍他人时要注意哪些礼仪规范？

3. 见面时进行介绍的重要作用有哪些？

三、思考题

1. 面对身份地位高的年轻男性和身份地位低的年长女性，你作为介绍人，该如何介绍他们认识？

2. 作为刚毕业的大学生，到了新的实习单位，遇到单位同事，你应该如何介绍自己呢？

任务四　学通名片礼仪，展现职场好素质

学习目标

（1）认识名片在人际交往与沟通过程中的重要性和用途。

（2）掌握名片使用的礼仪规范，在日常生活与工作中学会正确地保存、携带、索取、接受名片。

（3）学会交换名片礼仪的要求，难点是让学生学会得体地交换名片，保证职场沟通的顺畅进行。

知识框架

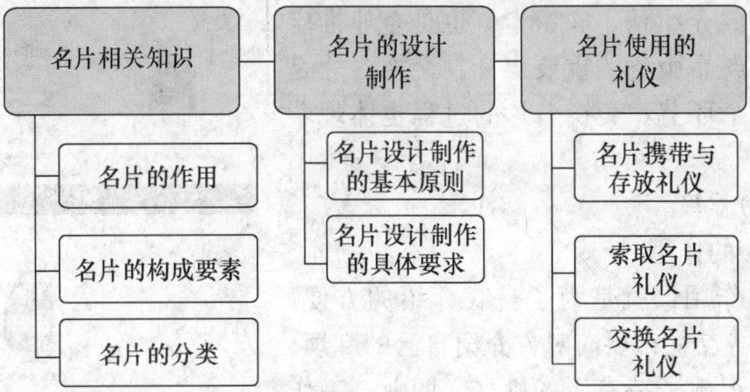

导入问题

T：以下哪一种交换名片的方式是正确的？

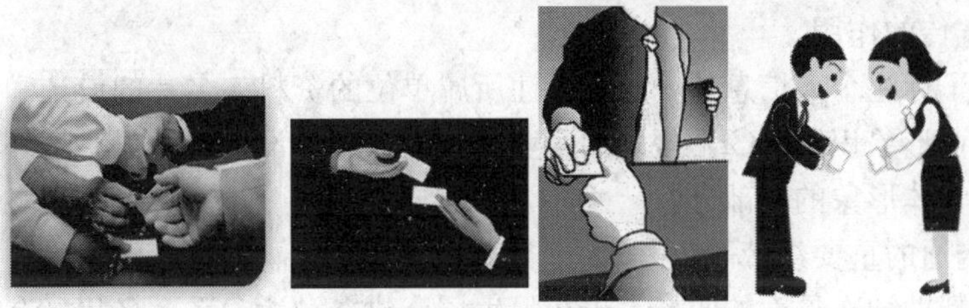

S：都是可以的。

上面的回答是错误的。现代社会，人们越来越注重名片的使用。联系业务、结交朋友，互留名片似乎成为初次相识时不可缺少的程序。然而在人际交往中，这些小小的卡片却往往会使人们不知所措。名片上面究竟印什么比较得体？面对大人物，该如何索要名片？交换名片时，又该注意些什么？学习了名片礼仪，这些问题就迎刃而解了。

案例

勿小看名片的力量　细节决定成败

有一位推销员去拜访某公司经理。这位推销员从事推销工作时间不长，对一些细节方面并没注意。他见到那位经理递名片时，用食指和中指夹着名片递给对方，本来应递到对方手中的，可他却将名片放在桌上，以致那位经理大为不快，结果使本应成交的生意以失败告终。

一、名片相关知识

名片（Business Card，或简称 Card），是拜访他人或与他人联系时所用的，标示自身称谓及所属组织和联系方式的硬纸片。如图 3-6 所示。

名片作为自我介绍和相互联系的重要载体，是现代商务活动和社会交往中必不可少的工具。名片是人们社交场合的介绍信、联谊卡，也是企业推广自己企业形象、产品服务的重要媒介。交换名片是职场交往的第一个环节，交换名片的过程也体现着个人的修养。

图 3-6 名片样式

（一）名片的作用

1. 自我宣传的作用

名片最早的作用，就是为了自我介绍的方便，以省去每一次商务交往都要向对方介绍自己的麻烦。小小一张名片上记载了持有者的姓名、职业、工作单位和联络方式。通过在固定规格的硬纸片上简明标注并对外传播，名片首先发挥着自我宣传的重要作用，因此名片成为当代职场交往中一种最为经济实用的介绍性工具。

2. 企业宣传的作用

名片上除了标注个人信息外，还会标注所属单位的资料。名片的设计和内容呈献，尤其是将具有企业形象识别（CI）规划的企业品牌纳入名片设计，会很快给外界留下深刻印象并成为企业整体形象的一部分。

3. 人际沟通的重要纽带

名片可以帮助初次见面的职场人士在陌生场合建立对话关系。名片具有协助人们展开人际关系沟通的重要作用。名片可以作为留言，如去拜访，对方不在，留张名片，便于对方了解来客情况，并及时联系。

（二）名片的构成要素

名片是由文字、标志、插图，再加上色彩的支配效果等基本构成要素构成的统一体。如图 3-7 所示。

图 3-7 名片的要素

1. 名片的图形要素

（1）插图，即象征性或装饰性图案。

（2）标志，即图案或文字造型标志。

（3）饰框、底纹，用以美化版面、衬托主题等。

2. 名片的文字要素

名片上的文字，一般由以下四个部分组成：

（1）姓名（Name）：中英文姓名，或者中文姓名和汉语拼音，或混合使用英文名+汉语姓。

（2）称谓（Title）：一般放在姓名后面，可以是官阶（Rank）、职位（Position）、职业（Job）、职称（Technical Title）、荣誉称号（Honorary Title）等。

（3）单位（Work Unit）：包括所归属单位的全名、营业范围、服务信息等，也可以印上公司的CI标志和企业宗旨。

（4）联络资料（Contact Information）：包括地址、邮编、电话、传真号码、电子信箱、网址等信息。

3. 其他相关要素

（1）色彩，包括色相、明度、彩度的搭配等。色彩是一种比较直观的语言，它在名片设计中的应用可以具有一种无形的力量。

（2）编排，包括文字、图案的整体排列等。

色彩力量的运用，以及文字图案内容的编排，都必须配合设计创意用心思虑，这样才会引起人们对名片内容的注意，否则可能造成个人或企业形象的破坏。

（三）名片的分类

现代社会，名片的使用相当普遍。名片最常见的分类方式有以下四种。

1. 按名片用途分类

人们的交往方式有两种，一种是朋友间交往，另一种是工作关系交往。以此作为名片分类的依据，名片可以分为：

（1）商业名片。

商业名片为公司或企业进行业务活动时使用的名片，名片使用大多以营利为目的。商业名片的主要特点为：名片常使用标志、注册商标，印有企业业务范围，大公司有统一的名片印刷格式，使用较高档纸张，名片没有私人家庭信息，主要用于商业活动。

（2）公用名片。

公用名片为政府或社会团体在对外交往中使用而制作的名片，名片的使用不以营利为目的。公用名片常使用标志，部分印有对外服务范围，没有统一的名片印刷格式，名片印刷力求简单实用，注重个人头衔和职称，名片上没有私人家庭信息，主要用于对外交往与服务。

（3）个人名片。

个人名片为朋友间交流感情、结识新朋友所使用的名片。个人名片的主要特点为：名片不使用标志，名片设计个性化、可自由发挥，常印有个人照片、爱好、头衔和职业，名片纸张可依据个人喜好进行选择，名片中含有私人家庭信息，主要用于朋友交往、宣传。

2. 按排版方式分类

名片的排版方式主要有以下三种，如图3-8所示。

（1）横式名片。

宽边为底，窄边为高的名片类型。该种名片设计方便，排版简单，是目前使用最普遍的。

（2）竖式名片。

窄边为底，宽边为高的名片类型。该种名片排版复杂，适于个性化的名片设计。

（3）折卡名片。

可折叠的名片，比普通名片多出一倍的信息记录面积。

横式名片

竖式名片

折卡名片

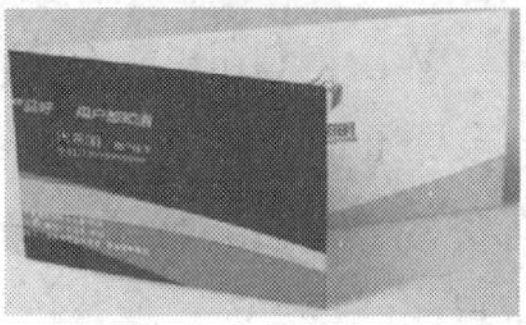

图 3-8　不同版式的名片

3. 按名片印刷方式分类

名片可印刷成单面，也可两面一起印刷。

（1）单面印刷：只印刷名片的一面。简单名片只需印刷一面就能完全表达名片的意义，目前国内绝大多数名片采用单面印刷。

（2）双面印刷：印刷名片的正反两面。只有当单面印刷不能完全表达名片的意义时，名片才使用双面印刷，扩大信息量。

4. 特殊形式的名片

随着移动互联网迅速发展以及智能手机越来越普及，传统纸质名片也将逐渐被数字名片所取代。数字名片是一种运用现代数字技术，用图文、声像等信息整合方式，将个人联系方式、工作单位、职务、地址、业务等信息浓缩成数字代码与对方交换的一种新型名片。

数字名片是当今数字信息时代背景下产生的一种新生事物。商务交往中，不需要携带纸质名片，只需携带相应的数据存储工具，或者是将名片做成二维码，让别人用手机扫一下，就可以下载你的数字名片。数字名片已经被越来越多的人所了解和使用。常用的数字名片形式有手机名片、U 盘名片、二维码名片、数字身份证名片等。

（1）手机名片是指通过下载到手机上的名片软件，把过去的纸质名片上的内容经过整理存储在手机上的格式信息。手机名片有可以随身携带、交换快捷、自动储存、自动更新、自由修改、随时更新、绿色环保、保证安全的优点，它是一种全新的名片形式。如图 3-9 所示。

（2）二维码名片是指在名片上印有二维条形码的名片。这种名片具备二维码识别功能，用手机扫描条码，便可立即解析整张名片的文本信息，包括持有人的姓名、职务、电话、地址和邮箱等内容。这些信息便于存入手机，还可以作为邮件直接发送。二维码名片在移动电子商务中得到广泛应用。如图 3-10 所示。

图 3-9　手机名片

图 3-10　二维码名片

知识链接

未来名片的发展趋势

名片并未消失，而是在与时俱进。

Moo 公司已推出了内置近场通信（NFC）芯片的名片。这些名片可以借助所谓的智能存储数据，以供智能手机或其他电子设备扫描。虽然在 Moo 的销售额中仅占很小的一部分，但简宁斯（Jennings）表示，这种模式正在逐步获得人们的认同。“人们正在以非常独特的方式使用它。”他说，“有人将名片跟 Spotify 的曲目关联起来。”

该公司还推出了“Monogram by Moo”，这款应用可以充当一张数字名片，让用户在智能手机上分享自己的资料，或者通过电子渠道发送给对方。这种产品可以在传统名片的基础上“讲述自己的故事”。

在中国的美国人米歇里尼表示，他现在还在名片背面印上了微信二维码，以供中国的其他微信用户扫描，从而在网上进行沟通。通常情况下，他会直接通过智能手机生成一个二维码来代替名片，让生意伙伴直接扫描。他补充到，由于可以直接建立网上联系，所以这种方式在中国的商界十分流行，比传统的名片更受欢迎。

二、名片的设计制作

名片在职场生活中的重要性不言而喻。因为名片代表着持有者的身份，可以告知对方你的基本信息，还是人们社会生活中的一种身份象征，所以名片设计意义重大。名片制作得是否规范，往往会影响交往对象对自己的看法，进而影响双方的进一步交流与合作。

（一）名片设计制作的基本原则

名片要经过精心的设计，能够艺术地表现自己的身份、品位和公司形象。名片在设计上要遵循如下三个基本要求。

1. 简单

名片一般要做得简单大方，不能花里胡哨，否则会影响对方的视觉感受。

2. 明确

传递的信息要明确，构图要清晰，要清楚明白地展现你所从事工作的特性，让对方对需要了解的信息一目了然。无论名片风格怎样，只要能够传达“正确的信息”就是一张“好名片”。

3. 方便

不论是名片的图案还是文字的设计，都要便于记忆，易于识别。

（二）名片设计制作的具体要求

名片的设计和制作是有讲究的。从礼仪的角度，制作、设计名片有如下要求。

1. 名片的尺寸

虽然名片并没有一个国际性的大小规格要求，但是名片作为一个交流工具，通常需要随身携带，如果名片尺寸过于特殊，那么别人很难找到合适的名片夹放置我们的名片，会给别人保存名片带来不便。我国现在统一的名片规格是 5.5cm×9cm，国际社会有相当数量的人用的名片规格比我国通用的稍大一点，是6cm×10cm。

2. 名片的材质

名片作为媒介的主要功能是提供信息，注重实用性。印制名片最好选用白卡纸，如果出于环保的考虑，也可以用再生纸。这样可以保证上面的字迹清晰，便于识别，而且耐折、耐磨、耐用。

3. 名片的内容

名片是人们社会交往的一种工具，展示着个人和公司的基本信息。名片上所容纳的信息是有限的，要想达到其功能目的，需要将名片的主要信息设计完整。名片信息的制作设计需要注意以下事项：

(1) 姓名。

一般写上名字的同时，最好要带上汉语拼音，以便于识别。因为有些字是多音字，有些字是极少见的字，会难以识别。名字后面不要加“小姐”“先生”之类的词。

(2) 称谓。

一般在姓名后面，可以是官阶、职位、职业、职称、荣誉称号等。称谓一定要清楚。名片上的职位，体现着你所能够处理的事项范围，要实事求是，不能捏造和夸大；否则，个人信誉将受到质疑。

(3) 单位。

单位名称也是名片的重要内容，一般放在名片正面。商务名片还应包括企业简介、产品及服务范围等可以增加对方对所属企业印象的信息，这些信息可以放在名片背面。现代企业十分注重品牌形象，名片上可以加印企业标识、商标等。

(4) 联络方式。

联系方式包括地址、邮编、电话、电子信箱、网址等。联络资料要保持一定的完整性。要避免固定电话没有区号以及不规范的名称缩写出现，比如将“电子邮箱”称为“电邮”。地址应当写实际的办公地址而非家庭地址。

4. 名片中的图案

名片中的图案传递名片持有者的职业特性及行业特征，直接影响人们对名片持有人及其所在单位的印象。一般而言，名片上不宜出现过多的图案，也不宜添加任何没有实际效用的图案，可以有单位的logo、商标标识和产品图案等。

5. 名片的字体

名片的字体一般选择正规方块字即可，不要选择艺术字或者一些设计的字体，除非是从事特殊行业的人群。

以汉字印制名片时，一般采用楷体或仿宋体，尽量不要采用行书、草书、篆书等不易认的字体；以外文（主要采用英文）印制名片时，一般采用黑体字，在涉外交往中使用的名片亦可采用罗马体，但很少用草体。

6. 名片的颜色

名片的颜色一定要大方得体，宜选用单一色彩的纸张，并且以米白、米黄等庄重朴素的色彩为佳，切忌太花枝招展。一般来讲，名片的色彩总体上要控制在三种之内，否则会给别人杂乱无章的感觉。

7. 制作名片"三不准"

(1) 不印格言警句。

格言警句是有个人喜好的，放在名片上会给人招摇过市、比较肤浅的感觉。

(2) 不提供私宅电话。

在职场礼仪中，讲究保护个人隐私，有教养、有身份的人不会轻易向别人索取私宅电话。

(3) 名片上不宜出现过多的头衔。

名片上头衔太多，让人感觉炫耀、用心不专，有蒙人之嫌。如果有多个头衔，需要在不同场合强调自己不同身份的时候，建议制作不同的名片，根据不同交往对象使用不同的名片。生活中我们也经常能碰到这样的"名人"，他的名片上密密麻麻印了一大堆头衔：委员、理事、总监、名誉教授、特邀代表等，让人眼花缭乱，可看了半天，却不知道他究竟是干什么的。名片虽小，却可以洞见一个人的心胸、见识、境界。

案例

名人的名片

胡适有35个博士头衔，还有北京大学校长、驻美大使、诗人、历史学家、文学家、哲学家、新文化运动领袖等身份，如果都印在名片上，正反两面也印不完。他却在名片上只印了两个字：学者。在他心目中，其他都是虚的，唯有学者最重要。

一次在电影演员赵丹出国前，办公室秘书打来电话问："名片上头衔印三个，一是全国政协委员，二是全国文联委员，三是全国影协常务理事。行不行?"赵丹回答："你忘了最重要的。"对方问："还有什么更重要的?"赵丹说："我是个演员，别的都可以不要，一定要印上电影演员!"

实训任务

设计制作名片

背景：天津市宏大有限公司总经理刘天佑准备参加津洽会，请为他设计制作一张名片。

实训目标：掌握名片设计要素，设计出体现个人和单位特点的名片。

三、名片使用的礼仪

(一) 名片携带与存放礼仪

商务活动的每一个参与者不仅要有名片，还要随时携带和妥善存放。名片的携带和存放，要注意以下礼仪要求：

首先，参加商务活动必须携带名片，并且一定要有选择、有目的地提供名片。要选择适当的时机出示和交换名片，以便交流。

其次，要确保名片足量够用。要养成良好的检查名片的习惯，随时留意自己的名片数量是否充足，不足时应及时补充。

再次，要保持名片的完整无损。名片的质量非常重要，要保持干净整洁，切不可出现褶皱、破烂、肮脏、污损的情况。残缺皱褶的名片、涂改的名片不可使用。

最后，名片不仅要带，而且放置的地方也是有讲究的，要注意以下几点：

(1) 随身携带的名片，最好放在专用的名片包、名片夹里，这样显得郑重其事。男士还可以放在随身携带的公文包内；女士不穿西装时，也可以放在随身携带的手包内。

(2) 穿西装时，名片也可以放在西装上衣的内袋里。名片是一个人身份的象征，而左胸是靠近心脏的地方，将名片放在靠近心脏的位置，无疑是对对方的一种礼貌和尊重。

(3) 办公桌抽屉里，也应经常备有名片，以便随时使用。

(4) 名片切不可随便放置在钱包、裤袋、票据夹内，以免在找名片的时候手忙脚乱，给别人留下做事情没有条理的印象。

案例

名片去哪儿了?

张女士与孙先生相遇了，由于孙先生的工作有所变动，孙先生主动递出了自己的名片。张女士也打开自己的手提包，准备拿出自己的名片与之交换，可是一摸，首先摸出了一张健身卡，再一摸是一张名片，她高兴地递给孙先生。孙先生接过来低头一看，是别人的名片。张女士尴尬地笑着，继续在包里找着名片。请问：张女士的行为有哪些失礼之处?

(二) 索取名片礼仪

在职场中，如果没有必要，最好不要强索他人的名片。如果想主动结识对方，就要讲求技巧，否则有可能产生不必要的误会。一般采取以下几种索取名片的策略，可以保证在不伤及自身面子的情况下，获得对方名片。

1. 交易法

所谓“将欲取之，必先予之”，想要索取对方的名片，可以先把自己的名片递给他人，将对方置于一种“来而不往非礼也”的情境。当你把名片递给对方时，对方不回赠名片就是一种失礼的行为，所以对方一般会回赠名片给你。

2. 激将法

如果对方与自己的身份、地位差距比较大或者是异性，对方出于明哲保身的考虑或者提防之心，可能不会轻易回赠名片。这时，不妨在递与对方名片时略加诠释，提议交换一下名片。如“王总，很高兴认识你，不知道能不能有幸跟您交换一下名片?”，这样对方就不会轻易拒绝了。

3. 谦恭法

该方法一般适用于向长辈、领导、上级等尊者，以及地位高、名气大的名流显达索取名片的场合。在索取之前，先向对方表达恭敬来做铺垫。比如，见到某位技术领域的专家可以虚心地说：“很高兴认识您，我在本行业已经工作多年，希望以后有机会拜您为师，向您请教，不知今后如何联系您?”

4. 联络法

长辈对晚辈，上级对下级或者平级平辈之间可以用联络法。比较熟悉的同辈之间可以直接明示，如“老李，好久不见了，我们交换一下名片吧，这样联系更方便”。

知识链接

如何婉拒他人索取名片?

当被他人索取名片，而自己又不想给对方时，不宜直截了当，应以委婉的方法表达此意。可以说“对不起，我忘了带名片”，或者“抱歉，我的名片用完了”。不过若手中正拿着自己的名片，又被对方看见了，这样讲显然不合适。

若本人没有名片，而又不想明说的，也可以用上述方法委婉地表达。如果自己的名片真的是没有带或是用完了，自然也可以这么说，不过不要忘了加一句“改日一定补上”，并且一定要言出必行，否则会被对方理解为你没有名片，或成心不想给对方名片。

反之，如果对方说“名片刚好用完了”或者“名片没有带”，对方的意思也有三种情况：(1) 名片真的用完了；(2) 对方地位高，双方有落差，不想给你；(3) 对方地位低，还没有名片。

(三) 交换名片礼仪

在出席商务活动的时候，一般都会交换名片。交换名片是商业活动中人们初次见面的基本礼仪。通过交换名片可以看出对对方的重视程度和个人修养情况，并进而影响一个人的自我形象。优雅的仪态及正确的交换名片的行为更能体现一个人的生命内涵和职场素养。

1. 交换名片的时机

交换名片首先要把握好适宜的时机。交换名片的时机选择是一门学问。只有在确有必要时递送名片，才会令名片发挥功效。时机把握不好或方式不当，势必会引起尴尬，甚至会影响他人的评价。通常来说，交谈开始前、交谈融洽时、握手告别时，都是人们愿意互相交换名片的时机。在交换名片的时机选择上，要注意：

(1) 递送名片一般应选择刚见面时或者告别时，不宜过早或过迟。

(2) 面对完全陌生的人和偶然认识的人，不要太早递出名片。若表现得过于热情，一方面会打扰别人，另一方面有推销自己之嫌。

(3) 即将发表意见或者演讲之前，可以发名片给周围的人，以帮助他人认识自己。

(4) 参加会议时，应该在会前或会后交换名片，不要在会中擅自与别人交换名片。

(5) 用餐 (无论是私人还是商业餐宴)、观看戏剧、跳舞等社交活动期间，不得交换名片。

(6) 不要在大庭广众之下向多位陌生人递送名片，否则可能会让人误以为你想推销什么物品，反而不受重视。

(7) 除非对方要求，否则不要在年长的主管面前主动出示名片。

(8) 与上司在一起时，等到上司介绍你时，再递名片。

2. 交换名片的顺序

名片的递送先后虽说没有太严格的礼仪讲究，但也有一定的顺序。交换名片的顺序一般是身份低者先，身份高者后。地位低的人先向地位高的人递送名片，是因为受尊者享有优先了解权，然后再由后者回赠前者。

如果交换名片的双方有主客之分，按照客先主后的顺序交换名片，即宾客宜主动递名片，再由主人回赠。

如果交换名片的双方是一男一女，应当由男性先向女性递名片。

当与多人交换名片时，应按照由尊至卑的顺序，即先将名片递给职务较高或年龄较大者；或者由近至远依次递交，切勿跳跃式地进行，以免对方产生厚此薄彼之感。

如果在圆桌上就餐，则从自己右侧以顺时针方向依次递上。

3．交换名片的姿势

（1）递送名片的姿势。

递送名片讲究一个“奉”字，所以要表现虔诚、恭敬。应以标准站姿，面带微笑，上身稍前倾，注视对方，将名片正对着对方，用双手的拇指和食指分别持握名片上端的两角，名片正面朝向对方，微笑致意，然后恭敬地递给对方。递送过程中可以稍微鞠躬。如果是坐着的，应当起立或欠身递送。如果对方是外宾，应该递上英文的一面。

背面朝上、字向颠倒、举得过高或过低等，都被视为递送名片时的禁忌。

递送时可以说一些客气话。如“初次见面，请多关照”“我是××，这是我的名片，请笑纳”“这是我的名片，请您收下”。

与多人交换名片时，应讲究先后次序，或由近至远，或由尊至卑进行。位卑者应当先把名片递给位尊者。图 3-11 展示了正确交换名片和错误交换名片的不同。

坐着递名片很不礼貌

单手递名片也不礼貌

名字不应该朝向自己

起立，双手，自己的名字朝向对方

图 3-11　出示名片礼仪

（2）接受名片的姿势。

接受名片讲究一个“恭”字。整个过程态度要毕恭毕敬，使对方感到你对名片很感兴趣。接受他人递过来的名片时，应尽快起身或欠身，面带微笑，目视对方，用双手的拇指和食指接住名片的下方两角，接过后，认真看一下，默读一遍，然后郑重地放入名片夹或其他稳妥的地方。

接过名片时可以说一些客套话，如“谢谢!”“能得到您的名片，真是十分荣幸”等。接受名片要注意以下礼仪：

1）专心致志。不论手头有多忙，都要停下手中一切事情，并起身站立相迎。三心二意、目光游移、神情漫不经心都是不礼貌的行为。

2）认真看读。接过名片以后，要马上过目，不可做出不看就放起来，或者随便瞟一眼等怠慢的行为。认真看的意义在于一是显示出对对方的重视，二是了解确认对方的身份。在有的国家，要求接过名片不仅要看，而且要花至少一分钟时间将名片从头到尾默读一遍。遇有对方荣耀的职务、头衔不妨轻读出声，以示尊重和敬佩。

看读过程中当名字难读时要虚心请教，这丝毫不会降低你的身份，相反对方会认为你很重视他、尊重他。

(3) 精心存放。接到他人名片后，切忌乱丢乱放，应郑重其事地放置于随身携带的名片夹、公文包或者上衣口袋内。不要随手置于桌上，或在手中随意玩弄，也不要随便拎在手上，或者直接用其他物品压名片，否则会伤害对方的自尊，影响彼此的交往。

(4) 回敬对方。“来而不往非礼也”，接受了他人的名片后，一般应当即刻回赠对方一张自己的名片。没有名片、名片用完了或者忘带时，应采用委婉的表达方式向对方做出合理解释并致以歉意，如“很抱歉，我没有名片”“对不起，今天我带的名片用完了，过几天我会亲自寄一张给您的”等，切忌毫无反应。

案例

名片的失误

某公司新建的办公大楼需要添置一系列的办公用具，价值数百万元。公司的总经理已做了决定，从A公司购买这批办公用具。

这天，A公司的销售部负责人打电话来，要上门造访这位总经理。总经理打算，等对方来了，就在订单上盖章，定下这笔生意。

不料对方比预定的时间提早了两个小时，原来对方听说这家公司的员工宿舍也要在近期内落成，希望员工宿舍需要的家具也能从A公司购买。为了谈这件事，销售负责人还带来了一大堆的资料，摆满了台面。总经理没料到对方会提早到访，恰好手边又有事，便请秘书让对方等一会儿。这位销售员等了不到半小时，就开始不耐烦了，一边整理资料一边说：“我还是改天再来拜访吧。”

这时候，总经理发现对方在整理资料预备离开时，将自己刚才递上的名片不小心掉在了地上，对方却并没发觉，走时还无意从名片上踩了过去。但这个不谨慎的失误却令总经理改变了初衷，A公司不但没有机会与对方商谈员工宿舍的装备购买，连几近得手的数百万元办公用具的生意也告吹了。

4. 交换名片的其他禁忌

(1) 与欧洲、中东、印度等国家和地区的人交换名片只用右手就可以了，与日本人交换用双手。

(2) 初次见面，如果同时接受了多张名片，要搞清楚名片和人之间的对应关系。

(3) 没有特殊情况，尽量不要在名片上做记号或标注，尤其是有关名片主人个体特征的名词，比如“小个子”“大眼睛”等，这样显得对人非常不尊重。

(4) 交换名片时如果名片用完，可用干净的纸代替，在上面写下个人资料。

(5) 接受名片后，不宜随手置于桌上或者压在某个物品下面。

(6) 接受名片后，为了表示尊重不要用手指压着并遮住对方的姓名，也不要一直死死地抓住名片不放。

(7) 一定要注意把自己和他人的名片分开装，千万不可混淆，递错名片是失礼的行为。

(8) 不要无意识地玩弄对方的名片。

在商务活动中，交换名片已成为商务礼仪不可缺少的一部分。因此，我们必须要养成一种良好的习惯，在递送名片、接受名片、索取名片的时候要讲究名片礼仪。这样才能让别人对你有更好的第一印象，这也反映出一个人的职业修养。礼仪体现魅力，魅力凸显在细节，而细节决定成败。

实训任务

根据给定情境完成角色扮演任务

【背景】某公司业务部工作人员到一单位洽谈业务，一边与对方经理（秘书）见面做我介绍，递送上自己的名片，一边开展自己的业务。请同学们按照礼仪知识分角色完成情境任务。

【实训目的】把名片礼仪知识运用到商务和社会实践中去。

【实训过程】

1. 全班同学进行分组，各组制作名片（两份，一份属己方业务部工作人员，另一份属对方经理）。

2. 每组分别派出两名人员——一名业务部工作人员，一名对方经理，然后进行交换名片的角色扮演演出。

3. 各组对其他组员表现进行打分。

4. 主讲教师对各组进行打分点评，填写表 3-1、表 3-2。

表 3-1　　课堂表现评分汇总表

组别	第一组	第二组	第三组	第四组	第五组	第六组
评分						

表 3-2　　课堂表现评分细则

<table>
<tr><td>组别</td><td colspan="3"></td></tr>
<tr><td rowspan="5">阶段性评价</td><td>评价内容</td><td>评价细则</td><td>评分</td></tr>
<tr><td>1. 角色扮演</td><td>总分 20 分。参与表演的同学符合礼仪规范的，得全分</td><td></td></tr>
<tr><td>2. 交换名片的注意事项</td><td>每个小组抽签后，派一个同学或几个同学说出注意事项。声音大、流畅的，得 20 分</td><td></td></tr>
<tr><td>3. 自制名片</td><td>名片上的基本信息和规格基本符合要求，得 20 分，有一张或一张以上不符合要求的，视情况扣减</td><td></td></tr>
<tr><td>4. 互递名片礼仪</td><td>递、接、看、收每个环节正确的，得 40 分</td><td></td></tr>
<tr><td colspan="3">合计</td><td></td></tr>
</table>

案例分析

小王的拜访为什么会失败?

小王刚从大学毕业，因为业务需要，去拜访了一位日本教授，但小王在许多细小礼节上犯了致命的错误。小王见到那位教授后用左手递出名片，教授双手接过名片，端详一刻，口中念念有词，然后微笑着放入公文包，再致谢。教授回赠名片时，小王单手接过名片，随即放入口袋，然后就与教授谈起了业务。可是教授却是一脸的不高兴，拒绝谈业务，最终这次拜访以失败而告终。

问题：试分析小王此次业务拜访失败的原因。

拓展学习

名片信息的英文翻译

1. 中文姓名（Person Name）的翻译

（1）常规姓名翻译：直接按照名片持有人姓名的汉语拼音翻译，通俗易懂。比如王若明译为 Wang Ruoming。

（2）复姓的翻译：复姓应连在一起，名在一起。如欧阳兰兰译为 Ouyang Lanlan。

（3）中英文混合翻译：既有中文名也有英文名时，应该把英文名放在前，再加上中文姓氏，如果王若明的英文名字是 Abbott，则翻译为 Abbott Wang。

2. 工作单位（Work Unit）的翻译

（1）一个单位只能有一种译名，一般每个单位都有标准译法。如中国银行译为 the Bank of China。of，the，and 等虚词小写，其他首字母都要大写。

（2）Company 是指已经登记具有法人资格的公司，通常缩写为 Co.，有限公司通常译为 Co. Ltd.。Corporation 作为公司可缩写为 Corp.，它所指的规模通常比 Company 大。

3. 职称、头衔（Title）的英文翻译

董事长	Board Chairman	总裁	President
总经理	General Manager	副总经理	Vice General Manager
总经理秘书	General Manager's Secretary	总经理助理	General Manager's Assistant
厂长	Factory Manager	高级秘书	Secretary
销售部经理	Sales Manager	餐饮部经理	Food and Beverage Manager
客房部经理	Housekeeper	财务部经理	Financial Controller
人事部经理	Human Resource Manager	工程部经理	Chief Engineer
保安部经理	Chief Security Officer	办公室主任	Director of Executive Office
会计	Accountant	销售工程师	Sales Engineer

4. 地址（Address）的翻译

（1）英文地址翻译原则：先小后大，即按从小地名写到大地名的顺序。

（2）一般顺序为：室号→门牌号→街道名→城市名→省（州）→国家。即 Room → Road → City →Province（State）→ Country。

(3) 门牌号和街道号不可分开写，不可断行。门牌号的英式写法为NO.26，美式写法为26#。

(4) 汉语中的地名，一般写汉语拼音。

例：Room 1002，Building No.4，NO.135，Yashen Road，Nankai District，Tianjin，China. 300350

综合练习

一、选择题

1. 对索取名片的方法描述正确的有（　　）。

A. 交易法：首先递送名片

B. 激将法：递送的同时讲"能否有幸交换一下名片？"

C. 平等法："如何与你联系？"

D. 谦恭法：对于长辈或高职位者，"希望以后多指教，请问如何联系？"

2. 下列有关名片使用的说法，正确的是（　　）。

A. 名片不得随意涂改　　B. 名片不准提供两个以上的头衔

C. 不用特殊材质制作名片　　D. 名片不印多个联系方式

3. 给别人递送名片时，以下哪种做法是正确的？（　　）

A. 应将名片正面朝向自己　　B. 应将名片正面朝向对方

C. 名片的朝向无所谓　　D. 名片背面向上

4. 关于递名片的次序，下列说法错误的是（　　）。

A. 职位高的先递名片　　B. 客人先递名片

C. 女士先递名片　　D. 年轻者先递名片

5. 递送名片的方式是（　　）。

A. 双手或者右手　　B. 双手　　C. 右手　　D. 左手

6. 名片使用中以下描述错误的是（　　）。

A. 与多人交换名片时，由远至近，或由尊至卑进行

B. 向他人索取名片宜直截了当

C. 递名片时应起身站立，使用双手或者右手，将名片正面对着对方后递给对方

D. 若对方是外宾，最好将名片上印有英文的那一面对着对方

7. 下列有关名片设计与使用的礼仪说法，错误的是（　　）。

A. 名片上姓氏要写上拼音

B. 社交名片要把自己个人信息全部写上

C. 名片的设计与制作，应当体现个性原则

D. 名片的颜色选择要具有多样性

8. 下列有关交换名片的时机选择，正确的是（　　）。

A. 递送名片一般应选择刚见面时或者告别时，不宜过早或过迟

B. 面对完全陌生的人和偶然认识的人，不要太早递出名片

C. 发表意见或者演讲之前，可以发名片给周围的人，目的是帮助他人认识自己

D. 参加会议时，应该在会前或会后交换名片，不要在会中擅自与别人交换名片

9. 名片使用中的“三不准”是指（　　）。

A. 名片不得随意涂改　　B. 名片不准提供两个以上的头衔

C. 不用特殊材质制作名片　　D. 名片不印多个联系方式

二、简答题

1. 简述名片在商务交往中的重要作用。

2. 简述双方交换名片的顺序以及双方交换名片时最正规的做法。

三、实训题

角色扮演，5位同学一组，分工扮演A、B两个公司的管理人员，模拟两个公司的人见面时，交换名片的过程。

项目四

取得工作成效的秘诀

——日常工作礼仪不可不做

任务一　打造舒适的工作环境，提高工作效率

学习目标

（1）了解作为一名职场上的员工，应该如何管理好自己的办公环境，如何保持办公室整洁，如何整理档案、文件，这些不仅是提高工作效率、保守工作机密的要求，也是职场礼仪的需要。

（2）学会清理办公桌，整理文件柜，做好5S。

（3）学会和掌握办公室5S以及文件归档的方法和技巧。

知识框架

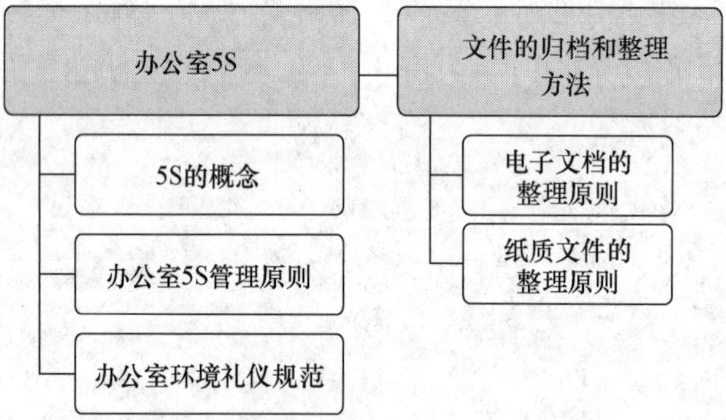

导入问题

T：小赵喜欢吃零食，办公桌上、抽屉里堆满了各种饮料、小食品、水果等，整包的，半包的，吃剩的包装物，散发着各种气味，还招致老鼠的光临，同事们都不愿意和她坐在一起。请问小赵为什么不被同事喜欢？

S：办公室是工作场所，上班时间不能吃零食。

一、办公室5S

其实，上述的回答并不全面，一个公司的办公室就好比是一个家，一个职员的办公桌就好像是一个人的脸。从办公室的整洁程度可以看出一个公司的精神面貌和工作效率，从一个人的桌面风格可以看出这个员工对生活与工作的态度。如果办公桌面上乱七八糟，食品、文件、垃圾混在一起，一片凌乱，那么就会影响周围同事的工作心情和工作效率，也是对同事的不尊敬。所以，我们应该让办公室保持良好的环境，给自己和同事一个轻松愉悦的工作环境，这也是一种必知的办公室礼仪。

（一）5S的概念

1. 5S管理的含义

5S起源于日本，最早是在生产现场对人员、机器、材料等生产要素进行有效管理的一种方法。因为其内容中的五个方面的日语罗马拼音的第一个字母都是S，所以简称为5S，包括整理、整顿、清扫、清洁和素养五个方面。由于其在管理中的有效性，现在不仅在生产领域，其他很多领域也在推广5S管理方法。

2. 5S管理的内容

5S管理包括整理（SEIRI）、整顿（SEITON）、清扫（SEISOU）、清洁（SEIKETSU）、素养（SHITSUKE）。

（1）整理。整理就是区分要与不要的物品，只保留有用的物品，把不要的物品清理掉。其目的是改善和增加可用工作场所的面积，提高工作效率，保障安全，减少差错事故，改善环境。做好整理工作的关键是把握要与不要的基准，以及不要的物品的处理办法。

（2）整顿。整顿是将要用的东西，按规定位置摆放整齐，并做好标识进行管理，目的是不浪费时间找物品，可以提高工作效率，保守秘密。整顿的要点包括：物品摆放要有固定的地点和区域，以便于查找，同时摆放要科学合理，并采用不同的色彩和标记加以区别。

（3）清扫。清扫就是将不要的东西清除掉，保持工作现场无垃圾、无污秽的状态，目的是消除“脏污”，保持办公室干净、明亮。

（4）清洁。清洁是将前面3S实施的做法做到制度化、规范化，维持其成果，目的是通过制度化来维持成果，使其保持最佳状态。

（5）素养。素养是要培养讲文明礼貌、自觉依规行事的良好工作习惯，目的是提升“人的品质”。

（二）办公室5S管理原则

1. 整理

（1）扔掉废弃物。将不再使用的文件资料、破旧书籍、过期报纸等按要求废弃。

（2）将不经常使用的文件资料进行分类编号整齐存放于仓库中。

（3）将经常使用的文件资料进行分类整理，整齐放于办公室的文件柜中。

（4）将正在使用的文件资料整齐放于办公桌上面，做到需要的文件资料能快速找到。

2. 整顿

（1）办公桌、椅、柜等物品有序摆放，布局整齐、美观。

（2）办公桌面可放置办公设施、台历、电话、正在使用的文件等，要求放置整齐有序。

（3）笔、橡皮、尺子、回形针等办公用具整齐放于桌面的笔筒中或办公桌抽屉里。

（4）办公桌面、办公桌抽屉内物品应整齐有序、分类放置。

3. 清扫

（1）办公室内地面干净，门、窗清洁，无灰尘、污迹。

（2）室内墙壁严禁乱贴、乱挂，保持整齐。

（3）灯具、电脑、打印机、传真机等电器表面洁净，无灰尘，电器开关无安全隐患。

（4）文件柜、办公桌表面要保持洁净，无灰尘，无污迹。

（5）垃圾桶要及时清理。

4. 清洁

（1）保持整洁，持之以恒。每天上班前对自己的卫生区进行清扫。

（2）下班前整理好当天的资料、文件、办公桌上的物品，放置整齐。

（3）经常自我检查，发现问题，随时整改。

5. 素养

保持良好的精神面貌，上班时间仪容整洁，穿着整齐大方，言谈举止文明有礼，对人热情大方，工作安排科学有序，认真踏实。

（三）办公室环境礼仪规范

1. 办公室设计规范

办公室设计装修要庄重、大方，没有必要追求过于豪华。注重明亮、通风、安全是基本要求。办公室墙壁应以白色、米黄色为主，墙上可以悬挂公司理念、规则等。

空间布局要合理，各部门间既要区隔，又要便于联系。各功能区设施设备要配备齐全，尽量避免因为使用设备，人员来回穿梭。

案例

在M公司曾经发生这样一件事情，在一次项目评审过程中因为某个同事请病假导致一份文件找不到，没办法只有把该同事从医院请回来。也许这件事情很偶然，但因为同事请假而其他人的工作无法开展也是常有的事情。相信很多人也有找文件花了很长时间的经历。这些问题究竟出在哪里呢？

2. 桌面位置摆放规范

（1）办公桌上的东西要分门别类，物品摆放的位置要体现顺手、方便、整洁、美观，有利于提高工作效率。见图4-1。

（2）桌面只保留必需的物品，如电脑、电话、日历、正在处理中的文件、经常使用的文件、便笺纸、笔、水杯等，根据需要的频率安排摆放位置，确保桌面无杂物，整齐有序，便于使用，易于查找。

（3）将使用频率不高、已经完成项目的文件放入文件柜中，建立公共资料柜，将大家都需要的资料共同存放在公共资料柜中，并按业务分类，由专人负责建立文档进行借阅登记管理。

（4）将不需要的物品按照密级文件处理制度加以处理。需要的物品按照使用习惯整齐摆放。例如，电脑放在办公桌中间，电话在左边，纸、笔、资料在右边。

图 4-1　办公室 5S 示范

3. 办公桌抽屉整理规范

办公桌抽屉也应该整齐干净，不应放置与工作无关的物品。见图 4-2。

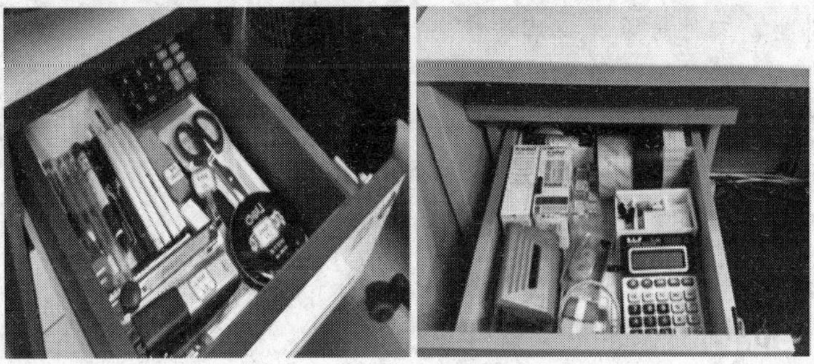

图 4-2　办公桌抽屉整理规范

适合放在抽屉里的物品有：

(1) 文具、计算器、U 盘。

移动硬盘、名片等物品适合放在办公桌抽屉里保管，避免相互拿错，影响使用。

(2) 空白合同纸、单据。

密级较高需要妥善保管的资料文件应该放入办公桌抽屉里，一方面使用起来方便，另一方面便于保密管理，长时间离开座位或外出时，可以上锁保管。

(3) 使用频率稍低但还会经常用到的文件，也可以放在办公桌抽屉里。

(4) 个人书包、公文包等。

知识链接

5S 管理制度检查表

整理：是否有作废的文件还在使用或未被撤回？
　　　办公桌是否脏、杂、乱？办公用品、用具是否随意放置？
　　　文件是否标识清楚？文件分类是否明确？
　　　办公工具、设备是否破损未修复？
　　　文件是否得到很好的保管？

整顿：文件存放是否杂乱、不整齐、随意摆放？
办公用品是否摆放整齐？
台面是否放置与工作无关的用品？
是否设置人员动向看板或项目管理看板？
台面是否放置零食？
清扫：办公室地面是否脏乱？
窗户、墙壁是否积尘未执行清理？
办公桌是否积尘未清扫？垃圾是否未入垃圾桶内？
办公室里面是否存放许多无关的杂物？
地面是否有垃圾、纸屑、杂物？
清洁：办公室是否干净、整洁并被保持？
是否有不必要的障碍物影响视野？
办公设备是否清洁？公告栏是否保持清洁？
文件柜、文件是否保持清洁状态？
素养：形象、着装是否规范和得体？
接听电话是否及时？是否遵守相关的礼仪规范？
离开时是否将文件、办公用品整理整齐？
下班时是否关闭空调及电脑电源并将座椅归位？
是否在工作时间内做与工作无关的事情？

4. 办公区工作纪律规定

为了加强管理，便于员工牢记工作守则和规范，办公室内墙壁上应该张贴或悬挂有关工作纪律、员工守则等。员工必须按照有关规定行事。

5. 办公区域环境卫生管理

认真做好环境卫生，要每天定时清除办公区域内的垃圾，保持清洁整齐，地面、墙壁、门窗、过道、桌椅、各类设备、设施要打扫干净。办公环境不仅要整齐，而且要做到清洁卫生，保证职工身心健康，提高职工工作热情；不仅物品要清洁，而且职工本身也要做到清洁，如衣服或工装要清洁，仪表要整洁，及时理发、刮须、修指甲、洗澡等；职工不仅要做到形体上的清洁，而且要做到精神上的“清洁”，待人要讲礼貌、要尊重别人。见图4-3。

图4-3 干净整洁的办公室

6. 办公室安全管理

(1) 室内要通风良好，照明充足；在合适的位置设置安全警示标志，如逃生路线标志、禁止吸烟标志、注意防滑和防碰标志等；保持地板清洁，无水，无突起物；室内高处堆放或吊挂的物品应稳固可靠。

(2) 人员防护要做到熟悉紧急出口，清楚安全消防设备的位置和使用方法；使用某些设备时，应做好个人防护。

(3) 文件柜、办公桌摆放位置合适，防止因摆放不当导致物品掉落使人员受到伤害。

(4) 办公室的设备和器具摆放位置应合适、整齐，不能妨碍人员走动和堵塞逃生通道；走道内、楼梯上、楼梯口的灭火设备周围应无障碍物、堆放物；禁止将垃圾、有毒、易燃、易爆和放射性物品放入办公室内。

(5) 消防设备的管理要到位，办公室内应配备一定数量的灭火器材，配备数量、规格要符合规定；由安全管理员指定专人分管，分管人要做到定期检查保养，保证标牌清晰、药剂有效。

(6) 办公室内应安装有效的漏电保护装置；办公室用电总量必须少于室内接线盒（板）的额定容量，接在每一个接线板上的用电设备容量总数要少于线板的额定容量；办公室内配置的电器，如空调、复印机、碎纸机、饮水机、冰箱等应有专人负责，做到操作准确，人离开后切断电源；办公室用电设备的电线、插头、插座应保持完好，无缺口、破损和连接不当的现象；所有用电设备不要放置在潮湿的场所；安装或修理电器设备时，务必关掉电器电源并拔下插头；每天离开办公室之前，应断开无关的电器设备电源；严禁在办公室用电炉取暖、做饭。

(7) 办公室等场所内不准吸烟。

实训任务

按照5S原则整理你的宿舍环境和学习桌的抽屉

要求：(1) 每位学生都要积极参加。

(2) 将没有做5S之前的宿舍拍若干照片，按照5S原则进行管理。

(3) 将5S管理后的宿舍再拍若干照片，进行比较。

(4) 以宿舍为单位相互评比。

二、文件的归档和整理方法

(一) 电子文档的整理原则

我们经常看到很多员工对工作所用电脑文档的管理一塌糊涂，电脑桌面上都是密密麻麻的文件夹，在“资源管理器”中充斥着无序与混乱，这种混乱不仅极大地影响了电脑的性能和我们办公的效率，其实也是严重的礼仪缺失问题，当需要为客户、上司、同事提供文档、文件时，要花费很多时间查找，让对方等待，有时还会有因一时找不到而麻烦对方重发等情况发生，无形中表现出了对别人的不尊重和对工作的不负责任。这既影响了个人形象，又影响了工作的顺利开展，所以我们需要将电脑里的文件真正管理好，为自己日后工作提供方便。

解决这个问题目前最理想的方法就是分类管理，从硬盘分区开始到每一个文件夹的建立，我们都要按照自己的工作和生活需要，建立大大小小、多个层级的文件夹，建立合理的文件保存架构。文件管理的真谛在于方便保存和迅速提取，所有的文件应通过文件夹分类，放在最方便找到的地方。此外，所有的文件、文件夹都要规范化地命名，并放入最合适的文件夹中。这样，当我们需要某个文件时，就知道到哪里去寻找。

这种方法，对于大多数的人来说，并不是一件轻松的事，因为他们习惯了随手存放文件和辛苦、毫无头绪地查找文件。在此我们将介绍一些分类管理的原则，帮助学生们养成好的文件管理习惯。这些基本技巧并不一定适合所有人，有些企业有自身的规定，但无论如何你必须要有自己的文档管理规则，并坚持下来，形成习惯。

1. 发挥“我的文档”的作用

利用好“我的文档”非常重要，它能让我们方便地在桌面、开始菜单、资源管理器、保存/打开窗口中找到文件，有利于我们方便而快捷地打开、保存文件。我们可以利用“我的文档”中已有的目录，也可以创建自己的目录，将经常需要访问的文件存储在这里。

2. 建立最适合自己的文件夹结构

文件夹是文件管理系统的“骨架”，对文件管理来说至关重要。建立适合自己的文件夹结构，首先需要对自己接触到的各种信息、工作内容进行归纳分析。每个人的工作有所不同，接收的信息也会有很大差异，因此分析自己的信息类别是建立结构的前提。比如，很多老师就是以自己的工作内容中的“教学工作”“班主任工作”“科研”“其他日常工作”等来建立文件夹。

同类的文件可用相同字母前缀的文件名来命名，同类的文件最好存储在同一目录，如图片目录用 image、多媒体目录用 media、文档用 doc 等，简洁易懂，一目了然，而且方便用一个软件打开。这样，当我们想要找到一个文件时，能立刻想到它可能保存的地方，快速打开文件。

3. 控制文件夹与文件的数目

文件夹里的数目不应该过多，一个文件夹里面有 50 个以内的文件是比较容易浏览和检索的。如果超过 100 个文件，浏览和打开的速度就会变慢且不方便查看。如果文件数量过多，可以考虑再建立一些子文件夹。另外，如果有文件夹长期只有少得可怜的几个文件，建议将此文件夹合并到其他文件夹中。

4. 注意结构的级数

分类的细化必然带来结构级别的增多，级数越多，检索和浏览的效率就会越低，建议整个结构最好控制在二、三级。另外，级别最好与自己经常处理的信息相结合。越常用的类别，级别就越高，例如：老师本学期所教授的课程、所管理班级的资料文件夹，应当是一级文件夹。

文件夹的数目，文件夹里文件的数目以及文件夹的层级，往往不能两全，可以找一个最佳的结合点。

5. 文件和文件夹的命名要规范

为文件和文件夹取名至关重要。什么是好名字？没有确定的答案，以最短的词句描述此文件夹的类别和作用，能让你自己不需要打开就能记起文件的大概内容，就是好的名称。要为电脑中所有的文件和文件夹使用统一的命名规则，这些规则需要我们自己来制定。刚开始使用这些规则时，肯定记不住，可以使用索引表，帮助查看，一旦熟悉了，你就能体会到规则命名的方便了。

在排序方面，对常用的文件夹或文件在命名时，可以加一些特殊的标示符，让它排在前面。比如当某一个文件夹或文件相比于同一级别的来说，访问次数多时，可以在此文件或文件夹名字前加上一个“1”，这可以使这些文件和文件夹排列在同目录下所有文件的最前面，而相对次要但也经常访问的，就可以加上“2”，以此类推。

另外，文件名要力求简短，虽然 Windows 支持长文件名，但长文件名会给我们的识别、浏览带来混乱。

6. 注意区分待处理、正在处理、已完成的文件

如果一年前的文件还和你现在正要处理的文件摆在一起，如果几个月前的邮件还和新邮件放在一块，那你将会很难一眼找到你想要的东西。及时地处理过期的文件，备份该备份的，删除不需要的，是一个良好的习惯。例如，作为老师，上学期教授课程的教案与资料，本学期使用的频率会非常小，所以应当将其存放到另一个较低级别的文件夹中，而本学期的一些教学资料的文档，因为要经常访问，最好放置在“我的文档”中以方便时时访问。对于老师来说，一个学期就是一个周期，每个期末都要相应地处理本周期的文件夹。对于其他行业的人来说，也应在不同的周期内，根据自己的实际工作需要对文件夹、文件进行归档整理。

7. 发挥快捷方式的便利

如果我们经常要快速访问文件或文件夹，则可以右击选择“创建快捷方式”，将生成的快捷方式放置到桌面上。当然，当文件和文件夹不再需要经常访问时，要及时删除快捷方式，以免快捷方式占据太多空间，影响速度。

8. 长期坚持

建立完善的结构、规范化地命名、周期性地归档都很重要，但是最重要的是坚持，形成习惯。也许开始时会很难，但相信过不了多久，你就会习惯井井有条的文件与文件夹的管理模式，并从中感受到方便和快乐。

实训任务

整理你的电脑文件

目标：桌面整洁，调取文件快速。

要求：按照电脑文件管理规范，并结合自己的实际情况，对你的个人电脑进行整理。对整理前后进行比较，谈感想。

（二）纸质文件的管理原则

纸质文件与电子文档的管理原则有很多相同的地方。应将归档文件以件为单位进行分类、排列、编号、编目等，有的纸质归档文件还需要进行装订、装盒、排架等操作，如图 4-4 所示。

1. 整理的原则

(1) 归档文件整理应遵循文件的形成规律，保持文件之间的有机联系。

（2）归档文件整理应区分不同价值，便于保管和利用。

（3）归档文件整理应符合文档一体化管理要求，便于计算机管理或计算机辅助管理。

（4）归档文件整理应保证纸质文件和电子文件整理协调统一。

图 4-4 文件整理

2. 排序的原则

（1）正文在前，附件在后。

（2）原件在前，复制件在后。

（3）不同文字的文本，无特殊规定的，汉文文本在前，少数民族文字文本在后；中文文本在前，外文文本在后。

（4）来文与复文作为一件时，复文在前，来文在后。

3. 分类的原则

一般每个单位或部门会有统一的要求，如果没有统一要求可按以下方法分类：

（1）按年度分类。

将文件按其形成年度分类。跨年度的一般应以文件签发日期为准。对于计划、总结、合同、协议、预算、统计报表等文件，统一按文件签发日期确定所属年度。跨年度办理的文件归入办结年。

（2）按业务对象分类。

将文件按业务对象（单位）分类。如与 A 公司的合同、来往邮件、会议纪要等归档在一起。文件过多时，可以在大类下面分若干小类。

（3）按照项目分类。

将文件按照项目进行分类，把同一项目内容的文件归为一类。

4. 编号的原则

归档文件应依分类方案和排列顺序编号。编号应遵循唯一性、扩充性、合理性、简单性原则。唯一性就是所有归档的文件中，不能有重号的，便于查找。如果内容过多，可以在大编号后面加小注号，加以区分，也就是扩充性。管理文件要根据自身工作性质和内容，不必千篇一律，只要合理就好。另外，为了便于工作，编号应以简单为好。例如：与凯悦公司的纸张项目的文件，KY-Z-W-2017-11-03/1（与凯悦公司—纸张项目—往来邮件—2017 年 11 月 3 日文件），KY-Z-H/1（与凯悦公司—纸张项目—合同/第一份）。如果公司有统一编号要求的话，请按公司规定执行。

5. 编目录

归档文件应依据编号顺序编制归档文件目录。编目应准确、详细，便于检索。归档文件目录设置序号、档号、文号、题名、日期、密级、页数、备注等项目。

案例分析

格力集团5S案例分析

以下6张图是格力集团某公司的5S管理改善提案，你觉得实行5S管理给公司带来了哪些好处？你觉得还可以在哪些方面进一步改善？

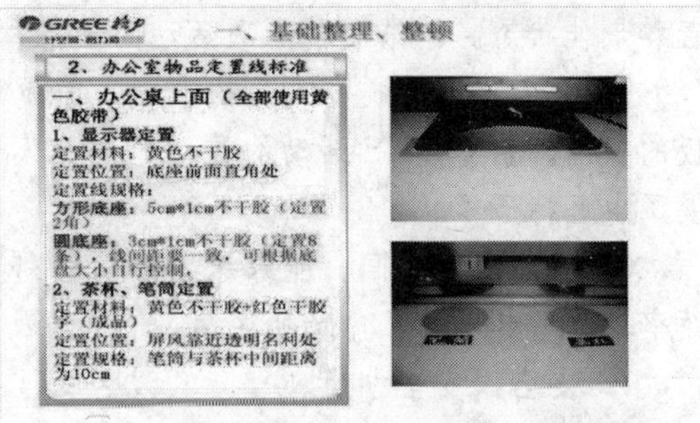

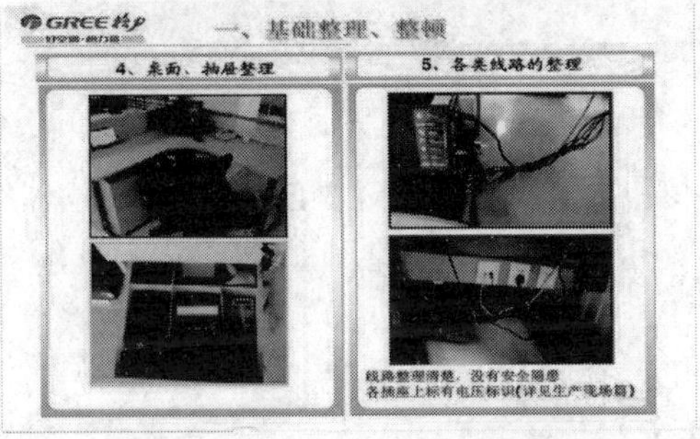

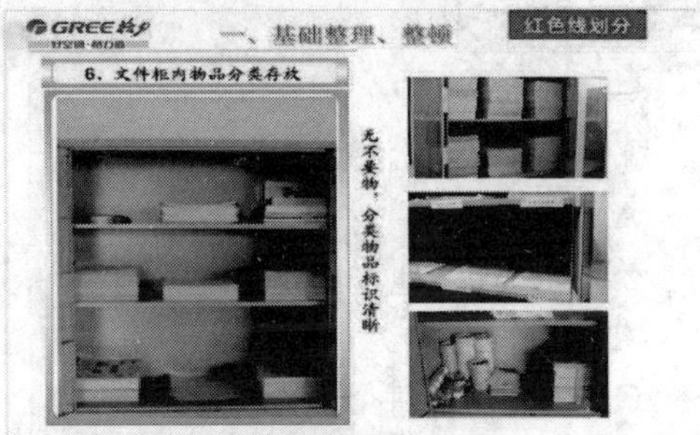

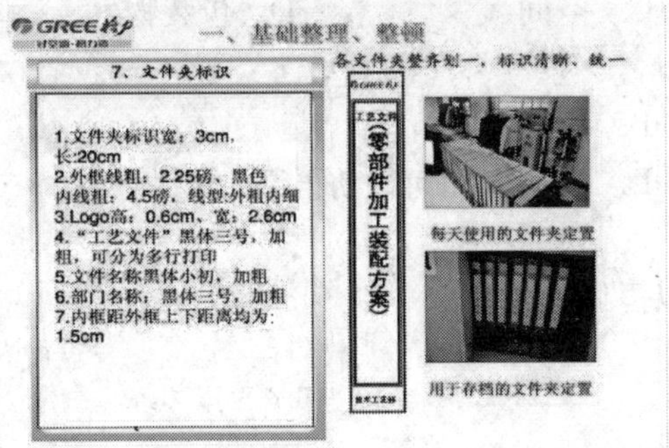

拓展学习

办公室7S管理

办公室7S管理是在5S管理的基础上发展而来的，7S是整理、整顿、清扫、清洁、素养、节约、安全的简称。

1. 整理：彻底将要与不要的东西区分清楚，并将不要的东西加以处理，它是改善工作现场的第一步。

2. 整顿：把现场需要的人和事物，加以定量、定位。简言之，整顿就是人和物放置方法的标准化。整顿的关键是要做到定位、定品、定量。

3. 清扫：彻底将自己工作环境四周打扫干净，办公设备异常时马上维修，使之恢复正常。

4. 清洁：指对整理、整顿、清扫之后的工作成果要认真巩固、维护，使现场保持完善和最佳状态。清洁是前三项活动的坚持和深入。

5. 素养：努力提高人员的素养，养成严格遵守规章制度的习惯和作风，培养主动积极的精神。素养是7S活动的核心，没有人员素质的提高，各项活动就不能开展，就是开展了也坚持不了。

6. 节约：对时间、能源等方面合理利用，以发挥它们的最大效能，从而创造一个高效率、物尽其用的工作场所。

7. 安全：安全办公。

综合练习

一、选择题

1. 谁承担5S活动成败的责任？（　　）

A. 总经理　　B. 委员会　　C. 科长们　　D. 公司全体

2. 公司什么地方需要整理整顿？（　　）

A. 工作现场　　B. 办公室

C. 全公司的每个地方　　D. 仓库

3. 整理主要是排除什么浪费？（　　）

A. 时间　　B. 工具　　C. 空间　　D. 包装物

4. 我们对5S应有的态度是（　　）。

A. 口头应付，做做形式　　B. 积极参与行动

C. 事不关己　　D. 看别人如何行动再说

5. 公司的5S应如何做？（　　）

A. 5S是日常工作的一部分，靠大家持之以恒做下去

B. 第一次有计划地大家做，以后靠干部做

C. 做四个月就可以了

D. 车间做就行了

6. 5S中哪个最重要？理想的目标是什么？（　　）

A. 人人有素养　　B. 地、物干净　　C. 工厂有制度　　D. 生产效率高

7. 5S与公司及员工有哪些关系？（　　）

A. 提高公司形象　　B. 增加工作时间　　C. 增加工作负担　　D. 增加生产成本

二、判断题

1. 办公室保管员清楚物品在哪里存放就可以了，有没有标示没有关系。（　　）

2. 上班不就是干活嘛，办公室没有必要打扫得那么干净。(　　)

3. 不遵守规章制度的时候，以“下不为例”“我太忙了，没时间做这些”为借口。(　　)

4. 这些物品是什么，我自己知道就行，标示与否没关系。这样可以减少浪费。(　　)

5. 5S 管理要求必须做到“重视安全、服务意识、简单化、守时、注重仪表、顾客满意、齐心协力”。(　　)

三、思考题

1. 什么是 5S 管理?

2. 办公室 5S 管理的内容有哪些?

3. 电子文档管理的原则是什么?

四、实训题

对宿舍里的学习桌及个人物品、柜子进行 5S 管理时，你会怎么做? 请按照 5S 的原则，对你的宿舍进行管理，并写出心得体会。

任务二　营造和谐人文环境，获得同事认同

学习目标

(1) 了解作为职场员工，应该如何与领导相处，与同事合作，与客户建立良好的关系。

(2) 掌握服从、沟通、谈判的技巧。

(3) 学会和掌握与上司、同事、客户相处的原则以及服务、沟通、谈判的技巧。

知识框架

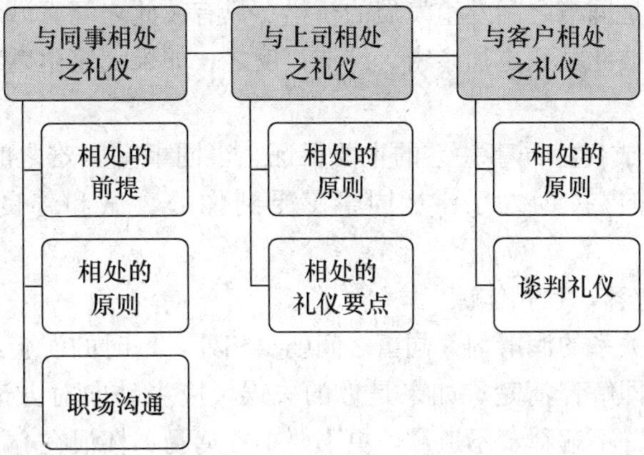

导入问题

T：请问即将要进入公司上班的你有什么担心吗?

S：有的。担心领导看不起，也不知道如何与同事相处。

办公室人文环境是指影响员工工作心理的环境因素。办公室是一个人员云集的地方，也是一个充满人情百态的小社会，因此要想拥有一个和谐的环境，就必须遵循礼仪规则。在办公室遵守礼仪，是对职场人士的基本要求。

刚刚步入职场的新人，往往感到不安，不知自己能否融入集体、能否胜任工作。职场新人要想尽快进入角色，得到上司、同事、客户的认可，需要了解和把握在职场上与人相处的规范和技法，适应办公室的人文环境。只有这样才能赢得大多数人的好感，营造良好的人际关系，从而使职业生活愉快、工作效率提高。否则，就不可能和周围的人和谐相处，不仅人际关系紧张，还会影响工作，甚至伤及同事间的感情。

一、与同事相处之礼仪

（一）相处的前提

与办公室的同事友好相处，营造办公室和谐气氛的基本前提就是坦诚相待。与同事交往，需要真诚、互相尊重、依礼而行、友好协作、互相帮扶、减少摩擦、保持团结。你真诚地对待他人，对方会感受到你对他的信任，也会以同样的态度对待你，相互间以诚相见，就能真诚换真诚，友好协作，遇到困难也能共渡难关。

（二）相处的原则

1. “亲如一家”，互相信任，互相关心

同事们“同在一个屋檐下”，身处一个大家庭，彼此就像家人一样，公司发展了，大家都受益，公司败落了，大家同样都受损，因此同事间应该相亲相爱，相互帮助，互相信任。其中，互相信任是同事之间友谊发展的桥梁。只有彼此之间真诚坦率、相互信任，才能换得真情实意，使彼此关系更加亲密、纯洁；反之，如果大家尔虞我诈，则必然会损害同事间的友谊。

关心同事，是形成良好同事关系的重要保证。当同事有困难之时，千万不要吝惜你的关心与安慰，要伸出援助之手，让同事感受到你的真诚和善良，这是赢得友谊的关键。

2. 学会尊重和包容，互相体谅

互相体谅是同事关系的润滑剂。同事之间朝夕相处，一时的误会或不悦在所难免。如果产生了误会，应立即解释清楚；如果是你的失误，应主动向对方道歉，寻求对方的谅解；不要为了“面子”不解释、不道歉，更不要小肚鸡肠、怀恨在心、打击报复，这样只能使矛盾更加激化。懂得尊重对方，在工作中遇到与自己性格不同的同事是正常现象，要理解对方，学会换位思考，学会包容对方，即使观点、意见相左，也要礼貌相待。

案例

刘燕天资聪慧，人长得也很漂亮。大学毕业后她来到一家企业工作，人力资源部部长把她安排到综合科，由于漂亮又能干，起初同事们都很喜欢她，她自己每天也非常开心。工作一段时间后，部长发现她总是闷闷不乐，问她为什么，她说大家对她不热情。部长找来同科室的同事，一问才知道，刘燕说话时总是看不起别人，还经常指使前辈帮她干活，给她帮完忙，连声谢谢都没有，所以大家都躲着她。

3. 背后议论、中伤别人是职场中的大忌

同事之间不能背后议论他人长短，这是失礼之举。有些人很喜欢捕风捉影地说些同事的谣言，或是对一件小事添油加醋，夸大其词，结果使同事之间的人际关系出现裂痕。所以当你从其他同事的口中听到一些闲言闲语，不要附和，不要胡乱评论，也不要四处传播。

4. 同事之间不要过于亲密，要保持一定的距离

案例

刺猬取暖

刺猬取暖的故事，可以很形象地比喻职场中同事间的关系。两只小刺猬，由于寒冷，挤在一起取暖，因为距离太近，互相都被对方身上的刺刺到，于是疾速躲开对方，但由于距离太远，又觉得寒冷，几经磨合，终于找到一个温暖而不至于被扎的距离。

同事之间应该有距离，友好相处、真诚相待不等于就是零距离。人际关系中，保持距离，疏密得当，也是一种尊重。尊重他人的隐私，不打听同事的私事，不乱看同事的书信，不乱动同事的物品，尽量不向同事借用电脑、汽车和钱，临时急用借钱要履行手续，及时归还，这些都是同事间友好相处的礼仪规范。

当同事接听私人电话时，不管你有多么好奇，都不要偷听，不要去打扰，也不要随意询问，以免对方尴尬；不随便翻动同事的抽屉，窥视他人文件、信函，这是一种礼貌，也是礼仪规矩。即使要在同事的文件柜找公共的东西，也最好让同事代找，或在征得同事同意后再自己找。

不可干预同事私事，每个人都有自己不愿被别人知道的隐私。当我们遇到陌生人找同事谈话，如有可能最好避开，让同事感到方便。不要擅自接听同事的手机，即使同事不在场或忙于其他事情，也不要“好心帮忙”，因为这种帮忙可能给你带来麻烦，你只需告诉对方手机在响就可以，不需过分热情。

案例

小赵是一位非常聪明的姑娘，性格开朗大方，对人坦诚，喜欢帮助别人，看到同事有事就喜欢打听，而且心里装不下事情，自己的一些事情总喜欢说给同事听。别人有为难事，也喜欢张罗着帮忙解决，刚开始同事都很喜欢她，但时间长了，都开始躲着她。她很不理解，索性调到了另一个单位。可过了一段时间，又出现了相同的情况。小赵非常苦恼：为什么我对别人那么真诚，别人却不喜欢我呢？其实原因很简单，就是她与同事之间

没有“保持一定的距离”。

5. 同事之间要“一视同仁”

每个同事都是不同的个体，因而存在性别、性格、年龄、阅历、能力、家庭、文化水平等方面的差异，同事之间虽熟悉，但不同于朋友，在工作中需要和自己喜欢的及不喜欢的同事共处一室，在交往态度上，特别是在上班时间，一定要保持一视同仁、平等对待。在工作方面，同事之间应相互协作；在贡献方面，应当提倡彼此竞争；在荣誉方面，应当礼让谦恭。

6. 同事之间不要议论上司

同事间应该以交流工作、学习为主，多谈谈公司的发展前景，多沟通客户信息，避免议论上级的事情，更不要发牢骚，因为这些话很容易就传到领导的耳朵里，这样就会使人际关系产生裂痕，弄不好会被上司报复。

7. 对同事中的年长者要注重礼节

通常情况下，在单位中年长者经验丰富，注重自尊，在领导心目中的地位也比较高。因此，在与年长者相处时，应该充分尊敬他们，积极接受指导和忠告，这样既有利于工作，又能维系好的人际关系。

8. 异性同事相处要注意分寸

职场上男女共事是司空见惯的事情。俗话说：“男女搭配，干活不累。”由于男性和女性在工作中可以相互平衡，互相帮助，发挥各自的优势，弥补不足，因此可以起到事半功倍的效果。但男女同事在交往中要把握好尺度，不可交往过密，引发家庭和社会矛盾。男女同事交往要注意：

(1) 男女同事不要单独在关门的办公室里长谈，出差时，不要单独去异性房间谈工作。

(2) 不穿暴露或不雅服饰。如夏天女性不穿透明或超短的衣裙，男士不穿背心短裤等。

(3) 要相互帮助，需要体力的工作，男同事要多付出些，女同事应向男同事道谢，以示尊重。

(4) 不做无礼的举动；不随便开玩笑；不说带“色”的话题；不谈论各自的感情；男女同事不可打打闹闹，不可随便接触对方身体任何部位。

(三) 职场沟通

沟通两个字，说起来简单，做起来却大有学问。人们在职场每天与同事打交道，哪些话该说，哪些话不该说，怎么说，这里面有很多技巧，沟通技巧运用得好，可能就会事半功倍。

1. 职场沟通的关键点

(1) 称赞和祝福要当场表达。

当听说一起工作的同事完成了一件重要任务，或成绩优异受到奖励，或遇到个好的机遇等，要为对方感到高兴，当场表达你的祝福或称赞。及时的祝福和赞美，能使对方感觉到“你和他一样高兴”，让他感受到你的真诚。错过时机再表示的话，则容易让对方觉得你对此事不悦，或对同事漠不关心，甚至误解你心存嫉妒。所以不要因为工作忙，或不愿当场凑热闹而延后。

(2) 道歉要在事发当天。

与同事闹矛盾了，如果是自己的过失，冷静之后，要尽快表示歉意，说声“今天是我考虑不周，非常抱歉”；即使认为自己没有错，也不妨说句“我上午情绪有些激动”，不要“死要面子”，不愿说句道歉的话，也不要想着过几天再去解决，时间越长隔阂越深。一句客气话，即使不能“立竿见影”打消对方的怒气，也会大大缓和对方的情绪。如果一直僵持着，则可能“越想越生气”，错过和好的机会。

（3）提醒他人越早越好。

“当局者迷，旁观者清”，每个人都难免陷入困境，看到同事遇到麻烦，或一时想不到好的解决办法，要积极为同事出谋划策，也许就能让他少走弯路、摆脱苦恼。即使对方没有采纳意见，也会对你的关怀心存感激。

2. 沟通的技巧

（1）主动交流沟通。

人与人感情的建立往往在于长时间的交流与沟通，同事间的关系也是如此，在工作之余可以主动找同事聊聊天或者一起去喝杯咖啡，时间一长，双方的戒备心理就会减弱，两个人的感情也会变得越来越好。

（2）多一些赞美，少一些批评。

马克·吐温说过一句名言：“我接受了人家的称赞之后，能够凭着这份喜悦生活两个月。”可见赞美之“功效”。赞美会令人感到愉快，在职场上每个人都希望得到别人的肯定，所以要善于发现别人的优点和长处，并且在适当的时候加以肯定和赞美，这样可以使关系更加融洽。做“送人鲜花的人”，不做“抛人泥土的人”，那么你一定能受到同事的喜欢。比如：工作中，恰当地给同事一些赞美，例如“您的观点很独到”“您的计划很有趣”“您的工作值得称赞”，这样的话语能把你和同事的关系拉得很近。而像“你的想法太愚蠢了”“你的工作能力太差”“你要改改你的缺点”这类的语言会让人觉得很刺耳。美国著名的演讲家戴尔·卡耐基说：“矫正对方错误的第一个方法，就是批评前先赞美对方。”如果在批评前，先抓住对方的长处给予真诚的赞美而后批评，就能化解被批评者的对立情绪，使批评在和谐的气氛中进行，达到非同一般的效果。

（3）善于倾听。

任何谈话都是说与听的双向循环。听，不仅是接收信息的主要手段，还是反馈信息的必经渠道。有资料表明：日常语言活动中，“听”占45%，“说”占30%，“读”占16%，“写”占9%。不难看出，“听”在日常交际活动中的重要性。如今，职场上的人们，每个人都有自己的思想与个性，大家都喜欢表达自己的想法，坚持自己的主张。然而正是这一点，导致了职场中的许多人际关系矛盾。人们往往只关注自己的想法、自己的感受，而很少去倾听他人的想法与情感。要学会让别人讲话，不要只是自己一个人滔滔不绝、夸夸其谈，毫不理会旁人的感受；抢尽风头，不给别人说话的机会，硬要别人听你自以为是的说教，那么不管你说得多么精彩，总会让对方感觉处在被动接受的状态。让别人说话，发表他自己的见解，有利于同事间的相互理解和沟通。所以，只要你学会了倾听他人，你就会获得更多人的认同及好感，进而获得更多的友谊与机会。

另外，尽量别打断别人的谈话，诸如抢说、争辩等都应力避，若确实需要中断别人的谈话，也该首先表示歉意，并告知对方理由，获得对方的谅解许可后才开口。不要忽视必要的礼节，贸然开口。当别人谈兴正浓，被你突然打断顿时会兴致全无，造成尴尬的局面。

（4）保持合适的距离。

职场不同于学校，在学校里朋友间可以亲密无间，但在职场上要学会与同事保持适当的距离。每个人都有自己的私人空间，有自己的隐私，同事之间在一起天南海北都可以聊，但是不要涉及隐私，即使是同事自己告诉你，你在发表意见的时候也要三思而后行。

（5）多发表正面言论，忌满腹牢骚。

职场上很多时候同事之间需要合作，在一个团队中千万不能搞个人主义，要学会与团队成员沟通，同心协力完成工作。合作过程中，要表现出对人对事积极的态度、认真投入的精神，多提建议、意见，保持高昂的情绪状态。不要公开传递负面的信息和情绪，散发"负能量"，经常唉声叹气、大吐苦水，这样会影响气氛，让别人不愿意和你一起工作。即使遇到挫折、饱受委屈、得不到领导的信任，也不要牢骚满腹、怨气冲天。这样做的结果，只会适得其反，要么招人嫌，要么被人瞧不起。

（6）学会化解矛盾。

同事之间出现矛盾是很正常的事情，当出现这种状况时不要硬碰硬，这样对双方都没有好处，我们要学会换位思考，如果不是很严重的矛盾可以选择主动打破僵局。

案例

小王和小李是关系很不错的同事，一起干一个项目，工作上配合默契，生活上互相关心，经常中午一起去食堂吃饭，下班有时还一起逛街。有一天，因为工作上的原因领导把小李叫去批评了一顿，但由于忙着开会就没有来得及找小王。小李心想光批评我，而没有找小王，一定是她跟领导说了什么，于是就不愿理睬小王，而小王根本也不知道领导找小李干什么，所以觉得小李无缘无故耍脾气，也很生气，于是两人关系紧张起来，从好同事变成了仇人。其实如果当天双方把事情说清楚就不会发生这样的事情了。

（7）要调整心态，不要自命清高，认为和同事无话可聊。

在职场中，想要和同事愉快相处，自己首先要抱着积极融入大家之中的想法，平时多留心周围同事关注的事情，比如房价、交通等，或者可以把近期的新闻作为话题，也是一个不错的选择。和年轻人在一起，可以谈谈时尚或生活中的趣事；和有孩子的同事在一起，话题可以是孩子的培养；和年长的同事可以聊聊养老问题。在平时要多留心同事的爱好和性格，寻找共同的兴趣点。

（8）巧用语言。

沟通中的语言至关重要，应以不伤害他人为原则，要用委婉的语言，不用直接伤害的语言；要用鼓励的语言，不用斥责的语言；用幽默的语言，不用呆板的语言。

3. 语言规范

职场人言语是否得体，体现着其文化素养。办公场合中，什么话可以讲，怎么讲，对什么人讲，讲到什么程度等都有火候和分寸的问题，需符合得体的原则。

（1）讲究语言的礼貌性。

中国自古就是个礼仪之邦，在任何场合与人见面，都应礼貌地与人交谈。语言的礼貌性可以反映出一个人对社会文明的认知程度。要注意尊称、敬辞、敬语、其他礼貌用语，如对年长者称呼"您"、让对方帮忙要用"请"、得到别人恩惠要说"谢谢"、给对方添麻烦要用"对不起""打扰了"等礼貌用语。

（2）讲究言辞的恰当性。

说话用词要准确、恰当，既不能用词粗鲁，也不能浮夸，要自然恰当。粗鲁的语言伤了别人的同时，也毁了自己的人格；夸张的言辞很难让人产生信任感；热情过头的用语显得肉麻，给人“阿谀奉承”的感觉。

（3）讲究言辞的技巧性。

在你来我往的言语交流中，少不了语言的技术处理。得体的变换语调、语气可以使所讲内容更加生动有趣。同事间讨论发生争议时，语气要中肯得当，要委婉，音量要适中，多使用征询口气来表述，例如“我可不可以这样修改你的方案?”“你认为我这样做行吗?”。少用“我”字，多用“您”字，即使是熟悉的同事，语言交流同样要体现尊重，经常说“您认为呢?”，而不是“我想应该……”。

（4）巧用婉言拒绝。

工作中，同事之间应当互相帮助，答应别人可以直接说“好的”“我愿意”“没问题”，但有的请求无法满足，拒绝就不能简单化了。得体的拒绝需要技巧。直接拒绝与婉言拒绝产生的结果是不同的。婉言拒绝可以帮助你得体地打破进退两难的僵局。一般情况下，婉言拒绝的方式有如下几种：

1）找个理由委婉谢绝，如“你能来参加今天的晚宴吗?”“谢谢，我已经有约了。”

2）先肯定后否定，如“你愿意帮我做吗?”“我很愿意，可真抱歉，我现在实在没有时间。”

3）阐明后果再拒绝，如“把这个给我用用吧。”“真抱歉，如果给了您，我就干不了了。”

4）引导对方自己放弃，如钱钟书先生在拒绝一位很想拜访他的美国女士时说：“如果你吃了一个鸡蛋觉得味道不错，又何必要认识下蛋的那只母鸡呢?”

4. 办公室禁忌用语

作为职场人，要懂得语言的“场合原则”。要了解哪些语言在哪种场合可以用，说出来无伤大雅，而哪些语言是绝对不能说的。办公室是一个容易产生利益冲突的是非之地，同事是工作伙伴，不能要求同事包容和体谅自己，同事之间要保持友好的关系，需要平等、礼貌地对待他人。在办公室里哪些话不该说呢?

（1）不能炫耀自己。

不管是自己的财富，还是自己的能力，或者是姿色，都不能拿来作为炫耀的资本。如果过度表现自己如何能干，如何被上级赏识，如何被众人赞美，都容易引起他人的不满，会招人嫉妒，在办公室里被孤立。因为过分张扬自己，其实也是变相地轻视、侮辱别人。

（2）不要大谈理想。

交谈中总是大谈自己远大的理想和抱负，表现得野心勃勃或者狂妄自大，都是不成熟的表现。要么引来别人的讥讽，要么触发竞争矛盾。整天说“我要成为……”，老板听了认为你不安心工作，同事会认为你要争抢“饭碗”，至于后果就不言而喻了。

案例

李钢以优异的成绩从名牌大学毕业后，进入了一家传媒公司做网络编辑工作。刚工作两个月，他就发现公司所出的稿件都是些促销信息和新闻通稿，而少有真知灼见的深度报道。于是，他就写了一份非常长的建议书直接呈给老板，希望得到重视。结果这一举动惹恼了他的上司和全体同事，他们认为李钢根本不了解员工每天的工作强度，大家单单是完成每天规定的网上信息更新就已经花掉了相当长的时间，根本没有精力再做深度报道。大家议论纷纷，对李钢的做法非常不满，认为他出风头，想表现自己。他的上司认为他是一个不懂得工作伦理的人。最后，老板不得不提前做出解聘他的决定。

（3）不要叙说自己私事。

工作时，不要谈论自己的感情生活、家庭财产、生理健康问题等。心理学家调查研究发现，只有1%的人能够严守秘密。如同事间将个人私事说来道去，有朝一日，必然招来损害尊严、令人耻笑的后果。

（4）不可公开谈论薪水。

不要探听同事的薪资。同事之间工资往往有差别，打听别人的薪资或说出自己的薪酬有可能既得罪老板，又惹恼同事。老板不希望你公开他同工不同酬的秘密，同事不管他的薪水是比你高还是比你低，都会有抵触你或嫉妒你的心理，还会把矛盾与不满的情绪带到工作中。

二、与上司相处之礼仪

（一）相处的原则

从工作的角度看，不管是年龄比你大还是比你小，资历比你深还是比你浅，上司就是上司。所以，下属要尊重上司，服从上司，维护上司的尊严。职场新人在与上司相处的过程中，修炼良好的礼仪，与上司保持良好的关系，是顺利开展工作的重要条件，也是保持自己身心愉快、事业进步的重要因素。与上司相处需要注意以下几个原则。

1. 维护领导的权威

在与上司的相处中，很关键的一点是维护上司的尊严。因为上司所处的地位不同，看问题的角度不同，他不仅要考虑员工个人的情况，还要兼顾部门或公司整体要求，所以不要从你的角度评判上司的决定。

（1）顾及上司颜面。

在语言、行为举止方面要注意尊重上司，维护上司的颜面。上司理亏时，要给他一个台阶下；当和上司发生冲突时，要尽量让自己冷静下来，一时冷静不下来，要先离开，待冷静后再与上司交换意见，不要当众冲撞领导。

案例

上司吃过午饭要和客户继续谈判，因为吃饭仓促，饭后忘了擦嘴，嘴角上留下了喝汤的痕迹，不太雅观。可是这时客人们都已陆续到会议室落座了，此时作为下属如果直接提醒上司嘴角的遗留痕迹，就会使上司面红耳赤。有经验的下属会上前为上司倒茶，在倒茶的同时用自己的身体把上司掩护住，悄悄地示意他擦一下嘴角。这就是聪明的下属。

（2）适度坚持原则。

如果上司确实提出了错误要求或存在错误想法，下属应该合理地坚持原则，避免上司的错误带来严重后果，但注意不要当众纠正，要私下提醒，提醒时注意语言的委婉。这样既有利于工作，又保全了上司的面子。

案例

某企业科长在一次全体会上布置工作时，错把3月5日召开的企业员工素质培训讲座的时间说成了3月3日，此时作为下级该怎么办呢？显然这种场合，站出来纠正，看似为了工作，但是，一定会让上司难堪，正确的做法是领会通知精神，然后私下对科长说明正确的讲座时间，再设法私下通知员工正确的培训时间，而不是在大庭广众之下当即纠正。

（3）不能让上司给你道歉。

工作中下属要顾及上司的颜面，即使被上司错怪，也不要要求上司向自己道歉，否则将无法处理好与上司的关系，无法与上司和睦相处。被上司错怪，有时是上司借题发挥，在不方便批评、指责某人的情况下，指桑骂槐，作为下属应该能体察上司的良苦用心；有时是代人受过，比如，上司自己做错了，面对客户不好意思承认，便会批评下属，让其承担责任。当然一般情况下，上司会在事后给你一些暗示或补偿，所以，做下属的不要抱怨代人受过，要理解上司的处境。

案例

总经理在一次会议上当众错怪了王部长，而且言辞比较激烈。事后，总经理无意发现错怪了王部长。两个星期后的又一次中层管理者会议上，总经理说："两星期之前的中层管理者会议上，我严厉地批评了王部长，为什么要骂王部长，大家想过这个问题没有？像王部长这样年轻有为、积极肯干的部长我怎么忍心批评他呢？我是鞭打快牛，优秀的人骂得多一点，迫使他进步更快，希望各位都要向王部长学习。"

2. 服从第一

（1）听从命令，服从指挥，领导考虑的是全局，不要从个人或局部利益出发不服从工作安排，对有明显缺陷的领导积极配合工作是上策。

（2）领导交办的任务有困难时，一定要勇于承担，显示出你有胆略和能力，而不要逃避困难，缩手缩脚。

3. 请示的艺术

（1）遇事要请示，但不可乱请示。

在接受上司委派的某些工作后，不要想当然，要及时向上司请示工作的要求，或具体的做法。但是请示需要讲究原则，值得请示的问题才请示，过于细微的问题应该自己做决断，不要盲目请示，事事请示。

（2）请上司做选择题。

上司将工作交代给你，就不会过于关注这项工作的细节了，作为下属应该具有工作自觉性，对具体问题的处理应有独立的见解，在向领导请示时应该提供若干方案，让上司做选择，这样做既有利于上司迅速做出决策，又有利于下属工作水平的提高。而不是让上司做问答题，你问该怎么做，让上司给你出主意。

案例

部门经理为总经理交办的项目去请示总经理，事先他认真调查，反复思考，考虑了A、B、C三套方案，他带着这三套方案来向总经理请示。总经理在三套方案的基础上提出了自己的看法，其思路更具有开阔性和全面性，能够考虑到各种方案的可能后果，在比较中做出选择或形成新的方案，继而做出科学决策。

4. 让上司做好人

下属应该懂得让上司做好人，自己则充当坏人角色，这就是俗话说的“一个唱红脸，一个唱白脸”。这种组合很具中国特色，可以在很多领域内运用，而且效果颇佳。例如在与客户洽谈生意时，双方为价格交涉，这时下属坚持不让步，最后让上司出面做出让步，满足客户的要求。这样一来一方面生意做成了，对方感觉如愿以偿，认为这个上司为人不错，另一方面上司也感觉很有成就感。

5. 切忌议论上司的是非

中国的文化传统讲究等级秩序，不提倡对上司品头论足、私下议论上司的私事或隐私。在职场上每一位下属都要配合自己的上司做好工作，上司可以说是自己职业生涯中最大的客户，因此必须让上司满意。我们倡导不评论同事的是非，不随便传播同事的传言，当然对上司更要如此。

6. 不抢上司的风头

尊敬上司体现于在具体而细微的言行中对于上司权威的自觉维护，比如某些场合中座位的安排、常规礼节等。例如与上司一起拜访客户，需要注意自己要退后上司半步，但是即将与客户见面时，应上前一步抢先向对方介绍上司，然后向上司介绍客户；与上司出门坐车，需注意首先把后边的车门打开，让上司先上车，然后自己再上车；与上司一起上楼梯需注意让领导走在前面，下楼梯时自己走在前面。这些都是维护上司权威的具体表现。

(1) 切忌熟不拘礼。

有些下属认为自己与上司私交很好，说话没大没小，遇到特殊场合也不拘小节，这是很失礼的。要注意不可在外人面前表现得与上司过于亲密，应保持一定距离，注意礼节。

(2) 回避不该出现的场合。

下属应该清楚不该出现的场合要主动回避。例如向上一级领导汇报工作时，上司没有通知你到场，就应该回避，即使让你在场，没让你发表意见，也不应随便插嘴。发表意见应注意分寸，不可盲目表现自己，喧宾夺主，更不要与上司抢功劳。

案例

部长让部门一位私交很好的年长的业务员陪同一起宴请客户。在宴会上，这位业务员没等部长说话，就招呼大家举杯、干杯，而且言谈中常常喧宾夺主，偏离部长谈话的主题，部长很是不悦。宴会后，部长带领客户到车间参观，客人看到一台机器的灯一闪一闪，就问为什么，没等部长开口，他又抢先答道：“灯闪说明机器已经损坏了。”部长气得要命，事后狠狠地责骂了他一番。

7. 工作要有独立性，要独当一面

(1) 要有独立的见解，在上司征求大家对于某项工作，或开发项目的意见、想法时，要敢于提出自己的想法和思路，工作中要积极主动，敢于承担。

(2) 苦干加巧干。不怕吃苦，勇于承担是好的，但是也不能一味地傻干，要动脑筋，想办法，力求少投入、多产出，高效完成领导交办的任务，这也是得到上司赏识的关键。

(3) 工作中应积极思考，不断创新，对工作要有耐心、恒心和毅力，不要遇到一点困难就退缩，要能够想到或提出其他同事忽略的问题。

(二) 相处的礼仪要点

1. 摆正上下级关系

要摆正关系，正确的做法应该是不卑不亢，坚信人格上与上司是平等的。平时保持适当的距离，既不要称兄道弟，也不要躲着上司。工作上应该勤奋积极，成为上司的好参谋和助手，要经常主动向上司请教。私底下应该尊重上司，做到不议论、不贬低上司。对于其他部门的领导也要一视同仁地尊重和服从，不要亲疏有别，不能“越位”请示或汇报。上司与下属分工不同，不能相互替代，否则就会带来工作上的混乱。工作中，下属对上司最大的支持，不仅是出力干活，而且是做好上司分配给自己的那份工作。如果你做了你不该做的事，结果可能会被视为心术不正，最后落个出力不讨好的下场。

2. 不可锋芒毕露

与上司交谈的时候，不可锋芒毕露，做出一副咄咄逼人的样子。你的聪明才智需要得到上司的赏识，但如果你在他面前故意显摆自己，则不免有做作之嫌。上司会因此而认为你是一个恃才而骄、狂妄自大的无知之辈，在心理上难以接受你的能力。

3. 与上司过度亲密就是失礼

无论上司如何喜欢你、欣赏你，都不要得意忘形、不拘小节、冒冒失失，要注意保持得体的仪态，遵循礼貌相处的礼仪。比如，上司正在开会或处理一些重要公务，你不可以轻易闯进去打断，应该等候或之后再来。除非遇到紧急公务，你才可以中途进去，但要注意彬彬有礼。再如，在工作时间有事找上司，说话要简洁，不要绕弯子，不要唠叨，不要谈些无关紧要的话，要快速进入正题，这样才能给上司留下好印象。此外，进入上司办公室，不管上司在不在，都不能随意翻阅上司桌上的资料或文件。

4. 恰当赞美你的上司

上司也是人，也需要从别人的评价中了解自己的成就及在别人心目中的地位。发现上司的某个优点时，可以表达出你的赞美之意。当受到称赞时，他的自尊心会得到满足并对称赞者产生好感，拉近彼此之间的距离。下属喜欢上司，上司自然也喜欢下属，这是人际吸引中相悦作用的结果。

5. 正确对待上司的批评

通常情况下，上司总要对下属的工作做出评价。当上司批评你时，你要诚恳接受。犯错误本身并不影响上下级关系，关键是犯了错误之后，接受批评的态度。如果你被批评后板着脸，表现出不快，上司会认为你不服气，在抗议。如果你被批评后，找来一大堆理由为自己争辩，上司会认为你强词夺理，这些都是大忌。相反，当你被批评后，如果能够谦虚接受，并适当地做一些自我批评，则可以缓和僵局，让上司赏识。

6. 慎重对待上司的失误

作为下属，当你的上司在工作中出现失误时，千万不要表现出幸灾乐祸的样子，或者保持冷漠旁观的态度，这样会让上司感到寒心，从而疏远你。在上司陷入困境时，如果你能担责任就担责任，不能担责任，则可帮助他分析原因。记得要对上司多加劝慰，不要指责他、嘲讽他。否则，会把你们的关系搞僵。

三、与客户相处之礼仪

（一）相处的原则

1. 客户的含义

客户是谁？客户就是购买我们的产品、方案以及服务，能够使我们企业获得利润或利益的个人和组织。客户为什么会选择我们呢？这是因为客户不仅看中了我们公司的产品与方案，更重要的是，看中了我们的服务。在产品、方案及其价格没有很大差异的情况下，如何让客户选择我们，而非我们的竞争对手，就看谁的服务更能赢得客户的认可。

2. 与客户相处的原则

与客户相处，必须遵循以下八个原则：尊重与热情、诚信、追求效率与质量、沟通与反馈、首先解决问题、一站式服务、投诉与改进、不放弃底线。

（1）尊重与热情原则。

尊重客户与热情服务是第一位的，无论什么情况下，尊重客户都是第一重要的；在很多情况下，与问题本身相比，客户更看重我们解决问题的态度，所以请发自内心地将你对客户的尊重，透过你的笑容、语言及行动表达出来，同时在电话交谈中，也要充分表达对客户的尊重。

（2）诚信原则。

诚信守约是在与客户相处中必须要做到的。不讲诚信，就不可能维护好客户关系。讲诚信包括：不向客户提供伪劣产品；不向客户承诺无法兑现的服务；遵守并按时兑现对客户的承诺，说好什么时候办的事，一定按时办妥。

（3）追求效率与质量原则。

要以最快的速度响应客户的服务请求，并以最快的速度为客户解决问题，此外，还应该为客户提供高质量的产品及服务。

（4）沟通与反馈原则。

在与客户的接触中，应主动、经常、有效地与客户保持沟通，认真倾听客户的需求及意见，对客户提出的问题与要求，应立即解决，并及时将处理结果、意见或进程在第一时间给予反馈，遵守双方约定的反馈时间。

（5）首先解决问题。

我们与客户合作，是为了寻求双方的利益共同点，是为了帮助客户解决问题，所以，当客户找到我们，要求处理在产品、服务等方面的问题时，要知道客户是在寻求协助以解决问题，而我们的目标与责任就在于此。每一位员工都有责任、义务为客户解决问题，每一位员工也都有权利要求公司各部门及人员共同为客户解决问题和提供良好的服务，应尝试一切可能的办法为客户解决问题或满足其需求。

（6）一站式服务原则。

建立一站式服务体系，让客户感受到方便简捷。当客户找到你协助处理问题时，不能以你不负责、不了解此事，甚至以无暇处理此事为由进行推诿。既然客户已经找到你，就应该先承接下来，然后协调内部资源进行解决，并及时将处理结果反馈给客户。

（7）投诉与改进原则。

任何员工都有权利对其他部门或员工的不良服务提出投诉及改进意见；都有责任将客户的投诉或不满意见反馈给有关部门或人员；都有义务对现有客户工作中存在的问题提出改进意见。

（8）不放弃底线原则。

当客户存在以下问题时，不能放弃底线，必须坚决拒绝：

1）诈骗及恶性欠款的可能。

2）客户在价格、付款条件、服务等方面的要求，损害了我方利益，而且是长期无法弥补的损失。

3）客户提出违反法律或财经纪律的要求。

3. 与客户相处的礼仪规范

职场礼仪以尊重为第一原则，通过提供热情、周到的服务来体现。尊重客户，关心客户，不但不是自我卑下，反而是一种高尚的职场礼仪。特别是对待出言不逊的客户，同样应给予尊重，友善对待。对客户友善、尊敬，是处理与客户关系的重要原则。客户代表应身体力行，自觉遵守和执行，并养成良好的习惯。

（1）五个严禁。

1）严禁脸难看、话难听、事难办。

严禁态度冷淡、生硬、专横，给客户脸色看，说话难听，刁难客户，或以各种理由回绝客户的要求。

2）严禁不遵守承诺。

严禁出尔反尔，不守时，或不履行对客户的承诺。

3）严禁没有反馈。

严禁对客户提出的要求或意见处理后，不及时给予反馈。

4）严禁办事拖沓。

严禁不及时处理客户的需求或意见。

5）严禁推卸责任。

严禁以不是自己负责或自己无法解决等理由推诿，或推卸服务过程中自己的责任。

（2）五句常用语。

1）“您好，我能帮您做什么？”

2）“您的要求我已经记录下来了，我会在××时间前给您确切的答复。”

3）“请您放心，我会尽快为您办理。”

4）“您要求的事情，我已经为您办妥了，请放心吧。”

5）“谢谢您的配合与支持。”

（3）五句不能说的话。

1）“别找我，我不管这事。”态度生硬．推卸责任。即使你不负责此事，不了解情况，为了公司的利益，也应该这样处理：“对不起，这项工作由×××负责，请您与他（她）联系可以吗？他（她）的联系电话是××××××××。”如果客户来访，可将其引至相关部门找到负责此工作的人员。

2）“我该办的都办了，其他部门不配合（或领导不批），我没有办法。”推卸责任，没有尽力为客户解决问题。公司内部配合上的问题，不应暴露给客户，这样会影响公司的形象。所以，应该积极与其他部门协调，要求相关部门给出确切的解决方案与时间，然后，回复客户确切的解决方案与时间，如果未能按原约定的时间或方式办理，应向客户致歉。

3）“这不符合我们的规定。”态度生硬，不够周到。即使客户的要求确实违背了我们的“不放弃底线原则”，也应该向客户解释我们的规定是什么，同时向其建议可行的解决方法。如果客户的要求是合理的，只是由于内部流程及审批手续等原因无法办理的话，可跟客户解释，并协调关系。

4）“这件事情有难度，我办不了。”这样的说法明显是怕困难，没有尽力为客户解决问题的诚意。应该协调一切可能的资源，为客户服务。如果确实有困难无法立即满足客户的需求，应说明情况，请客户给协调问题的时间，然后着手解决。

5）“别催了，最近有个大项目，你们那个还没顾上呢。”办事拖拉，态度蛮横，对客户亲疏有别。对待客户不能采取这样的态度，应该想办法获得客户的理解，并马上催办。有时负责的项目多，工作忙，可能需要有轻重缓急，但是客户是平等的，不能厚此薄彼。

（二）谈判礼仪

商务谈判礼仪，是指人们在从事商品流通的各种经济行为中应当遵循的一系列行为规范。商务谈判礼仪与一般的人际交往礼仪不同，它体现在商务活动的各个环节之中。

1. 主、客座谈判的礼仪

主场谈判、客场谈判在礼仪上习惯称为主座谈判和客座谈判。主座谈判因在我方所在地进行，为确保谈判顺利进行，我方（主方）通常需做一系列准备和接待工作；客座谈判因在对方所在地进行，我方（客方）则需入乡随俗，入境问禁。

（1）主座谈判接待礼仪。

主座谈判接待礼仪包括接待准备和迎送工作的相关礼仪。

主座谈判，东道主一方出面安排各项谈判事宜时，一定要在迎送、款待、场地布置、座次安排等各方面精心周密准备，尽量做到主随客便，主应客求，以获得客方的理解、信赖和尊重。接待准备包括：1）成立接待小组；2）了解客方基本情况，收集有关信息；3）拟订接待方案。

在迎送工作中，主方人员应准确掌握谈判日程安排的时间，先于客方到达谈判地点，当客方人员到达时，主方人员在大楼门口迎候。亦可指定专人在大楼门口接引客人，主方人员在谈判室门口迎候。提前索要客方代表团成员的名单，了解其姓名、性别、职务、级别等，以此确定接待规格。谈判结束后，要安排车辆将客人送到酒店或机场（车站）。

（2）客座谈判的礼仪。

所谓客座谈判，指的是在谈判对象单位所在地所举行的谈判。一般来说，这种谈判显然会使谈判对象占尽地主之利。“入乡随俗、客随主便”，客方会对一些非原则性问题采取宽容的态度，以保证谈判的顺利进行。要明确告诉主方自己代表团的目的、成员人数、成员组成、抵达及离开的具体时间、航班车次、食宿标准等，以方便主方的接待安排。

谈判期间，对主方安排的各项活动要准时参加，通常应比约定时间提前5分钟到达约定地点。到主方公司做公务拜访或有私人访问要先预约，对主方的接待，在适当的时间以适当的方式表示感谢。客座谈判有时也可视双方的情况，除谈判的日程外，自行安排食宿、交通、访问、游览等活动。

2. 谈判人员个人基本礼仪

(1) 谈判者的仪表。

仪表是谈判者形象的重要方面，在商务谈判中，谈判者的仪表可以反映出谈判者的素养，仪表的修饰不仅可以体现出谈判者自身的自尊、自爱，同时还体现出对谈判对象的尊重。谈判者的仪表对谈判是否成功有一定的影响，特别是初次谈判，最初印象主要是通过谈判对象的外部形象形成的。

1) 仪表的修饰。

谈判者仪表的修饰是形成谈判者个人良好形象的手段。适当的修饰，体现一个人的修养、气质和追求。具体来讲需要注意：发型要整齐；面部要保持清洁；口腔不要有异味、异物；双手清洁；皮鞋光亮。

2) 女士要化妆。

女士要适当化妆，漂亮的妆容不仅让人赏心悦目，同时还能给自己一个好的心情。

(2) 谈判者的服饰。

在商务活动中，得体的着装不仅反映一个人的修养与气质，同时也表现了对他人的尊重。因此每个商务谈判人员都应该注重着装礼仪。谈判者着装原则是合身、合意、合时。

案例

瑞士某财团副总裁率代表团来华考察合资办药厂的环境和商洽有关事宜，我国某国营药厂出面接待安排。第一天洽谈会，瑞方人员全部西装革履，穿着规范出席，而中方人员有穿夹克衫、布鞋的，有穿牛仔裤、运动鞋的，还有的干脆穿着毛衣外套。结果，当天的会谈草草结束后，瑞方连考察的现场都没去，第二天找了个理由，匆匆地就打道回府了。

分析：商界着装重视与场合气氛相吻合，商务洽谈是关系大局的事情，应选择正式、规范的服装出席。如果穿着随意，既不尊重自己，也不尊重他人，同时也会被认为是不重视这次活动的表现。

(3) 谈判者的举止。

在商务谈判中，保持规范、得体的姿态是比较重要的。这就要求谈判者具有良好的坐姿、站姿和走姿。

(4) 谈判者的表情。

表情在商务活动中起着十分重要的作用。眼睛是心灵的窗户，能表现人深层的心理情感。双方在交谈中，应注视对方的眼睛，以示尊重别人，但是，当双方缄默无语时，不要长时间注视对方的脸，以免造成对方的尴尬．在与多人进行交谈时，要经常用目光与听众进行沟通，不要只与一个人交谈，冷落其他人。

微笑是最富有吸引力的面部表情。微笑可以消除冷漠，温暖人心，使人际关系变得友善、和谐、融洽。在商务活动中，不要有憨笑、傻笑等不成熟的笑容，不要有冷笑、皮笑肉不笑等不诚恳的笑容，不要有大笑、狂笑等不稳重的笑容。

（5）谈判者的风度。

风度，是人们在一定程度上的思想修养和文化涵养的外在表现，是通过人的外在行为显现出来的。风度也是一种魅力。在谈判中，谈判者要做到有饱满的精神状态、诚恳的待人态度、健康的性格特征、幽默文雅的谈吐和得体的仪态与表情。

3. 商务谈判中的交际礼仪

（1）见面礼仪。

谈判者见面之际应该遵守交际礼仪，包括：称呼、问候、握手、介绍。在商务活动中，当人们听到恰当的称呼时，便能从心里产生亲近感，使人与人之间的交际变得顺利、愉快。

在谈判时，问候的内容可以是一般的问好，如“您好”“下午好”，也可以寒暄如“最近忙些什么?”等，还可以就某个话题进行简单交谈。一般来讲问候有一个约定俗成的顺序：年轻的先向年长的打招呼，下级先向上级打招呼，男性先向女性打招呼等。

在问候他人时，态度一定要热情而友好，做到话到、眼到、心到。只有这样，才能表现出自己的问候是真心实意的。

（2）握手。

见面行握手礼时，主人、身份高者、年长者和女士一般应先伸手，以免对方尴尬，通常情况下是双方伸手握一下即可，时间不宜超过 3 秒，长时间握手表示亲热，也可双手握住对方的手以示尊敬。注意不要戴手套握手，不要一手插兜握手。

（3）介绍。

自我介绍是第一次谈判时的一个环节，谈判双方的主谈人，首先做自我介绍，然后再把自己代表团的成员介绍给对方。介绍的内容包括单位、部门、职务和姓名。

（4）交换名片。

双方介绍的同时按照名片礼仪交换名片。

（5）洽谈礼仪。

谈判是商务活动的重要组成部分。商务谈判中参加的各方都希望在谈判过程中获得谈判对手的礼遇。

谈判时，作为东道主应在约定的时间前到达约定的地点，迎接对方。在迎接时，迎接的地点可以选在大楼的门口，也可以选择在谈判室的门口。进入谈判室，主人应该和对方的谈判代表一一握手，并请客人先落座，或者双方同时落座，切忌主人首先落座。双方落座后，非谈判人员应该退出谈判室，任何人不得随意进出，以免影响谈判的进行。

座次可以是横向式座席或纵向式座席，如图 4－5 所示。

座次在一定程度上反映谈判者的地位和信心，如果把握不好，有可能影响谈判的进程。因此，商务谈判人员应注意座次的安排，避免谈判双方的落座位置不对等。

商务谈判中，双方的洽谈是严肃的商务活动，言谈举止要更加注意，谈判者要注意谈吐的礼仪，使洽谈的内容更易为对方理解和接受，在寒暄时可以选择一些能够引起对方共鸣或者中性的话题进行，如天气、体育运动等，切忌打探对方的隐私，这样可以起到营造良好谈判气氛的作用。

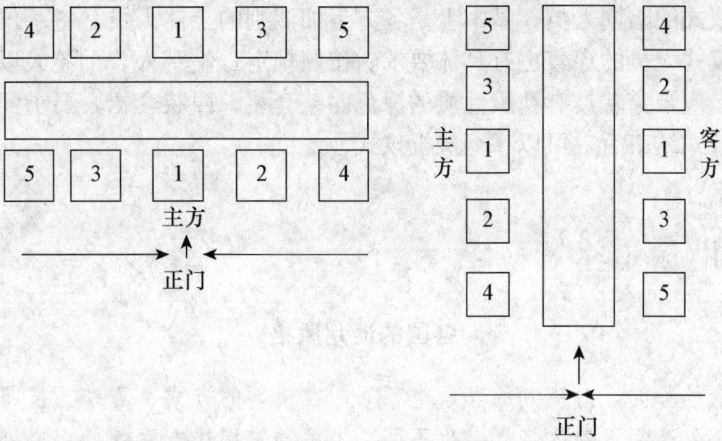

图 4-5　座次顺序

要善于准确把握谈判的语气和语速，这既是商务谈判成功的需要，也是谈判中应该遵循的礼仪。不能用威胁性的语气与语言讲话；说话的速度要平稳，语速以中速为宜，要注意观察对方的反应，以便及时做出调整；言谈要文明、准确，商务谈判必须讲究语言文明。

4. 签字礼仪

商务谈判中，双方达成一致意见后，接下来的就是签字确认双方达成的协议，应认真组织，充分准备。

(1) 准备待签文本。

在商务谈判结束后，双方应指定专人按照达成的协议做好待签文本的定稿、翻译、校对、印刷、装订等工作。双方一旦在文本上签字就具有法律效力，双方就要执行具有法律约束力的合同，因此，对待文本的准备工作应当郑重严肃。应对文件内容逐一核对，按照合同当事方的数量打印文本，确保每个当事方一份。

(2) 签字场地布置。

通常签字场地布置的原则是：庄重、典雅、整洁、大方。陈设上除必要的签字用桌椅外，其他一切陈设皆不需要，比较正规的签字桌应为长桌，铺设的台呢最好为深绿色。

按照仪式礼仪的规范要求，签字桌应当横放。在签字桌后，可摆放适量的座椅。签署双边性协议时，可放置两张座椅，供签字人同时就座。如果签署多边性协议，可以只放一张座椅，供各方签字人轮流就座签字；也可为每位签字人准备一张座椅，供他们同时就座签字。

签字桌上，应事先放置好待签协议文本、签字笔、吸墨器等。如果是与外商签订国际商务合同，必须在签字桌上插放有关各方国家的国旗。

(3) 签字人员。

在举行正式签字仪式之前，各方应将确定好的参加签字仪式的人员，向有关方面通报。尤其是客方一定要将自己一方出席签字仪式的人数提前通报主方，以方便主方安排。签字人可以是最高负责人，但要注意，不论是谁出席，双方签字人的身份应该对等。参加签字的有关各方，事先还要安排一名熟悉签字仪式程序的人，并商定好签字的有关细节程序。出席签字仪式的陪同人员，基本上是各方参加谈判的全体人员。签字仪式的礼仪性极强，出席签字仪式人员的穿着也有具体要求。按照规定，签字人、助签人以及随员，在出席签字仪式时，应当穿着具有礼服性质的深色西装套装、西装套裙，要求配白色衬衫与深色皮鞋。签字仪式结束后，可以举行庆祝仪式。

拓展学习

各国的谈判风格

各国文化背景不同，对谈判的理解也不同，在谈判的方式、方法、技巧及风格上也大相径庭，甚至进入谈判正题的切入点也不同。了解和掌握这方面的知识有助于顺利进行商务谈判。

1. 俄罗斯人的谈判风格与特点

俄罗斯在地理位置上与我国比较接近，中俄贸易比较频繁。而且，两国有较长的共同边境线，双方贸易的历史悠久，特别是最近几年双方合作的领域不断扩大。因此，研究俄罗斯人的谈判风格与特点具有较大的现实意义。俄罗斯人的谈判特点如下：

(1) 墨守成规，办事效率低。

俄罗斯人还没有摆脱计划经济体制的影响，在进行谈判时，他们还是喜欢按计划办事，如果对方的让步符合他们预定的具体目标，则容易达成协议；如果与预定目标不一致，他们则很难让步。

(2) 注重技术性谈判。

俄罗斯人特别重视技术内容和索赔条款等细节的谈判，在谈判中索取的资料也比较全面，要确保引进的技术具有先进性和实用性。与俄罗斯人谈判，要十分注意合同中的用语，语言要精练准确，对合同中的索赔条款也要十分慎重。

(3) 注重礼仪。

俄罗斯人历来以热情、豪放、耿直、勇敢而著称于世。在交际场合，俄罗斯人和初次会面的人习惯行握手礼。但对于熟悉的人，尤其是久别重逢的，他们则大多要与对方热情拥抱。

(4) 较强的讨价还价能力。

俄罗斯人十分善于与他人做生意，善于寻找生意伙伴，善于讨价还价，通常能够使用较少的资金，引进更好的技术。

2. 美国人的谈判风格与特点

美国人生性开朗、自信果断，重视实际，往往以事情的成败论英雄。结合美国的经济与文化，形成了美国人的谈判特点。

(1) 干脆利落。

美国人在商务谈判中，精力充沛，比较直接坦率。他们的喜怒哀乐多数通过他们的言谈举止表现出来，不论是表明自己的观点，还是表达对对方的态度都是比较直接的。

(2) 注重实际利益，讲究工作效率。

由于美国经济发达，生活、工作各方面的节奏快，因此美国人十分珍惜时间，在商务谈判过程中，时间观念特别强，并经常抱怨其他国家的人缺乏时间观念，缺乏工作效率。美国人注重实际利益，还表现在合同的履约率比较高，因为他们一旦签订了合同，就十分重视合同的法律约束力。因此，美国人在商务谈判中对合同及其条款的讨论比较细致，能够合理地解决各种问题。

3. 日本人的谈判风格与特点

日本是资源匮乏、人口密集的岛国。日本人普遍具有民族危机感，讲究团队和协作。日本人的文化受中西方文化的影响，其谈判特点主要表现在以下几个方面：

(1) 讲究礼仪。

日本是一个注重礼仪的国家，日本人所做的一切，都要受严格礼仪的约束。日本人的等级观念较强，即讲究自己的身份、地位等。因此，在商务谈判中，一定要注意自己的地位、身份，以及对方的地位和身份。对于不同身份、地位的人给予的礼遇不同，要适当处理。

(2) 团队意识较强。

一般的谈判人员进行辩论、讨价还价，最后由主谈出面稍做让步，以达到谈判的目的。

(3) 讲究面子。

无论在什么情况下，日本人都非常注意留有面子，或者不让对方丢面子。即使对对方的一些提议或者方案有不同想法，在一般情况下也很少直接地进行拒绝或反驳，而是通过婉转的方式来陈述自己的观点。

(4) 谈判非常有耐心。

一般不率先表达自己的观点和意见，而是耐心等待，静观事态的发展。时间对于他们来说不是最重要的。日本人讲究耐心，精细准备，有条不紊地执行计划。有时为了一笔理想的交易，日本人可以毫无怨言地等待几个月，只要能实现他们预期的目标，或取得更好的结果就行。

4. 德国人的谈判风格与特点

在德国互相了解是交流的首要目标，德国人为自己表达思想的能力感到自豪。他们通常用直接的、坦率的语言来进行交流。

(1) 自信、办事效率高。

德国是世界上经济实力最强的国家之一，工业发达，生产效率高，产品质量好。企业的技术标准十分精确具体，德国人一直引以为豪。因此，在购买其他国家的产品时，他们往往把本国产品作为参照标准，不盲目轻信对方的承诺。德国人在办事效率上享有较高的声誉，他们信奉“马上解决”，所以，在德国人的办公桌上，看不到搁置很久、悬而未决的文件。

他们严守合同信誉，一旦达成协议，很少出现毁约行为，因此合同履约率很高。多数德国人更喜欢符合实际的初始报价，不喜欢“先高后低”策略。

(2) 谈判态度严谨。

德国人相对来说还是比较保守的，他们一般不会当众表露他们的感情，并很少使用手势，不鼓励使用面部表情，尽量避免打断别人说话。德国人的谈判风格是审慎、稳重。他们追求严密的组织、充分的准备、清晰的论述、鲜明的主题。因此，德国人谈判前会花费大量的时间和精力，详细研究与谈判有关的情况。

综合练习

一、思考题

1. 与同事相处的原则是什么？
2. 与上司相处的原则是什么？
3. 与客户相处的原则是什么？
4. 职场上与同事沟通的关键点有哪些？
5. 谈判礼仪包括哪些？

二、案例题

张先生毕业于某高校市场营销专业，就职于某大公司销售部，工作积极努力，成绩显著，三年后升职任销售部经理。一次，公司要与美国某跨国公司就开发新产品问题进行谈判，公司将接待安排的重任交给张先生负责。张先生为此做了大量的、细致的准备工作，经过几轮艰苦的谈判，双方终于达成协议。可就在正式签约的时候，美方代表团一进入签字厅就转身拂袖而去，是什么原因呢？原来在布置签字厅时，张先生错将美国国旗放在了签字桌的左侧。项目告吹，张先生也因此被调离岗位。你认为是什么原因导致谈判失败的呢？

三、讨论题

小组讨论：(1) 如果遇到领导批评自己的工作差错，该如何应对？

(2) 谈判时遇到客户胡搅蛮缠，该如何应对？

任务三　掌握工作规范，深受领导赏识

学习目标

(1) 了解作为职场人，应该懂得的工作礼仪，包括如何汇报工作；如何与客户、同事联络、商谈；如何接受指示，完成领导交办的工作。

(2) 学会和掌握工作礼仪规范和相关技巧。

知识框架

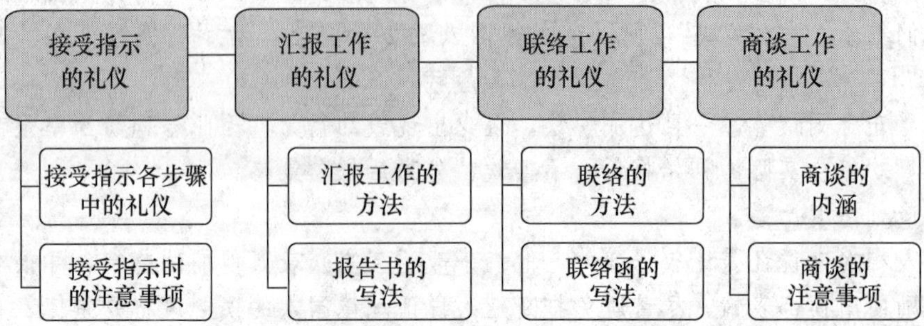

导入问题

T：你知道如何向领导汇报工作吗？

S：知道，去找领导，把工作一五一十地跟领导说清楚，然后问领导是不是可以，就行了。

T：如果领导没有时间怎么办？汇报工作要遵循礼仪，尊重领导的话，要事先预约时间。

人们都说管理难，之所以难，是因为管理的本质是管人，而管人的难点就在沟通上。在企业管理中，经常会出现工作沟通不畅带来的效率不高和人际关系不佳等问题，所以，职场人要想顺利开展工作，必须掌握工作沟通的关键，而这个关键就体现在接受指示、汇报、联络和商谈几个方面。

大家可能都听说过“菠菜原则”，所谓“菠菜原则”，是日本企业管理中最为基本的法则。“菠菜原则”是指工作中沟通的三个基本点，即汇报、联络、商谈，因为这三个词的日语读音的第一个音连在一起与菠菜的发音相同，人们称之为“菠菜原则”。除了这三个方面外，作为刚入职场的新员工学会如何接受指示也是非常重要的。

虽然这些看似属于沟通层面的内容，但实际上与工作礼仪的把控密不可分，既属于沟通问题，也属于工作礼仪的问题。管理大师彼得·德鲁克（Peter F. Drucker）说过：“管理是一种实践，其本质不在于知，而在于行。”“菠菜原则”并不仅仅停留在理念的层面，它有很强的可操作性。

在工作中，每当下属挨批，经常会听到“谁叫你不汇报的？”“你是怎么听的？”“你跟他联络了吗？”“你找他商量了吗？”，可见，接受指示、汇报、联络、商谈在企业工作中是不可缺少的工作礼仪，对于工作的推动非常重要。

“接受指示”，就是上司给你布置工作时，你应该以什么样的态度、姿态、方式接受指示，理解指示，贯彻执行。

“汇报”，就是企业的任何成员都要将工作的情况及时向上司汇报，与同事分享；比如出差回来，要把与客户交谈的情况、收获以及问题汇报给上司。

“联络”，就是对于工作中遇到的困难与问题及时与上司或同事联系、通气；如上班路上遇到堵车可能迟到，你要打电话告诉同事，你何时能到公司，并请同事帮忙临时处理一下你的工作。

“商谈”，就是就工作情况包括遇到的问题，与上司和同事交换意见、向他们咨询，共同商讨对策。

一、接受指示的礼仪

当你的上司向你下达指示，把工作委派给你时，这正是你积极发挥自己的长处，展现工作能力的好机会。上司对下属所要求的事项，通过指示或命令来传达，所以你必须认真聆听指示的内容，充分理解领导的意图，然后发挥你的聪明才智使其得以贯彻和实施。

在职场上，常常出现所下达的指示与工作效果不符的情况，这样的结果，有可能是因为下达指示的领导没有说清楚，也有可能是下属听错了或理解有误，所以，如何接受指示和命令，确保工作的顺利推进显得尤为重要。

（一）接受指示各步骤中的礼仪

1. 上司叫你的名字时

上司指派工作时，第一个动作一定是把你叫到面前，具体布置工作，所以，听到上司叫你的名字时，你必须立即回应，迅速走向上司。

在这个过程中有四个关键点必须牢记：

（1）要面带微笑，用有朝气的声音立刻回答，表现出你较好的精神状态和对工作的热情。

（2）即便心情不好也不要表现出来，不应把情绪带到工作中。

（3）不要用“做什么?”“什么事啊?”“等一会儿”等用语回答，这会让上司反感。

（4）带着你的记事本，以便随时记下领导的指示。人的记忆力有时会出错，所以一定要用笔记录下重要的点，显示出你对工作的细致和对领导的尊重。

2. 记下上司交办事项的重点

（1）眼睛看着上司，认真听，要和上司有眼神的交流，重点的地方要记录下来。

（2）对于没听明白或没听清楚的地方，要在领导停顿时及时提问，不能不懂装懂。

（3）做好记录，一来防止遗漏；二来具有核对的功能，在日后工作中，可以参考你的记录，查看工作内容是否与领导的指示有偏差；三来可避免日后如“没有交代”“没听到”等纷争发生。

3. 理解指示的内容

如果你的理解错了，工作的方向必然会出现问题，最后的结果就不会好。理解指示的内容需要把握好以下几点：

（1）不清楚的地方，询问清楚。不要想当然，也不要不好意思，有疑问或不理解的问题必须及时问，直到搞清楚为止。

（2）尽量以具体化的方式，向上司确认命令的内容。如工作的优先顺序、客户的选择等，要尽可能具体化。

（3）要让上司把话说完，再提出意见或疑问。

（4）用好 6W3H 工具，帮助你理解上司指示。

1）What，指要做的是什么及描述达成命令事项后的状态。经由“What”的问答，你能确认上司期望的东西和你想的东西是否一致。

2）When，是指什么时间完成，工作允许的时间，或什么时间要完成哪一部分的工作。很多事情都是有时效性的，例如会议用的资料，开完会才做好，它的效用已大打折扣，因此对时间的要求，千万不要有任何的疏忽。

3）Where，泛指各项活动发生的场所，不同的场所能代表不同的意义，适当的场所能取得较好的效果。例如年终客户答谢会是在公司内部举行，还是在外面的酒店举行。

4）Who，指完成指令要接触或关联到的对象，如担当者、责任者、参与者。

5）Why，指理由、目的、根据。这一点可以使我们洞悉为什么这样做而不那样做。

6）Which，指各种选择、优先顺序等。这一点能让我们的思考保持更大的弹性，同时让我们知道什么是可能性选择，也提醒我们必须做出选择。

7）How，指方法、手段、如何做。

8）How many，指需要的规模，包括多大、多少，以计量的方式让事情更具体化。例如容纳 30 人的会议室，希望邀请 500 人参加新产品发布会等。

9）How much，指预算、费用。

（二）接受指示时的注意事项

1. 接受命令的时候

（1）准备纸，以便随时记录要点。

（2）自始至终用心听，然后提出问题。

（3）迅速把握上司要求事项的要点。

（4）充分了解内容，并予以正确的判断。

（5）接受命令后，简要地复述一遍。因为你可能有误解或听错，重复一遍是确认的过程，例如：这些文件要在下午 3 点之前复印整理好，送到 321 会议室，共复印 12 份。

（6）当交办的事情有很多项时，必须按照上司的指示，按优先顺序办理，不可自作主张。如有意见时，应按以下要求处理：

1）公正无私地陈述自己的意见；

2）以谦虚的态度坦率地陈述；

3）扼要而不加粉饰地陈述事实；

4）切实接受上司的指示。

2. 接受命令之后

（1）把握时间，有计划地执行。

（2）仔细检查工作成果。

二、汇报工作的礼仪

（一）汇报工作的方法

1. 汇报的内涵

所谓汇报，是指向上级机关或上司报告工作、反映情况，告知执行上司指示的过程和结果，包括：工作结果（完成与否）、工作方法（如何进行的）、工作进展（完成进度）、工作变化（情况环境变化）、工作问题（问题描述）、工作预见（今后如何）。此外，还包括客户动向、同行业动向、竞争对手动向、社会及政府动向等。

汇报的作用在于让上司了解和分享工作的进展及结果，根据报告做出相应决策，以利于工作整体的推进。所以学会汇报工作才能有效地完成工作，让上司满意。汇报的重要性大家都理解，但实际工作中却容易被忽视，所以要在事无巨细的报告制度中培养员工的工作习惯。

2. 汇报工作的技巧

工作完成后，要立刻汇报。失了时效的汇报没有任何的价值可言，有些工作结束了，没有提交报告或汇报，就等于工作尚未完成。那么，汇报时有哪些关键点需要注意呢？

（1）如实汇报，“报忧”更要尽早。

拿破仑曾这样吩咐过他的属下：“我睡觉的时候，要是有什么好消息就没必要把我叫醒；若是有什么坏消息，必须立刻把我叫醒，因为那是刻不容缓的。”一般来说，人们在取得好的进展或结果的时候，往往希望广为人知，会自觉、主动、高兴地汇报；然而当结果不好的时候，往往会不知不觉地延迟报告。其实，取得好结果的时候，并无须急急忙忙地报告，反而是结果不好的时候才应该尽快报告。因为，结果不好，就需要想办法进行弥补，所以越早汇报，就有越多的时间想办法。若是在初始阶段就汇报，或许还能想办法进行应对；若延迟报告，事态愈演愈烈，最终会搞得不可收拾，无可挽回。到自己实在无法解决时才向上级汇报，上级定会责备说：“为什么不早报告呢?”因此，如果发生了什么不顺利的情况，实事求是地尽早汇报是很重要的，必须把握“先报忧，后报喜”的原则，及时把坏消息通报有关人员，并协商对策。

小测试

你忘了将订单发给厂商，导致无法在预定的时间交货。这时首先要采取的行动是哪一个呢？

A. 向厂商道歉，恳请他们务必在规定日期内将货物送达。

B. 向上司报告情况。

C. 与厂商联络，询问能否如期交货。如果来得及的话，向厂商道歉并致谢。

（2）汇报前应将要汇报的内容整理好。

汇报工作不能想到哪儿说到哪儿，要条理清楚，让你的上司充分了解情况，所以汇报前需要做好准备，按照 6W3H 进行准备，即什么事（What）、谁（Who）、何时（When）、哪里（Where）、为何（Why）、哪一个（Which）、怎么样（How）、多少费用（How much）、多大规模（How Many）。当然并不是说一定要把 6W3H 的全部信息凑齐了再去汇报，可根据需要进行判断。

人们常常认为，凡事都要搞清楚了才能去汇报，其实不然，可以先汇报已经掌握的信息，不确切的信息可以在确认之后再去汇报。但是，在汇报之前要按照 6W3H 确认自己要汇报的事项有无遗漏。梳理好内容，再去汇报，而不要不顾轻重缓急、喋喋不休地讲，因为领导没有那么多时间听你汇报。

（3）确认上司的时间。

如实汇报是必要的，但也要考虑领导的时间，一般来说，领导工作繁忙，所以在汇报前要预约时间，这一点也很重要。下级如果突然来到上级面前说“有件事想向您汇报一下可以吗?”，这会让领导非常尴尬，当场拒绝你，会让你很没面子，不拒绝的话，又会影响其他工作，所以，除非是万不得已的情况，不要不约时间就去汇报工作。

另外，如果需要长时间汇报的话，应该提前跟上司说清楚，如“今天要汇报的内容比较多，可能要占用您四十分钟左右”，这样做的话，上司可以很好地安排时间，一定会很欣赏你。此外，还要注意避开领导开会的时间、领导情绪不佳的时段，以免影响你的汇报效果。

当上司很忙，出差在外或忙于开会，你又需要马上汇报，约不上时间时，可以通过传真、电子邮件等书面方式汇报。

（4）“区区小事”也要汇报。

有时我们会疏忽对小事的汇报，想当然地认为“区区小事不值得汇报”。比如，上级吩咐说：“你把这个文件用传真发给A公司。”在这种情况下，被吩咐的人常常以为把传真发过去就行了，没必要再汇报。然而，如果你不汇报，上司不知道对方是否收到了文件，不敢轻易接洽、推进工作，上司会反过来问你：“文件发出去没有？”如果你回答：“发了。”上级可能会说：“以后这样的事情要早点通报我。”这样的情形多了，上级可能会认为“这个人办事不牢靠”，以致逐渐失去对你的信任。

小测试

接到上司指示：“将资料复印10份，完成后放在我桌上。”可是工作完成后上司不在座位上，这时你应该怎么做呢？请选择正确的处理方法。

A. 完成后直接放在上司桌上。

B. 将复印的资料放在上司的桌子上，并请人代为转达。

C. 将复印的资料放在上司的桌子上，等待上司回来再向他报告已经做完的事。

有时，下属担心汇报得太多，让上司烦，会犹豫是否向上级汇报某些信息，这种情况下，需要依据你的判断，对于拿不定主意的情况，建议还是汇报的好，如果上司觉得这个信息无用，会中途打断你，这时停止汇报就可以了。比如，访问客户时，发现以前的对口人员调离了，换了新人，这样的信息即便未向上级报告也不会遭到责备，但若是汇报了，经验丰富的上级会敏锐地把握情况：“找机会约新搭档一起吃个饭，建立较好的关系吧。”这样一来对于你的工作会非常有利。及时、周密地汇报，不仅上下级之间需要，而且在与客户建立信赖关系方面也很重要。

（5）不要疏忽中间汇报。

工作结束时绝对需要向上级汇报情况，即使工作尚未全部完成，但进行到一个阶段或告一段落时，也应该做一个中期报告。因为中期汇报可以让上司了解工作的推进进度、方向，对于出现的偏差，可以及时调整。如在期限内完成工作后再汇报，有时上级会责备：“喂，怎么搞的，和我想的不一样啊！为什么这之前没同我商量一下？”这时，你和上司都很被动，因为没有时间修正了。有时，虽然上级说了“都交给你了”，但上级仍需对最终结果负责。因此必须注意，不能认为领导说工作交给你了，就自以为无须汇报了。

（6）报告的内容要简单明了。

报告的顺序依次是：结论、理由、经过情形。到上司那里去汇报，如果抓不住话题的核心，忙碌的上司就会催促报告人：“你究竟想汇报什么？”如果花很长时间进行中间过程说明，而总谈不到结论，那么急性子的上级就会说：“到底结果怎样？赶快说结论！”因为上司最想知道的不是下级的辛苦，也不是你要显示的能力，而是工作的结果。汇报时，先谈过程，不论结果是否理想，都会引起上司的不满，对于工作繁忙的上级而言，更想知道的是结果如何。所以汇报工作时，要先说结论，然后谈过程。谈过程不必全部汇报，可以把遇到的困难和自己如何克服的重点谈一下，让领导了解工作的难度和你的能力。

(7) 将事实、意见和推测分开。

向上级及有关人员汇报的时候，必须准确地报告事实。这个事实，是任何人都无法否认的客观事实，不要掺杂自己的意见和推测。如：向上司汇报出现不良品的处理情况时，应先将发现不良品后你是如何处理的，包括跟客户联系、道歉、调查原因等进行汇报。对于原因如果已有明确的调查结果，可以如实汇报，如果还在调查中，切记不要把自己的推测作为事实汇报，这样会导致上司的错误判断。如果上级要求汇报人发表自己的意见和判断，要说明自己的意见和判断，以及根据，一定要说清楚“这是我个人的推测或意见，还没有得到证实”，以供上司参考。

此外，转述从其他人那里得来的信息时，应该确认该信息的准确性和出处，之后再报告。

(8) 做好被提问的准备。

汇报工作要做好充分的准备，一方面为了汇报条理清楚，另一方面也是为被提问做准备。比如营销人员向上级汇报说：“××商品的销售额与上月相比下降了20%。”上级肯定会追问原因，所以在汇报前，你需要调查清楚，有问必答。

(二) 报告书的写法

很多单位都有本单位报告书的格式要求，可以按照单位的要求写；如果没有的话，在写报告时要注意以下问题：

(1) 要写清标题，也就是这个报告是哪个项目的。比如：天津市场调查报告、新加坡出差报告、不良品索赔处理报告等。要把事项的名称写明白。

(2) 先写出结论，再叙述经过。与口头汇报一样，先把结论叙述清楚，再写经过。

(3) 问题的原因。工作中的问题是什么原因造成的要写清楚。

(4) 今后的展望和报告人个人的意见或建议。

(5) 语言要简洁明了，表述要清晰。要注意礼貌用语，特别是对外的报告，更要讲究措辞。

(6) 要有落款，标明年、月、日。

三、联络工作的礼仪

(一) 联络的方法

1. 联络的内涵

联络是把信息准确无误地传达给对方，并确认。就是这样一个小小的细节，却是执行力落地的关键。很多人认为，联络就是打声招呼，没什么大不了的，其实不然，联络工作做得好与坏，不仅直接影响工作效果，还会影响给人的印象。

2. 联络的技巧

(1) 事前掌握清楚要联络的事项。

案例

一位秘书在接到领导变更内部会议召开时间的指示后，负责联系相关人员。

秘书打电话通知了准备参加该会议的人员，她说：“本日会议的时间因故变更。”这时有人问：“为什么变更?”她回答说：“因为上级指示要我联络，所以我就联络。至于为什么变更，我也不清楚。”这样的情况下，很多人会很不满，因为已经安排好的日程被打乱了，大家必然会发牢骚：“这叫什么事呢？大家都很忙啊，连个理由都没有，就变更时间。”也有人会说：“这个秘书干的，只会学舌，一问三不知。”

上述案例中的情况在工作中时有发生，若是事前弄清了情况，就可以通知说：“本日会议因××部长有紧急工作要处理，需要变更时间。”这样大家便容易接受了。这里要指出的是，发出联络指示的人若是没有说明前因后果，接受指示的人应该主动确认有关情况后再进行联络。

尤其在与客户进行联络之前，准确掌握为什么要联络的情况很重要，否则会让客户产生疑问或不快，甚至认为这个人办事不认真、不靠谱。

(2) 联络过了，也要再确认。

传真、电子邮件是现在常用的联络方式，有时候，人们认为邮件发出去了，传真发过去了，就万事大吉了。这样的想法是错误的，你无法绝对保证信息已传达到了本人，即便是准确无误地发到了对方公司，也有可能没有到达本人手中，或是网络出现问题，邮件没有发送成功。因此，必须再确认是否传达到了对方。不仅是传真、邮件联系要确认，快递文件也需要确认。

案例

A公司给B公司发来一个询价单，希望B公司用传真提供报价单。B公司领导对秘书说：“你把这个报价单立刻传过去。”秘书拿着传真件走了，随后领导也出门去了。

可是次日，A公司负责人打来电话问：“昨天请你们发的报价单还没收到，希望能尽快发来。”B公司领导问秘书：“你把传真发过去了吗?”秘书回答：“当然发了!”接着领导说：“可是对方没有收到。你发完传真难道没打电话确认吗?”领导发火了，因为部下的这种工作态度，有可能会失去一笔生意的。

(3) 事前打招呼。

有些重要事项尽管尚未完全确定，也可以提前通知有关人员，让他们有所准备，但是要先说明：“这件事还没有最后确定!”事前传递了相关信息，有关人员多少会有一些思想准备。即便做起来有些麻烦，也容易得到他们的协作。然而，若是因为尚未确定便不联系，等正式下达指示后再联络就有些被动了。所以，联络应该尽早。

案例

某大公司联系一家培训机构，说：“今年我们公司约有100名晋升人员，希望能对他们进行培训，不知能否做到?”这个培训项目的最佳人员配置为一个班20名学员，所以要同时开5个班，需要5位培训师。虽然一下召集5个培训师有一定困难，但想想办法可以做到，培训机构答应了。公司项目负责人说：“明白了。一旦正式决定下来，会立刻同您联络。”

可是快到约定举办培训的时间了，公司方面仍然没有联络。培训机构的5位讲师已经做好了准备，腾出了时间。培训机构打电话询问后才知道培训项目已经交给别的培训公司了。培训机构非常生气，质问对方为什么不提前打招呼。

（4）遵守“随后联络”的承诺。

很多人都经历过这样的情形，有事打电话，对方说：“对不起。现在我不方便讲话，等一下给你回电话过去。”可是等了很久也没有打过来，因为他一忙就把回电话的事情忘了。打电话的人一直等着，很是无奈，就会觉得此人没有信誉，不愿意再与他交往。多年来辛辛苦苦建立的信赖关系就有可能毁于一旦。所以，约定了事后联系的话，随后就一定要联系，无论如何要履行这个承诺，而且必须尽快实行。

（5）严格履行相关部门间的联络程序。

部门间常常有一些工作交错或交接的情况。比如：你因故请假，工作不能停下，你要委托同事接替你的工作，这时，若是有关人员之间未能很好地联络，妥善交接，便会发生问题，所以必须严格履行部门之间的联络程序。出差在外，要在出发前把需要同时跟踪的事宜提前告诉同事，避免工作脱节。

（6）不好的结果也要联系。

若结果让对方感到高兴，人们一般愿意联络；若结果让对方失望，则不愿意联络。不过根据场合的不同，有时往往后者的联络更重要。“报忧”是比较费心的，有时还需要勇气。但是，对那些焦急等待结果的人来说，实事求是地将结果告诉他们，能使他们开始新的工作，避免无谓的等待。

（二）联络函的写法

联络时，有时需要使用一些专用的联络函，包括：介绍信、证明信、感谢信、表扬信、祝贺信、慰问信、咨询信、推荐信等。这些不同种类的联络函，各有各的用途，应用于不同的场合，写给不同的对象，因此在写法上有不同的格式和要求。这里重点介绍其中几种联络函。

1. 介绍信

介绍信是介绍本单位人员到外单位参观学习、联系工作、了解情况或出席某种会议等所写的一种联络函。介绍信具有介绍和证明的作用。使用介绍信，可以使对方了解来人的身份和目的，以便得到对方的信任和支持。介绍信一般用印有单位名称的信笺书写，格式与一般书信基本相同。

介绍信要写明称呼，交代清楚持介绍信人的姓名、身份、人数、联系事项，以及对对方有什么要求等。落款的地方要写明本单位的名称和开具介绍信的日期，有的还要注明有效期限。介绍信要加盖公章才能生效。

2. 感谢信

感谢信用于对某个公司给予的关心、帮助、支援等表示感谢。感谢信可以用于单位与单位之间、个人与单位之间。写感谢信要写明：在什么时间因为什么事得到了对方哪些具体的帮助和支援，并向对方表示谢意。在向对方致以谢意的时候，感情要真挚、诚恳。赞扬对方时，用词要确切、恰当，不要夸大、吹捧。

3. 慰问信

慰问信是以组织、团体或个人的名义向辛勤工作的人或者遭受某种不幸的人表示问候、安慰、鼓励、关怀的一种书信。写慰问信时，对于辛勤工作的人员进行问候，要充分肯定他们的工作成绩，热情赞扬他们的奉献精神，鼓励他们再接再厉。

对遭受灾难或哀痛的人，除了对他们的不幸表示关切和安慰，还要鼓励他们振作起来，要有战胜困难和伤痛的勇气。写慰问信，用词要亲切、热诚，感情要真挚。

4. 祝贺信

祝贺信是表示庆贺的信。可以对顺利完成任务、工程的竣工、周年纪念等活动发去祝贺信。写祝贺信要说明向谁祝贺，祝贺什么，还要根据不同的祝贺对象，写出意义、影响、作用等。

5. 咨询信

咨询信用于向有关部门询问某种事项或请求托办某种事务。咨询信的内容比较广泛，工作或日常生活中遇到的一些需要了解的情况，都可向有关部门咨询。咨询信一般是个人向有关部门的咨询，单位也可以发出咨询。写咨询信，先要搞清楚要询问的事项属于何种部门管辖，这样写信才有针对性。写咨询信是为了就某些问题向有关部门征询、请教，以期得到圆满的回答。因此，提问题要清楚、明确，不要含糊、笼统，使对方无从回答；文字要简洁，有礼貌。

6. 邀请信

邀请信是一个组织正式邀请有关部门或人士参加会议、典礼、宴会、参观等活动的信件。邀请信和复信都使用第三人称，双方名称和名字都要写明。邀请信一般打印，以示正规庄重。

四、商谈工作的礼仪

（一）商谈的内涵

所谓商谈指的是遇到问题苦于判断、犹豫不决时，听取上级或是其他员工的参考意见，决定处理方案。在工作中，商谈与汇报和联络的区别在于：汇报大部分场合是上下级之间的垂直沟通，下级向上司就工作情况和结果进行沟通；联络大部分场合是与同事、其他部门以及客户之间的水平沟通，将工作情况、进度等通报给其他同事或客户；汇报和联络都侧重在告知事项上，而商谈则侧重于针对问题共同思考解决方案。

（二）商谈的注意事项

工作的推进往往不是一帆风顺的，会遇到各种问题，不要自己一人包揽，应充分发挥团队的力量，将遇到的问题梳理好，把自己的想法说出来，听取上司或同事的意见或建议，共同研究找出更好的解决问题的方法。商谈工作要注意以下几点：

(1) 要勇于说出来，虚心请教。

有时发生了状况，遇到了困难，不愿意向上级汇报，害怕受到责备，也不愿意请教同事，怕被别人看不起，一个人冥思苦想，既耽误时间，又不能解决问题。因此，这种情况下，不要好面子，即使挨批评，也要如实地进行报告，虚心地找同事商量。

(2) 商谈工作，不是把工作推出去。

遇到困难，与上级或同事商谈如何解决的时候，不能只将问题提出来，听别人怎么说，或把困难推给上级或同事，而是要自己整理好思绪，准备好方案，再去找人商谈。

(3) 不要滥用他人时间。

上司或同事的时间很宝贵，不要浪费别人的时间，所以商谈须知：首先要归纳清楚商谈的内容；然后带着自己的想法和方案去寻求他人的帮助；最后要把握商谈的脉络。要分清事情的主干和枝节，商谈的话题应该限于那些与商谈事项直接有关的内容。

小测试

请问下列哪一个是错误的?

A. 想与上司商谈时，须确认上司的时间，询问上司是否方便。

B. 在工作中遇到任何问题都立即找上司商谈。

案例分析

一天，日本A公司本部打电话给在上海公司的赵总经理询问道:“我们的客户K公司投诉你们生产的商品出现质量问题，客户非常生气，可我们没有得到你们的任何信息，怎么回事?”赵总经理一头雾水，答复马上去了解情况。

原来K公司委托A公司生产的产品发生了质量问题。一周前K公司发来一份传真，了解原因和对策，上海公司的质量管理部经理把这件事揽过去了，答应调查后给予答复，而没有马上汇报给赵总经理。

放下电话后，赵总经理马上向质量管理部经理确认，该经理回答说:“是有这件事，我们正在制定对策方案。”赵总经理生气地问:“为什么不向我报告?”质量管理部经理回答:“我想不是什么大事。再者总经理您很忙，所以就没打扰您，因为生产部门昨天才把原因和对策拿出来，所以耽搁了。”

问题:赵总经理为什么会发火?质量管理部经理的做法正确吗?

拓展学习

接受指示礼仪的微课学习。

接受指示礼仪微课

综合练习

一、思考题

1. 接受指示时的注意事项有哪些?
2. 汇报工作的要点包括哪些?
3. 什么是联络?
4. 联络的方法包括哪些?
5. 商谈与汇报、联络的区别是什么?

二、选择题

上司所期待的报告是以下哪种?为什么?

A. 报告要在上司工作结束后进行。

B. A上司与B上司指示的工作一起进行，不仅要向B上司汇报，还必须向A上司汇报。

C. 在报告中加入自己的想法和看法。

三、分析题

上司说:“今天拜访完客户后可以直接回家。”当事情办完后你应该采取什么行动呢?

1. 拜访完客户后打电话告知主管“事情已经办完了”。
2. 虽然上司说事情办完后可以直接回家，但或许会有情况发生，所以先回公司去。

3. 因为上司说可以直接回家，所以拜访完客户就直接回家了。

任务四　正确运用电子化沟通工具，提高工作效率

学习目标

（1）了解正确使用电话、网络进行沟通的方法，掌握其相关礼仪。

（2）纠正认为电话和网络是通过电波进行沟通，不必拘泥于形式的错误想法，体会到电子化沟通中讲究礼仪的重要性，掌握礼仪要点。

知识框架

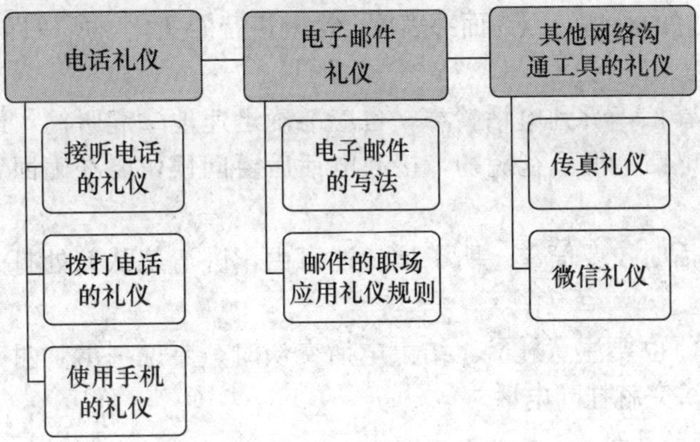

导入问题

T：你知道打电话的礼仪吗？

S：知道一些，比如说电话铃声响后，要尽快接听，说话语气要和蔼，打错电话要道歉，还有哪些？

T：其实打电话和接电话的礼仪有很多，让我们一起学习吧。

鸿雁传书、飞马送信，这些都已成为古代浪漫又辛苦的故事。现代人的沟通和交往已经很大程度上依赖电子化的通信工具，既快速又便捷。

电子化沟通工具是指人们用来传播消息或信息的电子化媒介，包括电话、传真、网络等。被传递的消息或信息，既可以是语言、文字、符号，也可以是表格、图像。当今世界科技快速发展，利用电子化沟通工具是人们必不可少的一种交流方式，如今在职场中，人们接触最多的通信手段，就是电话、电子邮件。现代通信方式方便了联络，同时也给职场人带来了新的问题，那就是人们一旦有了可以随时找对方交流的便利，是否就可以随心所欲地去使用这种便利呢？电话被现代人公认为最便利的通信工具，和面对面的谈话相差无

儿，但也正因为“只闻其声，不见其人”的特性，人们在接打电话时一不留神就会犯下礼仪错误。所以注意遵守礼仪规范，是利用电子化沟通工具时要注意的问题。

使用电子化沟通工具的礼仪即指在利用上述各种通信手段传送消息或信息时，所应遵守的礼仪规范。

一、电话礼仪

电话是与客户接触的桥梁，虽然电话只是通过声音来进行交流，但却需要用心去沟通，它关系到今后的工作成败。所以拨打或接听电话得体与否往往会决定你的个人形象和公司的形象，千万要注意，不要认为客户看不见，就怠慢对方，这是愚蠢的做法。电话基本礼仪包括声音的运用、情绪的把控、迅速准确的接听、认真清楚的记录、明确说明要表达的意思、适时挂断电话等几个方面。

首先，电话接通就能听到对方亲切、优美的招呼声，心里一定会很愉快，使双方交谈能顺利展开，给人留下较好的印象。所以要注意声音清晰、悦耳，吐字清楚地问候对方。打电话时要保持良好的心情，因为面部表情会影响声音的变化，所以即使在电话中，也能感觉到对方的心态。

其次，工作再繁忙，听到电话铃声，也应准确迅速地拿起听筒，最好在三声之内接听。长时间无人接电话是很不礼貌的，接起电话后要问候，要准确回答，并要认真记录留言。

再次，拨打电话时，要简单、明了地叙述事由，讲清楚从何处打来、找何人、为何事、需要什么帮助。

最后，挂电话前也要注意礼貌，结束电话交谈时，要说一声“谢谢，再见”再挂电话，不可只管自己讲完就挂断电话。

（一）接听电话的礼仪

1. 接听电话前的礼仪规范

（1）准备记录工具。如果没有事先准备好记录工具，当对方需要留言时，就不得不要求对方等待，这是很不礼貌的。所以，在接听电话前，要准备好记录工具，例如笔和纸等。

（2）不要边做事情边接电话。接电话时要停止手头的工作，不要让对方感觉到你在处理一些与电话无关的事情，这也是不礼貌的表现。

（3）使用正确的姿势。姿势正确地拿好电话是很重要的，一般以左手拿电话为宜，这样右手可以记录相关事宜。如果你用右手拿电话，需要记录时，则要换手，电话可能会从你手中滑下来；如果用脖子和肩膀夹着电话，声音被捂住，会令对方听不清。

（4）电话铃声响起三声之内接起电话。不要让铃声长时间响，在三声之内必须接听，即便是正忙着其他事情，也要先接起来，客气地请对方稍等。

2. 接听电话时的礼仪规范

（1）注意接听电话的语调、语速，说话时要声音洪亮、语调亲切、语速适中，要让对方觉得很舒服。声音是可以传递微笑的，要让对方感觉到你的快乐和热情。

（2）注意接听电话的措辞，要向对方问好，如“您好”“早上好”等，如果让对方等久了的话，要说“对不起，让您久等了”。

（3）注意自报单位名称，需要时还要报部门名称，不要等对方问了再答，而是应该自报公司名，告诉对方："这里是××公司"或"××公司的××部门"。

（4）确认对方单位名称。在对方已经自报姓名的时候，应该确认说："您就是××公司的××。"在对方没有自报姓名的时候，应该礼貌地询问："对不起，请问您是哪里?"在没听清对方所讲内容的时候，应该充满歉意地说："不好意思，请您再说一遍。"

（5）不要忘记说寒暄语，如"一直承蒙您的关照""感谢您的支持"等。

（6）认真听取要旨。要遵循6W3H原则，准确听清公司名、来电人姓名、某月某日、具体时间、事由等，边随声应和边记录下要点，如果有没听清楚或是不理解的事情时，可以说"对不起，请您再说一遍"。

（7）回答电话所问事宜时，严格按照公司规定，能够回答的马上给予答复，不清楚或不是自己负责范围的事情，要请专人解答，这时可以说"对不起，这个情况我不太清楚，我让负责人来回答，请稍等"或"不好意思，我不太清楚，等我调查一下，马上再给您回复"之类的话语，切不可随便敷衍。

（8）需要留言时，一定要再次确认要点，避免因记录错误而影响工作。如一边读所记内容，一边确认："请允许我确认一下……是吧?"特别是对时间、地点、人名、品名、数量等内容要格外注意。

3. 通话结束时的礼仪

通话结束了，不要直接挂断电话，要说句寒暄语，如"非常感谢您的来电""好的，我明白了，谢谢""以后还请多关照"等。然后等对方挂断电话后，再放下听筒。

4. 接听电话时的注意事项

（1）当对方的谈话很长时，必须有所反应，如使用"嗯""是的""好的"等来表示你在听。否则容易让对方误解你没在听。

（2）如果来电的对方没有报姓名或公司名，而你需要知道对方是谁，不要唐突地问："你是谁?"，可以说："请问您是哪位?"，或者可以礼貌地问："对不起，可以知道应如何称呼您吗?"

（3）不能马上接听电话，需让宾客等待时，应说明理由，并致歉。如需要耽搁超过10分钟的话，请说明，并问对方是否愿意等。也可以询问电话号码和姓名后，再回复。不可以让客人长时间等候。

（4）转接电话要迅速、准确，不要转给一个人无法解答，再转给其他人，这样既不礼貌，也会让人觉得工作人员对工作不认真、不熟悉。转接电话时，应说："请稍等，电话转接给×××，请他跟您接洽。"

（5）需要留言时，一定要认真记录，再次核对，确保记录准确无误。留言单上还要注明日期和接听人的姓名，以备后面应对的需要。

（6）接到打错的电话时，不要冲对方大喊大叫，要有绅士风度，接受对方的道歉。

5. 转接电话时的礼仪

电话如需要转接给他人，要学会不同场合的转告技巧。

（1）可以立即接电话时。

经确认后请当事人立即接听，在转告被指名的人的同时说："好，现在就让××听电话，请您稍等。"告知后，让当事人立即接听。转告时必须用手掌压住送话口，或按电话机的“保留”键，设法不让这边的声音传到对方那里。

（2）不能立即接听电话时。

被指名的当事人，有时可能由于各种原因，不能立即接听电话，遇到这种情况，应对方法如下：

1）询问对方：“××正在和别人通电话，您有什么急事吗?”同时走到正在打电话的当事人跟前，写张纸条告诉他有电话。可以将字写得大一些，让他稍看一下，明示尽快结束通话，来接这个电话。

2）在对方愿意等候时，应说：“麻烦您稍等一下。”当等待时间稍长时，则告知对方：“再稍等一会儿”，设法让对方安心等候，这点很重要。

3）遇到被指名接电话的人在会客或开会时，可以这样说：“不凑巧，××正在会客（开会），您有什么急事吗？如果着急，我看看能否叫他出来接听。”对方如说不急的话，就让他报出公司、姓名和电话号码，等方便时立刻回电。

4）当被指名接电话的人外出时，应清楚地告知对方：“××外出了”“××现在不在”。然后，把对方的姓名、公司名、来电话的时间、事由准确地记录在纸上，放到当事人的办公桌上。

（二）拨打电话的礼仪

1. 拨打电话前的礼仪规范

（1）确认对方公司或电话号码。为了避免出错，拨打电话前要确认对方的电话号码和公司名。

（2）养成事先整理好要说的事情及说话顺序的习惯。做一下准备，将所要讲的问题与顺序整理一下，这样打起电话来就不会啰啰唆唆或者丢三落四了。特别是有重要事情时，如果先拟好草稿，对方听时会觉得条理清晰。

2. 拨打电话时的礼仪规范

（1）对方一接听就应自报姓名，如：“我是××公司的××”“请问是××公司吗？承蒙关照”。寒暄也必不可少。

（2）打电话和接电话一样，也要充满感情。拿起话筒，就应该面带微笑，用清晰、亲切的声音问候对方：“您好!”因为打电话的时候彼此看不见，只能通过声音感觉对方的态度。

（3）征得对方的同意。打电话的时候，一般都不知道对方处于什么情况，所以要用“现在您说话方便吗?”“现在您有时间吗?”等语句确认对方是否方便接听电话。

（4）说事情要简洁、清楚、易懂，不要用对方难理解的专业用语。要多为对方着想，对于关键的词和数字等，要注意重复；对于接听方没有听清或没有理解的内容，要耐心说明。

（5）确认内容。对于重要的事情，交代好后，要再次确认，可以用“关于这件事……就拜托了”“××月××日××点双方见面商谈的时间没有问题对吧?”“××的数量800吨可以保证吧?”等语句确认内容。

（6）要使用礼貌用语。礼貌用语任何时候都不可少。

3. 对方不在的时候

如果打电话后，对方外出或不在，要明确是让接听人代为传话还是自己再打来。需要重新打电话时说："我再联系吧"；要求对方回电话时，要留下公司名、姓名和电话号码。

4. 拨打电话时的注意事项

(1) 选择适当的通话时间。在办公室里打电话，应按照办公的习惯，一般应在上午九点以后打电话，最好不要选择临近下班时间打电话，避免午间休息时给别人打电话。与国外通话时，还要考虑时差与生活习惯。

(2) 控制好通话时长。电话接通后，要询问对方接听是否方便，有无打扰。要注意通话的时长，简单明了地说明问题，不要啰里啰唆，占用很长时间，通常一次通话不应长于3分钟。如果要说的事情多，要事先打个招呼，如"今天要商量的事情多，可能电话时间长点，您方便吗?"。

(3) 一般来讲，不应用办公室电话打私人电话，更不能长时间和家人聊天，会让人看不起，影响个人形象。

(4) 要控制响铃时长。一般情况下响铃时长并无限制，但根据受话人身份的不同，响铃时长有时也应考虑。

5. 打错电话时的礼仪

打错电话时，会打扰到别人，应该诚恳地道歉，然后马上核对电话号码，不能连续再拨错误号码，继续骚扰对方，更不能不道歉就挂电话。

(三) 使用手机的礼仪

在手机盛行的当今社会里，如何正确地使用手机并且注意其中的礼仪，成为社会关注的问题。虽说人与人的沟通变得方便了，但现实是很多人没有注意手机的使用礼仪，给别人造成很多困扰。

手机信号有时候很不稳定，造成通话时断时续，因此，在工作中，原则上要使用公司的固定电话。如果工作中需要使用手机，也应该遵守手机通话的礼仪规范。

(1) 在会议中或和别人洽谈的时候，最好关闭手机，起码也要调到静音或震动状态。这样既显示对别人的尊重，又不会打断讲话者的思路。如果在会场上铃声不断，好像业务很忙，实际上只能显示你缺少修养。一定要接听时，须向周围人打声招呼并轻轻地离开座位去门外接听。

(2) 用自己的手机接打电话时，因为音质的关系，有时对方很难听清，这样就有可能使信息不能准确地传达给对方，给对方带来麻烦，所以要立即移动到电波稳定、安静的场所去接打手机。

(3) 注意礼仪的人，不会在公共场合，如飞机上、剧场里、图书馆里接打电话。在公交车上大声地接打电话也有失礼仪。在一些场合，比如在看电影或在剧院看演出时接打电话是极其不合适的，如果非得回话，采用静音的方式发送手机短信比较适合。

(4) 给对方打手机时，尤其当知道对方是身居要职的忙人时，首先要想到的是，这个时间他（她）方便接听吗，并且要有对方不方便接听的准备。不论在什么情况下，"现在您通话方便吗?"应是拨打手机的第一句问话。所以，在有其他联络方式时，还是尽量不打对方手机为好。

(5) 在公共场合特别是楼梯、电梯、路口、人行道等地方，不可以旁若无人地使用手机，应该把自己的声音尽可能地压低一些，而绝不能大声说话。

(6) 不要在别人能注视到你的时候查看短信。一边和别人说话，一边查看手机短信，对别人不尊重。

(7) 尽量不要在医院或者机场用手机，以免影响机场及医院的电子设备。

(8) 在一些公共场合，手机最好放在随身携带的公文包里、上衣的口袋里或不显眼的地方，最好不要放在桌子上，特别是不要对着对面正在聊天的客户。

二、电子邮件礼仪

电子邮件（Electronic Mail，简称 E-mai）指用网络手段传送信件、单据、资料等信息的通信方法，通过网络的电子邮件系统，用户可以用非常低廉的价格，非常快速地与世界上任何一个角落的网络用户联系。电子邮件可以是文字、表格、图像、声音等各种方式，具有快速传达、信息不易丢失的特点。

电子邮件是最重要的职场沟通方式之一，现代日常工作中的联络，大部分通过电子邮件的方式实现。由于工作强度越来越大，领导往往没有时间面对面听取工作汇报，所以汇报工作、下达指示经常通过电子邮件来完成。据统计，80%的外企职场人士每天上班要做的第一件事，就是打开电子邮箱收发邮件；70%的职场人士，下班前的最后一件事是查看邮箱，确认有没有尚未处理的紧急邮件；30%的职场人士，即使下班或周末在家休息，也要强迫症式地登录公司邮箱，查看有没有漏掉的紧要的任务。这一切都说明电子邮件在工作中的重要性。

电子邮件综合了电话通信和邮政信件的特点，它传送信息的速度和电话一样快，又能像信件一样使收信者在接收端收到文字记录。电子邮件系统的作用在于打破了空间距离，让人们的沟通更加方便，把所有沟通的内容都记录下来，保留下来，便于查找，有利于明晰责任。它使所讨论的论题、事实根据和结论，以及达成的共识一目了然，并保持跟进至工作完成；它能准确及时地记录事项进程、讨论内容以及行动细则，并承担了作为每个工作项目历史档案的功能，还能充当意见不合、起争端时的证明。

(一) 电子邮件的写法

1. 电子邮件的构成

(1) 发送对象。

要慎重选择发送对象，发送电子邮件前，须确认收信对象是否正确，以免造成不必要的困扰。既要让需要信息的人收到邮件，又不能给无关的人带来麻烦，要合理使用抄送(Carbon Copy，CC) 的功能，否则，就等于制造了一大堆不必要的“垃圾邮件”。所以，一般情况下抄送的人数要尽可能降至最低。收件人的排列应遵循一定的礼仪规则，比如按部门排列、按职位等级排列，适当的礼仪规则有助于提升你的形象。

(2) 邮件标题。

电子邮件一定要注明标题（Subject），因为有许多收件人是以标题来决定是否继续详读信件的内容。此外，邮件标题应尽量写得具有描述性，或是与内容相关的主旨大意，让人一目了然，以便收件人权衡邮件的轻重缓急，分别处理。写标题要注意：

1) 一定不要空白标题，这是最失礼的。

2) 标题要简短，不宜冗长。

3) 标题要能反映正文的内容和重要性，切忌使用含义不清的标题，如“王先生收”。

4）一封信尽可能只针对一个主题，不在一封信内谈及多件事情，以便于日后整理。

5）可适当使用大写字母或特殊字符（如“*”“!”等）来突出标题，引起收件人的注意，但应适度，特别是不要随便使用“紧急”之类的字眼。

6）回复对方邮件时，可以根据回复内容需要更改标题，不要“RE”后面跟着一大串。

(3) 称呼与问候。

邮件的开头要称呼收件人，这既显得礼貌，也可以明确提醒对方收件，告知其此邮件是面向他的，要求其给出必要的回应；在多个收件人的情况下可以称呼“大家”“各位”等。称呼要恰当，要拿捏好尺度，如果对方有职务，应按职务尊称对方，如“××经理”；如果不清楚对方的职务，则应按通常的“××先生”“××小姐”称呼，但要把性别先搞清楚。

在邮件的开头和结尾最好都要有问候语，如开头用“您好”“承蒙关照”等；结尾常见的有“祝您顺利”“顺颂夏安”“此致敬礼”等。

(4) 邮件正文。

1）简明扼要，行文通顺。

要简单明了地把事情说清楚；如果具体内容确实很多，正文应只做摘要介绍，然后单独写个文件作为附件进行详细描述。同时，正文行文应通顺，多用简单词汇和短句，准确清晰地表达，不要出现让人难懂的语句或模棱两可的表述。

如果事情复杂，最好以“1. ……2. ……”列条的方式，清晰明确地说明，没有人愿意看长篇大论。写邮件时，也要运用好 6W3H。

2）注意论述语气。

根据收件人与自己的等级关系、熟悉程度，考虑语言和语气。对外的邮件，应尽量保持正式和尊敬，拒绝的时候，语气要委婉，要充分考虑对方的面子。内部的邮件，语气上可以适当随便一些，可以使用公司内通用的缩略语等表达方式。

避免情绪激动的时候写带有过激语言的邮件。

3）要尽可能完整地交代信息。

一封邮件中，应把相关信息全部说清楚，说准确，尽量避免一件事分多封邮件叙述。写邮件前要打腹稿，将要叙述的内容整理好，不要一件事情不停地发邮件补充说明，这是不礼貌的，会让人很反感。

4）避免拼写错误和错别字。

注意使用拼写检查，这是对别人的尊重，也是自己态度的体现。如果是英文邮件1，最好把拼写检查功能打开；如果是中文邮件，在邮件发送之前，务必仔细阅读一遍，检查行文是否通顺，有无错别字。

5）合理利用图片、表格等形式。

对于很多带有技术性介绍的邮件，单纯以文字形式很难描述清楚。如果配合图表加以阐述，收件人一定会感谢你的周到、体贴。另外，要注意职场上邮件沟通不要使用笑脸等字符或图标，会让对方觉得你不严肃。

6）排版要规范。

邮件正文排版要符合标准信件格式。

(5) 邮件附件。

附件是邮件的一个重要组成部分，使用时要注意：首先，如果邮件带有附件，应在正文里面提示收件人查看附件，附件文件应用有意义的名字命名，最好能够概括附件的内容，方便收件人下载后管理。正文中应对附件内容做简要说明，特别是带有多个附件的情况。其次，附件数目不宜超过四个，数目较多时应打包压缩成一个文件，如 zip 格式等。最后，如果附件是特殊格式文件，应在正文中说明打开方式，以免影响对方使用。

(6) 结尾署名。

每封邮件在结尾都应署名，这样对方可以清楚地知道发件人的信息。即便发给老客户、老朋友的邮件也需要署名，这是对对方的尊重。可以统一使用公司行政部门规定的签名方式。

2. 回复技巧

(1) 及时回复邮件。

收到电子邮件后，要马上回复对方，这是对他人的尊重，理想的回复时间是两小时内，特别是对一些紧急的邮件。忙碌时，按照紧急程度、优先级别回复，即使优先级低的邮件一般也不要超过 24 小时。如果由于外出、开会等原因，无法及时回复，应该先回复说“收到了”，并说明无法正式回复的原因，不要让对方苦苦等待，这是职场礼仪的基本要求。

当回复邮件的相关问题时，最好把相关的问题复制过来一一作答。这样便于让对方理解，避免再反复交流，浪费资源，也表现出你为对方着想的工作态度。

(2) 回复不得少于 10 个字。

对方给你发来一封邮件，你却只回复“是的”“对”“谢谢”“已知道”等字眼，这是非常不礼貌的。应该认真回复，显示出你对对方的尊重。

(3) 要区分单独回复 (Reply) 和回复全体 (Reply All)。

如果只需要单独一个人知道的事，单独回复给发件人就行；如果你对发件人提出的要求做出结论响应，应该回复所有收件人，让大家都知道，这样可以节省时间、提高效率。

如果你对发件人提出的问题不清楚，或有不同的意见，应该与发件人单独沟通，不要当着所有人的面，不停地“RE”来“RE”去，与发件人讨论。应该在讨论好之后再告诉大家。不要向上司频繁发送没有确定结果的邮件。点击“回复全体”前，要三思而行!

(二) 邮件的职场应用礼仪规则

1. 不要越级发邮件

邮件最重要的特征就是容易被转发，这一点对于喜欢越级发送邮件的人来说是致命的。

2. 不要转发不该转发的邮件

假如你收到了某同事发来的带有偏见内容的邮件，自己知道就行了，不要到处转发。

3. 保留好邮件

工作上重要的邮件应该复制保存，以免误操作被删除。一般的邮件也要保留半年以上再考虑永久删除，确保不影响工作。

4. 私人邮件不应利用公司网络

个人的私事，不要使用公司的网络，也不能用工作邮箱接收私人邮件，一来工作时间联系私人的事情违反职工守则；二来个人隐私容易外泄。私人的邮件可以在休息时间发送。

5. 有效利用邮件

有些时候不能随便打电话，如：不能半夜给客户打电话谈价格，不能在出差途中、火车上给老板打电话汇报情况。但是，这个时候可以充分利用邮件。半夜发的邮件，客户一上班就能看到，老板可以随时把控在外地出差的你的工作情况，这不仅提高了工作效率，也表现出你的素质和工作态度。

6. 不要忘记正确“抄送”和“密送”

当需要把文件传达给其他人时，固然要抄送到每位，但别忘了要抄送到主管上级，虽然他可能根本没有时间看，但这是必要的礼节，也是证明你工作的证据。

7. 语言使用恰当

一般国内公司间或公司内部的邮件，一律应使用简体中文；如果收件人是其他国家和地区的客户，应采用英文或双方懂得的语言交流，即便是与国外华人的沟通，也存在中文编码问题造成的乱码，使用要谨慎。

尊重对方的习惯，决定使用的语言，如果对方给你的邮件采用中文，请不要自作聪明地发送英文邮件回复。

三、其他网络沟通工具的礼仪

（一）传真礼仪

1. 传真的作用

在商务交往中，利用传真传递重要资料和文件的场合很多。因为传真大都面对的是客户，所以需要特别讲究礼仪。

传真，又叫传真电报。它是利用光电效应，通过安装在普通电话网络上的传真机，对外发送或是接收外来的文件、书信、资料、图表、图片等的一种现代化的通信联络方式。现在，传真机早已成为不可或缺的办公设备之一。利用传真通信的主要优点是：操作简便，传送速度快，可以将一切包括复杂图案在内的真迹传送出去。它的缺点主要是发送的自动性能较差，需要专人在旁边进行操作；有些时候，它的清晰度也难以确保。

使用传真时要讲究礼仪。首先，必须合法使用。对于安装传真设备，国家有相应的规定，任何单位或个人在使用自备的传真设备时，均须严格按照电信部门的有关要求，认真履行必要的使用手续。

其次，必须正确使用。使用传真设备通信，必须按照规范操作，否则无法将文件传输出去。要保证线路畅通，传真号码准确无误，对方传真机里有纸张，这些因素都会影响传真的联络效果。发送传真时，必须按规定操作，并以提高清晰度为要旨。蓝色水笔、红色水笔、铅笔书写的文件，都不能确保传真的清晰度，所以要使用黑色笔。为了不影响工作，单位的传真机尽量不要同办公电话采用同一条线路。

最后，必须依礼使用。工作人员在使用传真时，必须牢记维护个人和所在单位的形象，必须处处不失礼数。在发送传真时，一般不可缺少必要的问候语与致谢语。发送文件、书信、资料时，更是要谨记这一条。

人们在使用传真设备时，最为看重的是它的时效性。因此在收到传真后，应当在第一时间内采用适当的方式告知对方，以免对方苦苦等待。需要转交、转送他人发来的传真时，千万不可拖延时间，耽误对方的要事。

2. 传真机使用的注意事项

（1）传真的完整性。

在发送传真时，应检查是否注明了收传真人的姓名、所在公司、部门等信息，以及自己的联络方式，包括发送人姓名、公司名称、发送时间、电话和传真号码等。在发送传真时即便已经给予了口头说明，也应该在传真上注明以上内容，这是良好的工作习惯，对双方的文件管理都非常有利。

（2）传真的清晰度。

发送传真时应尽量使用清晰的原件，避免发送后出现内容看不清楚的情况。

（3）传真内容受限。

传真一般不适用于页数较多的文件，一方面成本较高，另一方面占用传真机时间过长也会影响其他工作人员的使用。

（4）传真发送时间。

如果没有得到对方的允许，不要将发送时间设定在下班后，这是非常不礼貌的行为。

（5）传真的回复。

如果传真机设定在自动接收的状态，发送方应尽快通过其他方式与收件人取得联系，确认其是否收到传真。收到传真的一方也应及时给予回复，避免因任何的疏漏造成文件丢失，影响工作。

（6）格式规范。

正式的传真必须有首页，上面注明发送者与接收者双方的单位名称、人员姓名、日期、总页数等，这样可以让接收者一目了然。如果不是非常正式的，也必须以 1/3、2/3、3/3 等方式注明页数，让接收者一看就知道是三页。如果其中某一页不清楚或是未收到，可以请对方再发一次，这样可以节省双方的时间。

正式的传真件必须像写信一样有礼貌，必要的称呼、问候语、致谢语、签字等均不可缺少，尤其是信尾的签字非常重要，因为签字代表这封信是经发信者同意才发出的，表示传真信件的严肃性以及对对方的尊重。

（7）注意礼貌用语。

发送传真时要注意语言，要有礼貌，不要生硬地说“给我信号，我要发传真”，也不要在没有注明收件人姓名的情况下发传真，然后打电话说“传真是给×××的”。另外，对方打电话来说要发传真，而正好你要用电话，这时要和蔼地跟对方说明，如“请在 10 分钟后再发”。

（二）微信礼仪

有关调查研究显示，除了电话、邮件、传真外，聊天软件也是职场中即时通信的一种简便方法，职场常见的聊天工具包括微信、QQ 等。当然，使用聊天工具和使用其他的通信媒介一样，也要求遵循一定的沟通礼仪。

微信是一种更快速的短邮，具有零资费、跨平台沟通、显示实时输入状态等功能，与传统的短信沟通方式相比，更灵活、智能，且节省资费。通过微信可以与同事、好友、客户进行文字或图片消息的传送。微信沟通的注意事项如下：

（1）加好友要讲究度。他开了微信，也知道你有微信，但没有主动加你，说明你们关系很一般，至少他没有沟通的欲望。你可以主动加他，报上你的姓名，但他始终没有回应，说明他忘了你是谁或者不想和你聊天，这时你不必再次主动请求他加你，不要勉强别人，这也是对他人的尊重。

（2）加了好友要积极点赞。两人互加了好友，应相互点赞，多给朋友鼓励。如果从来不互动，说明彼此没有感兴趣的话题，或者是碍于情面勉强加你，不要勉强和对方交谈。

（3）评论应彰显诚意。你们两人互动得很好，彼此经常会点赞和点评，说明彼此很有共鸣，但要注意避免单纯用笑脸等表情图标，应适当加以文字评论。同时也要注意互动不能过于频繁，发言也要讲究分寸，不要做出引起对方反感的事情。

（4）不要随意拉别人进群。不要在没有经过本人同意的情况下，把别人拉进微信群，除非是为对方解决问题起见。有些人并不愿意和很多陌生人建立联系，这样做不太尊重别人的隐私。

（5）不传播法律法规禁止的信息。不发暴力、色情、反动等违法内容和图片；不发“八卦消息”；涉及国家和工作单位的机密也不要乱发。维护网络环境的清洁，我们更需要谨言慎行。

（6）不要强迫别人转发你的信息，如“转了将走大运，不转将会……”。

（7）不能泄露他人隐私。不能随意发表未经他人同意、带有个人隐私性质的内容和图片，这涉及人权和肖像权。尽量别把跟朋友的私人对话截图到朋友圈。特别想截的话，要么取得别人同意，要么去掉朋友姓名，确保不会给朋友带来任何困扰。

（8）注意发消息的时间。不要在半夜或早晨发，别人休息时间里不要发，提示消息会打扰别人休息。如果不是特别忙、特别为难或者完全不想搭理，尽量早点回复别人的消息，因为人家可能在等。聊天不要聊得太晚，不要喋喋不休，要考虑对方是不是累了，是不是该休息了。尤其在别人很久都没回你消息的情况下，就不要再继续聊下去了。

（9）不要用表情包狂轰。群聊切记不要连续用表情包轰炸，聊天群是聊天的地方，不是个人情绪的发泄地。

（10）注意交流对方的身份。虽然微信交流方式很丰富，有文字、语音、表情等，但交流时对方性格、身处环境、职位高低等都是必须要考虑的。对于那些职位比自己高很多的人，最好的方法是直接打电话过去，并考虑到对方可能正在开会或开车，不太方便接听。如果非要用微信联系，发文字或语音比较好，避免使用图标等。

案例分析

小王因前晚加班到深夜，于是把手机关机，蒙头大睡。公司领导早上没见小王来上班，于是找到小王的同事小刘询问当天需要的文件。小刘急忙给小王打电话，可是小王的电话处在关机中。领导因急需文件，派小刘到小王家里找小王。小刘找到小王时，他还在睡觉，当小刘说明来意后，小王赶紧拿起电话拨通了领导的电话，小王躺在床上和领导通话，告诉领导自己因加班而没有准点上班，且欲把加班的情况向领导汇报。领导在电话里非常生气，没有等小王说完就挂断了电话。

问题：请问小王使用手机时忽视了什么？你认为案例中出现了哪些不妥行为？

拓展学习

接打电话的微课学习。

电话礼仪微课

综合练习

一、选择题

1. 打电话的礼仪包括（　　）。

A. 做好准备　B. 时间控制
C. 征询告扰的语气　D. 语调适中，礼貌结束
E. 调大声音

2. 正确使用手机应该做到（　　）。

A. 不可以做炫富工具　B. 不可以随时接打
C. 保持手机畅通　D. 随意借用或处置
E. 一直开机

3. 在发送传真时，应检查是否注明了（　　）。

A. 公司名称　B. 发送人姓名　C. 发送时间　D. 自己的联络电话
E. 本人职位

4. 发送电子邮件时需注意（　　）。

A. 主题要明确　B. 语言要流畅　C. 不滥发邮件　D. 合理使用附件
E. 要签名

二、思考题

1. 简述拨打电话的礼仪。
2. 微信礼仪包括哪些内容？
3. 邮件职场应用礼仪规则包括哪些？
4. 使用传真需要注意哪些礼仪？
5. 接听电话的礼仪规范是什么？

三、测试题

测试你自己：在网络上，你会习惯性地这样做吗？

□随着心情的变化每天换签名
□想加对方为好友时既不告知对方自己的真名，也不说明想成为好友的理由
□永远都是潜水
□要求别人转发
□写错别字
□发邮件时没有称呼没有署名
□混淆 CC 和 BCC 的用法
□觉得因为不用真名就可以尽情发牢骚

□点评别人的微博时从来不思考，持有反正不是面对面的态度
□强迫网友同意自己的观点

任务五　了解会议礼仪，沟通更有成效

学习目标

（1）了解作为职场沟通方式之一的会议礼仪规范，包括如何参加会议、如何准备会议、如何主持会议、如何写好会议纪要等知识。

（2）本任务的重点在于学会和掌握会议准备阶段、会中及会后的礼仪规范。

知识框架

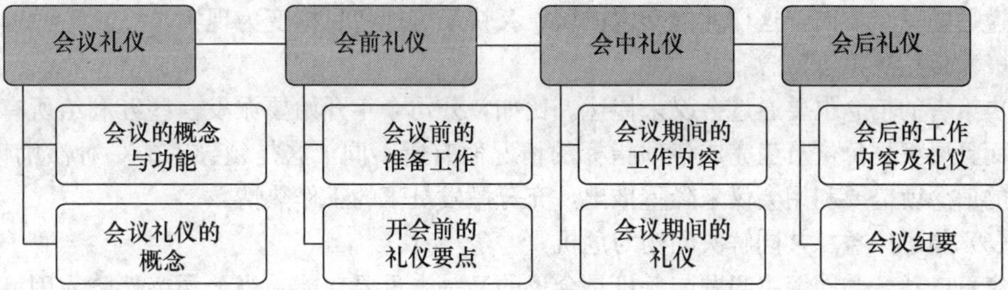

导入问题

T：你知道开会时应遵循的礼仪规范吗？

S：不迟到早退，不交头接耳，不随便走动。

T：说得很好，开会也有礼仪，既要配合主办方开好会，也要尊重参会人员。下面我们一起来学习如何开好会。

正文

一、会议礼仪

（一）会议的概念与功能

1. 会议的内涵

（1）会议的定义。

所谓会议，是指人们怀着各自相同或不同的目的，围绕一个共同的主题，进行信息交流或商讨的活动。会议的参与者主要有主办者、承办者、协办者和与会者（许多时候还有

演讲人），其主要内容是与会者之间进行思想或信息的交流。

（2）会议的目的。

在职场上，会议是彻底贯彻公司的经营方针、评估业绩、解决问题、确立目标、制订工作计划的集会。会议的目的就是洽谈、交换信息、发现问题、解决问题，在顺利推进工作进程的基础上，做出必要的决定，最后与大家的意见达成一致。

（3）会议的形式和种类。

在职场上，会议的形式包括正式会议和非正式会议。像董事会、谈判会议都属于很正式的会议，而碰头会等属于非正式会议。

会议的种类很多，包括股东大会、董事会、部门经理会议、部门内部会议、谈判会议、业务会议、发布会、招待会、各种典礼等。

2. 会议的六大功能

（1）传达公司经营理念并使公司目标协调一致。

召开会议最主要是为了传达公司的经营理念，统一上下的步调，改进公司的缺失，让公司能够更好地发展。同时通过会议，集思广益，把大家的意见统一起来，使之成为公司即将遵循的一个方向，这样才能众志成城，又快又好地将目标变为现实。

（2）传达决策者信念。

决策者的信念也要通过会议来传达。比如，公司今年开始要派发一些红利给所有的员工，而且要根据每位员工完成各项指标的情况而有所不同，这是领导者的一种激励策略，这样的信念就需要利用会议来隆重推出，充分激发员工的工作热情。

（3）集思广益、共同解决问题与危机。

集思广益、共同解决问题与危机是会议的又一个重要功能。当公司突然陷入困境，员工们没有对策，领导一时也拿不出合理的方案时，就需要大家坐在一起召开会议，贡献自己的想法，设法解决公司所面临的危机。所以，开会可以化危机为转机。

（4）脑力激荡，寻求创意，突破经营盲点。

脑力激荡，开发富有创意的经营理念。一个拥有良好的生产线、人员配备和产品的公司，如果没有足够的创新意识，依然不能称为一个好公司。会议就是产生创意的一个良好场所，通过有效的会议，可以进行头脑风暴，不断激发出良好的创意。

（5）检讨、改进缺失。

全面检讨和改进公司的缺失。如果公司今年的业绩一路下滑，就要马上召开会议，讨论一下所有下滑的可能原因，比如：是产品不够好，还是营销费用没有有效控制，或者是人员的配备的问题。通过会议，可以将所有可能的原因列举出来，然后再编列成册，一一做出分析，通过分析结果来检讨和改进公司的有关缺失。

（6）达成告知。

达成告知也是会议的一大功能。比如，今年公司的业绩目标是要达到一亿元的营业额，通过会议，可以将这个目标清晰准确地传达给各个相关部门，号召大家加快生产脚步，争取按时完成任务。这样传达信息要比在布告栏上公布的效果好得多，而且也显得更为郑重。

（二）会议礼仪的概念

会议礼仪包括在召开会议前的准备过程中、会议召开时、会议结束后的相关规范及参会人应注意的事项，以及各种会议约定俗成的程序和仪式等多项内容。遵循会议礼仪对会议的召开和会议精神的执行有较大的促进作用。

二、会前礼仪

（一）会议前的准备工作

会议是职场上非常重要的场合。会议的成功与否可以说取决于会前的准备工作做得如何，如果准备得充分，便意味着会议已经成功一半。开会前要确认召开会议有没有必要，在科技发达的今天，可以通过邮件、电话传达的事项就不必开会传达了，因为会议太多会影响工作效率，但是需要商讨、评估的事宜，属于有必要的会议，则是必不可少的。会议前的准备工作包括以下几点。

1. 明确主题

开会之前，必须明确会议主题和目的。确定会议主题才能明确希望通过本次会议解决什么问题，得到什么结果，并为得到该结果而展开工作。负责筹备会议的工作人员，应围绕领导议定的会议主题，确定会议的规模、时间、议程等，并组织落实。

2. 决定合适的出席人

根据会议目的确定参会对象，统筹人数，确定与会人员名单或范围。研究表明，根据会议性质，各种会议类型有其相应的人数效应。如：研究、商议解决问题的会议，出席会议的人数一般以 10～15 人较为合适，要选择对议题的结论具有影响力的人选，凑数不利于提高会议效果；决议性会议人数不要多，一般 3～5 人为宜；工作汇报或成绩展示性会议多一些人员参加效果更好，一般不应少于 30 人；动员性会议人员越多越好。科学的参会人数，能产生理想的会议效果。避免出现该邀请的没有邀请，不该出席的坐了一屋子的局面，这样既不利于工作推进，对参会人员也不够尊重。

3. 决定召开日期

为了尽可能让应该出席的人员全部出席，征求出席者出席时间的可行性后再做决定。

4. 选定会场

依照会议性质和规模确定会议的场所。不同等级、不同规模、不同性质的会议，所设场所各有不同要求。根据与会者人数，确认会场面积大小是否适合、桌椅的数量是否充足。会场如设在公司外，首先要考虑的是会址是否选在了交通便利的地方，此外，还应考虑能否隔绝外面的噪声和隔壁的说话声，照明亮度是否适当，是否有黑板、屏风、窗帘，用于会议设备的电源插座、投影机、指示器、话筒、幻灯机、卡式录像机是否齐备，并确认其性能和操作方法。

5. 明确分工

成立会务组，明确分工，将具体工作事项责任到人。确认会务组主要负责人，负责全面主持工作，联络各责任人，协调各方面关系。

6. 发出会议通知

由会务组拟好会议通知或邀请函，并送达参会人员。会议通知或邀请函应写明会议主题、会期、出席对象、报到时间、报到地点以及与会要求六项要点。拟写会议通知或邀请函时，应保证其完整而规范。最迟在会议召开前的 7～10 日内发出通知，不得耽搁延误。

案例

某机关定于某月某日在单位礼堂召开总结表彰大会，发了请柬邀请有关部门的领导光临，在请柬上把开会的时间、地点写得一清二楚。

接到请柬的几位部门领导很积极，提前来到礼堂开会，看会场布置不像是开表彰会的样子，经询问礼堂负责人才知道，今天上午礼堂开报告会，该机关的总结表彰会改换地点了。几位领导感到莫名其妙，个个都很生气，改地点了为什么不重新通知？一气之下都回家了。事后，会议主办机关的领导才解释说，因秘书人员工作粗心，在发请柬之前还没有与礼堂负责人取得联系，一厢情愿地认为不会有问题，便把会议地点写在请柬上了，等开会的前一天下午去联系，才得知礼堂早已租给别的单位用了，只好临时改换会议地点。但由于邀请的单位和人员较多，来不及一一通知，结果造成了上述失误。尽管领导登门道歉，但造成的不良影响已难以消除。

请问：在会议准备时应注意哪些问题?

7. 准备会议资料与用品

会议上所用的各种文件材料要按人数准备，内容简单、明了、易懂，数值可用图表表示，归纳要紧凑。会议文件应尽早准备好，于会前分发给参会人员，包括：会议的议程、开幕词、闭幕词、主题报告、大会决议、典型材料、背景介绍等。会议用品应专门采购，如纸张、本册、笔具、文件夹、姓名簿、座位签，以及饮料等，如有必要还需在用品上印制会议标志。

案例

天地石化股份有限公司董事会召开会议，讨论从国外引进化工生产设备的问题。秘书小李负责为与会董事准备会议所需文件资料。因有多家国外公司竞标，所以材料很多。有几位董事由于有事不能参加会议，于是小李就未准备他们的资料。不想，正式开会时其中的两位又赶了回来，结果会上有的董事因没有资料可看而无法发表意见，有的董事面对一大摞资料不知如何找到想看的资料，从而影响了会议的进度。

请问：应如何发放资料才能避免此类问题的发生?

8. 会场的布置

开会时所需的音响、照明、投影、摄影、录音、空调、通风设备和多媒体设备等，应提前进行调试检查；标语、横幅等应有的装饰物要准备齐全；设置路牌、路标，张贴海报；摆放鲜花、旗帜等；座次要安排好，桌牌安放好，按照礼仪次序原则排座；大型会议要安排好进退场的时间和路线，安排引导员做相应的引导和现场指挥。

（二）开会前的礼仪要点

1. 参会者的礼仪

参会者要做到：着正装，衣着整洁，携带通知或邀请函准时入场，依会议安排落座，关闭手机或设置成静音模式。

2. 主办方的礼仪

主办方要做到：会议通知制作规范，相关信息清楚，会议资料准备齐全，准时送达参会人员，会场布置规范，座次安排合理，会场引导到位。

案例

有一次，某地准备以政府的名义召开一次全区性会议。为了给有关单位充分的时间准备会议材料和安排好工作，决定由领导机关办公室先用电话通知各有关部门，然后再发书面通知。电话通知发出不久，某领导即指示：这次会议很重要，应该让参会单位负责某项工作的领导人也来参加，以便更好地完成这次会议贯彻落实的任务。于是，发出补充通知。不久，另一领导又指示：要增加另一项工作的负责人参加会议。如此，在三天内，一个会议的电话通知，通知了补充，补充了再补充，前后共发了三次，搞得参会人员无所适从。请你从协调的角度说说怎样才能避免出现上述这种情况，从而使工作顺利进行。

三、会中礼仪

(一) 会议期间的工作内容

1. 工作内容

(1) 例行服务。

会议期间，需要安排专人在会场内外负责服务，包括引导、斟茶倒水、陪同与会人员等。

(2) 会议签到。

为掌握到会人数，严肃会议纪律，通常要求与会者在入场时签名报到。

(3) 宣布开会。

介绍参会来宾和相关人员，发布会议议程，相关人员发言，组织讨论，陪同参观等。

(4) 编写简报。

有些重要会议，往往在会议期间要编写会议简报。编写会议简报的基本要求是快、准、简。快，是要求其讲究时效；准，是要求其准确无误；简，则是要求文字精练。

2. 开会应有的态度

(1) 开会之前针对主题提出自己的见解。

参加会议的每个人都需要考虑提出具有建设性的意见，最好能够在开会之前针对主题把自己的见解整理出来，做到胸有成竹。

需要注意的是，要在适当的时候，以适当的方式贡献自己的创意。比如，轮到自己发言时，直接、正面地提出自己的看法；从别人的观点引申，提出自己的看法；综合多个人的观点，提出自己的看法；同意他人的观点；针对别人的观点，提出不同的意见；以设问的形式，提出自己的看法。

(2) 对出席者一视同仁，不分上下。

对出席会议的其他与会者应该一视同仁，不要因为你与某个人有私人问题，就将他所提的意见一概否决。开会的目的在于集思广益、共同解决问题，而不是制造问题，因此，与会者要彼此尊重，公私分明，绝对不要存有个人私心，要对出席者一视同仁，不分上下，这样才能达到开会的目的。

(3) 不受利害及感情影响。

除了要明确自己的责任以外，保持一个良好的心态对与会者来说也同样重要。所谓良好的心态，主要就是开放的心态。以开放的心态参加会议，就会减少一些抱怨和摩擦，收获就会增多；反之，如果带着抵触情绪来参加会议，参加会议就会成为一种痛苦。所以，参加会议要不受利害及感情影响。

(4) 对事不对人，不因个人喜好而区别对待他人。

参加会议要做到对事不对人，要能容纳其他与会者的意见，而且要认真考虑他人的意见。这就需要与会者有宽广的胸怀，时时抱着这样的信念：参加的会议必然对我有用；虽然会议比较烦人，但既来之，则安之；不要把对某人的好恶带入会议讨论中来；在会上应做到就事论事，不要牵扯其他；适当地发表自己的观点。

(5) 服从众人决议。

开会时，如果大家一致表决通过了某项决议，在一般情况下，即使你还有反对意见，也只能私下保留，在会议中一定要服从众人的决议。会议强调的正是集体的力量，奉行的是少数服从多数的原则，这一点每位与会者都要谨记于心。

(6) 通力合作以期在短时间内完成工作。

当你的意见不被采纳时，千万不要意气用事，不要抱着“反正我的意见你们不采纳，随你们吧!”的心态。这不仅不利于会议的顺利进行，而且也不利于你的个人发展。

通力合作，以期在短时间内圆满完成工作，这是会议的一个精髓所在，所以，当你的意见被否定时，要多检讨自身，主动向大家靠拢，探讨一下自己意见的缺失在哪里，这样才能和大家一起尽快尽好地完成工作。

（二）会议期间的礼仪

开会时，我们经常会看到：会场上，交头接耳，坐姿懒散，接听电话，玩手机，急于离席；发言者，要么毫无准备，东拉西扯，要么自由发挥，离题万里，要么无视礼貌，互相争吵。这些现象都是不合礼仪的。

1. 与会者的礼仪

(1) 尊重会议的整体功能。

出席者应该尊重会议的整体功能。在会议中，任何有关的问题都可以当众提出，但是最好不要论及与会议议程无关的话题。因为这些话题的出现会误导会议的方向，影响会议的正常进行，可能还会导致会议的决议无法按时达成。

另外，还要切记会议是沟通和交流的场所，是求同存异的场所，如果出现了不文明的行为，对参与会议的每个人来说都是羞耻之事，应该极力避免。

(2) 遵守会议规定。

开会时无论是发言还是其他行动都要严格遵守会议规定。比如，会议还没有进行到第二项议程的讨论，你就不可以擅自举手提出“我觉得第二条……”，这种行为明显违背了会议议程的规定。

所谓欲速则不达，其实按照顺序行事的效率是最高的，这样可以在最短的时间内解决问题。所以，一定要认真遵守会议的规定。

(3) 出席者彼此尊重。

出席者要相互尊重，不要在会议进行中看会议以外的资料，更不可以将自己工作中没完成的部分拿到会议上继续进行。要保证在你的桌面上只能有与议程有关的参考资料，其他的都不应该拿出来，这是对其他与会者的一种尊重。

(4) 关掉所有通信器材。

在参加会议时，要关掉所有的通信器材，或调为静音。可以带电脑进入会议室，但是使用电脑时的内容必须跟会议有关，绝对不允许上网聊天或是打游戏。试想如果所有与会者的手机都开着，凡是用电脑的人都在打游戏、聊天，会议的严肃性何在？会议本身的意义何在？

(5) 发言要获得主席许可。

开会发言是与会者的义务之一，但是在履行这项义务时要注意按章行事。当你需要发言时，请你举手示意，获得会议主席的许可后再进行发言。会议主席是会议的主持和管理者，整个会议的议程均在其调控之中，充分尊重会议主席，先与其做好沟通，有利于会议的顺利进行。

(6) 不随便离席走动或打电话。

一旦会议正式开始，与会者就不能随便离席，即使你对会议的议题毫无兴趣，也要耐着性子认真开会。在会议中随便离席走动或打电话，很容易扰乱会场的秩序，也会分散会议主席的注意力，所以，这些行为是严格禁止的。认真参与会议，不乱走乱动是与会者素质的一种体现，它可以充分反映出与会者对会议以及其他与会者的尊重。

(7) 不要随便打断别人讲话。

一些与会者还没有理解发言者意思或者不等发言者说完一个问题，就频频提出问题，打断别人的讲话。这种行为经常会将发言人和会议主席置于十分尴尬的境地。一方面，出于礼貌和碍于情面，发言人不得不中断讲话，回答这些直率的提问，有时还得重复自己的观点；另一方面，这样的做法会将会议拖入不断重复的陷阱而使会议的目标无法实现。

克服频频发问的倾向很简单，一方面要注意倾听，不要由于自己的原因而听不清发言；另一方面即使有不太清楚的地方，也可以先记录下来以便会后了解，或者抓住重点，在发言者的讲话告一段落时再进行提问。

(8) 遵守离场顺序。

会议结束离开时，应把椅子复位，按顺序离开会场，不要拥挤和横冲直撞。

2. 主办方的礼仪

主办方要做好会议服务，如引导、斟茶倒水、陪同与会人员等。对于与会者的正当要求，应有求必应，充分体现对参会人员的尊重。

3. 主持人（会议主席）的礼仪

会议主持人（会议主席）是会议的灵魂，他的责任是确保议事议程顺利进行，控制时间，以达成会议目标与目的。

(1) 协调气氛。

主席的角色是“群体中的一位”与领导的双重结合，每一位会议主席对此都要有明确的认识。在会议中，要保证每个与会者都能达到最好的发挥，当出现某些原因造成部分与会者对议题讨论情绪冷淡的情况时，会议主席就要及时采取措施激励与会者，使会议气氛活跃起来。

(2) 引导会议方向。

主席的职责之一，就是在讨论有了离题的倾向，尤其是发言者意见太偏激时，能够引导大家的情绪趋于冷静，以寻找契机尽早纠正偏差，争取让与会人员和发言者本人都能愉快地接受。多数会议都存在离题现象，对于这个常见的问题，会议主席应当有一定的处理经验和方法。及时、有效地予以处理，可以节省大量的会议时间和与会者的精力。

（3）化解冲突。

与会者本身若能自行化解意见冲突，则创造高效率的会议就不是一件难事。必要的话，主席应公开处理互相冲突的意见，但要极力避免引起与会者间的对立。主席在化解冲突前，应该对持相反意见的两方分别有清楚的了解，并提出折中方案应对。

（4）有效结束会议。

结束会议的一般步骤包括：判断结束会议的时机、简短地报告此次会议的决定、宣布会议结束、向与会者再次表示感谢和与会者的退场安排。

很显然，已经得出决议，完成预定目标的会议可以结束了。对于还没有得出决议的会议，可以参照当时的情况判断；在宣布会议结束前，需要将此次会议的决定简短地向所有与会者进行报告，以表现这个会议决定是公开透明的；会议结束时，会议主席应向全体与会者表示感谢；如果与会者人数较多，就需要对与会者的退场次序进行安排。

4. 发言时的礼仪

（1）先从结论开始叙述。

发言从结论开始，叙述时用条款的方式将理由逐一区分开来，其后加以简明扼要的阐述，有提问应做详细的解释。开场白不宜过长，否则会让听众厌烦。

（2）不可打断他人发言。

中途打断发言者讲话是不礼貌的，未得到会议主席或主持人的允许，不应随意发言。有什么疑问和反对意见，要等发言结束后再提出来。

（3）持谨慎的态度发言。

持消极态度的发言是不受欢迎的，应积极坦率地叙述自己的意见，卖弄自己的知识、对反对意见采取讽刺的态度或感情用事，都会令人不舒服。反驳要以确凿的事实为依据，着眼于会议的宗旨，摆事实、讲道理，不能进行人身攻击。

（4）发言不要占据别人的时间。

会议发言有时间要求的话，应控制时间，时间一到应停止发言，让给下一位。如果觉得时间差不多了，在大体可以告一段落的地方中止讲话，并就主要内容简单地交代一两句后让给下一位，这是礼仪要求。

（5）讲话有幽默感。

无论怎样激烈地争论，都不可用武断的表达方式指责对方。应注意采用温和中夹杂幽默的演讲方式。

5. 质询的礼仪

（1）不要同时提出两个以上的问题。

质询也就意味着要提出问题，所以，质询的第一个礼节就是不要同时提出两个以上的问题。即使你当时确实有许多问题，但是一次只能提出一个问题，而且是一对一的提问。这样能让被质询者集中思路回答你的问题，有利于解答你心中的疑问。

如果一次提出多个问题，一时之间会令对方不知所措，更不利于解决问题。一对一的提问方式既可以表现出你对对方以及问题本身的尊重，也是一种有礼貌的表现。

(2) 质询要在两分钟内说完。

会议主席要提前做好会议各项议程的时间段的分配，要专门留出一定的时间供与会者提出质询。而且要事先明文规定，每位提问者必须让自己的提问在两分钟内完成，从而空出更多的时间让被提问者回答。

若不事先做好时间分配，质询这个环节恐怕就会被省略掉，因为过于冗长的会议会让与会者丧失提问的兴趣。而如果质询时间过长，也会拖延会议的进程。

(3) 避免只回答是或不是。

回答问题时不能只说是或不是、好或不好，应简短说明原因。回答要简洁明了、有理有据。要一针见血地指出某提案为什么好或为什么不好。另外，回答问题不要过于直截了当，尽量婉转并留有余地。比如你可以说："因为我觉得这个会影响到我们公司的某些项目，所以我个人认为我们采用其他的方案是不是会更好。"

(4) 不要重复提出同样的质询。

开会时不要重复提出同样的问题。有些人为了表现自己，即使同样的问题已经有人提出，他还是不厌其烦地再提出一次。这种行为实属多余，而且也很不明智，别人提过的问题已经失去了再问的意义，应该构思其他的问题。而且，这种重复提问还会占据会议的时间，影响他人提问。

(5) 勿大声无理地问话或坚持己见。

少数服从多数是会议规则中的一条，它强调的是一种集体的声音，压制的是个别不同的声音。所以，如果你的意见与绝大多数人的想法相左，你就要试着去接受大家的意见，而不是坚持己见。

如果你因为自己的意见不被认同而脸色难看甚至在会议中大喊大闹，那不仅于事无补，而且会让其他与会者觉得你没有风度、气量狭小，甚至会因此而处处树敌，使自己处于被孤立的境地，与其如此，还不如顺应"民意"。

6. 会议记录礼仪

应站在中立的立场上，客观正确地记录；简明扼要地记录发言内容；对决定事项要记录下做出决定的经过和根据；如果没有得出结论，要记录下保留事项和要继续审议的事项。

案例

小刘的公司应邀参加一个研讨会，该研讨会邀请了很多商界知名人士以及新闻界人士参加。总经理特别安排小刘和他一道去参加，想让小刘见识见识大场面。

小刘早上睡过了头，等他赶到，会议已经进行了二十分钟。他急急忙忙推开会议室的门，"吱"的一声脆响，他一下子成了会场上的焦点。刚坐下不到五分钟，肃静的会场上又响起了摇篮曲，是谁在播放音乐？原来是小刘的手机响了！这下子，小刘成了全会场的"明星"……

没过多久，听说小刘"另谋高就"了。

不管是参加自己单位还是其他单位的会议，都必须遵守会议礼仪。因为在这种高度聚焦的场合，稍有不慎，便会严重有损自己和单位的形象。

实训任务

以小组为单位完成新产品发布会的会议策划方案。策划案完成之后，请一位同学代表发言，相互交流，相互学习。

四、会后礼仪

（一）会后的工作内容及礼仪

1. 形成文件

会议决议、会议纪要等文件一般要求尽快形成，及时下发给参会人员。

2. 文件整理

根据工作需要与有关保密制度的规定，在会议结束后应对与其有关的一切图文、声像材料进行细致的收集、整理工作。

3. 协助返程

大型会议结束后，主办单位一般应为外来的与会者提供一切返程的便利。若有必要，应主动为对方联络、提供交通工具，或是替对方订购、确认返程的机票、车票等。

（二）会议纪要

1. 什么是会议纪要

会议纪要是记录和传达会议情况与议定事项时使用的一种法定公文。它的行文方式比较灵活，可以是上行文、下行文和平行文。

会议纪要与会议记录不同，会议记录只是一种客观的纪实材料，记录每个人的发言，而会议纪要则集中、综合地反映会议的主要议定事项，起具体指导和规范的作用。会议纪要包括以下几种：

(1) 办公会议纪要。

主要用于记录和传达领导的办公会议决定及决议事项。如其中涉及有关部门的工作，可将会议纪要发给他们，并要求其执行。

(2) 工作会议纪要。

用以传达重要的工作会议的主要精神和议定事项，有较强的政策性和指示性。

(3) 协调会议纪要。

用于记录协调性会议所取得的共识以及议定事项，对与会各方有一定的约束力。

(4) 研讨会议纪要。

主要记录研究讨论性或总结交流性会议的情况。这类会议纪要的写作要求全面客观，除反映主流意见外，如有不同意见，也应整理进去。

2. 会议纪要的特点

(1) 内容的纪实性。

会议纪要如实地反映会议内容，不能离开会议实际搞再创作，否则，就会失去其内容的客观真实性。

(2) 表达的提要性。

会议纪要是根据会议情况综合而成的，因此，撰写会议纪要时应围绕会议主旨及主要成果来整理、提炼和概括，重点应放在介绍会议成果，而不是叙述会议的过程上。

（3）称谓的特殊性。

会议纪要一般采用第三人称写法。由于会议纪要反映的是与会人员的集体意志和意向，常以“会议”作为表述主体，使用“会议认为”“会议决定”“会议要求”“会议号召”等惯用语。

3. 会议纪要的基本写法

（1）集中概述法。

这种写法是把会议的基本情况、讨论研究的主要问题、与会人员的认识、议定的有关事项（包括解决问题的措施、办法和要求等），用概括叙述的方法，进行整体的阐述和说明。这种写法多用于召开小型会议，而且讨论的问题比较集中单一，意见比较统一，容易贯彻操作，写的篇幅相对短小。如果会议的议题较多，可分条列述。

（2）分项叙述法。

召开大中型会议或议题较多的会议，一般要采取分项叙述的写法，即把会议的主要内容分成几个大的问题，然后列上标号或小标题，分项来写。这种写法侧重于横向分析阐述，内容相对全面，问题也说得比较细，常常包括对目的、意义、现状的分析，以及对目标、任务、政策措施等的阐述。这种纪要一般用于需要基层全面领会、深入贯彻的会议。

（3）发言提要法。

这种写法是把会上具有典型性、代表性的发言加以整理，提炼出内容要点和精神实质，然后按照发言顺序或不同内容，分别加以阐述说明。这种写法能比较如实地反映与会人员的意见。某些根据上级机关布置、需要了解与会人员不同意见的会议，可采用这种纪要。

4. 会议纪要的格式

会议纪要通常由标题、正文、结尾三部分构成。

（1）标题。

标题有三种形式：一是会议名称＋纪要，如“全国农村工作会议纪要”；二是召开会议的机关＋内容＋纪要，也可简化为机关＋纪要，如“市经贸委关于企业扭亏会议纪要”；三是正副标题相结合，如“维护财政制度　加强经济管理——在××部门××座谈会上的发言纪要”。会议纪要应在标题的下方标注成文日期，位置居中，并用括号括起。作为文件下发的会议纪要应在版头部分标注文号，行文单位和成文日期在文末落款（加盖印章）。

（2）正文。

会议纪要正文一般由两部分组成。

1）开头，主要指会议背景、会议的目的、会议时间和地点、主持人、与会人员、议题、议程、会议效果。

2）主体，是指会议的精神和议定事项。常务会、办公会、日常工作例会的纪要，一般包括会议内容、议定事项，有的还可概述议定事项的意义。工作会议、专业会议和座谈会的纪要，往往还要写出经验、做法、今后工作的意见、措施和要求。写好正文部分要掌握以下几点：

● 要从会议的客观实际出发，从会议的具体内容出发，抓中心，抓要点。抓中心就是抓住会议的中心思想、中心问题、中心工作；所谓要点，就是会议的主要内容。

● 会议纪要是以整个会议的名义表述的，因此，必须概括会议的共同决定，反映会议的全貌。凡没有形成一致意见的问题，都需要分别论述并写明分歧之所在。

● 为了叙述方便、条理清楚，常用“会议认为”“会议指出”“会议强调”“与会人员一致表示”等词语作为段落的开头语，也有用在段中的，起强调的作用。

● 属于介绍性的文字，笔者可以灵活自由叙述，但属于引用性的文字，必须忠实于发言者原意，不能篡改，也不可强加于人。

(3) 结尾。

主要是对会议的总结、发言评价和主持人的要求或发出的号召等。

案例

××公司××年××月工作例会会议纪要

时间：××××年××月××日（星期一）下午两点

地点：公司二楼会议室

参会人员：董事长×××，总经理×××，副总经理×××、×××、×××

办公室、财务部、合同部、城网工作部、运管部、工程部各部部长

×××（记录）

××月××日下午，公司召开中层干部工作例会。会议由公司总经理×××主持，公司领导×××、×××、××、×××、×××及办公室、财务部、合同部、城网工作部、运管部、工程部各部部长和×××等有关负责人参加了会议，设备部负责人因其他工作未参加会议。各有关部（室）、×××对一月份的工作完成情况做了交流，对下一步的工作安排进行了研究，×××、×××等领导就各自分管工作发表了意见，×××董事长就公司面临的形势和公司中心工作提出了要求；×××总经理对××月份的工作进行了部署。现将会议的有关内容纪要如下：

…………

会议认为，××××年度由于受世界经济危机的影响，公司的财务压力较大，要求大家一要进一步做好节约型企业创建工作，在如何节约成本上动脑筋、想办法，尤其是要加强××××××成本的控制；二要加强××××的改革和研究，进一步做好××××工作。

主送：公司各部室、××××

抄送：×××××

发：公司董事长、总经理、副总经理、总会计师、总工程师、总经理助理

印发时间：××××年××月××日

共印：25份

案例分析

A公司要召开董事会，这个工作交给了公关部来筹办，公关部由于正在准备下个月的新产品发布会，人手紧张，于是就把董事会的准备工作交给了两名新员工。两位新人非常

努力，他们订了公司里最大的会议室，用 E-mail 给各位董事发了开会通知，又对会议室进行了认真布置，电脑、投影仪、话筒都准备好了，还摆上了鲜花，准备了茶歇用品。他们认为都准备得没有问题后，高兴地去向公关部部长汇报。部长提了几个问题，他们才发现还有需要完善的地方。

问题：你觉得他们的会议准备有哪些问题？

拓展学习

主动承担分外工作让自己更出色

在职场中，每个人的责任都是十分明确的，做好自己分内的事情是应该而且必需的，但是要想成功，仅仅局限于做自己分内的事情是远远不够的。很多成功者之所以成功，都是因为不只局限于做了自己分内的事，成功还意味着要承担更多的责任。在自己分内的工作之外每天多做一点，比别人期待的更多一点，如此才能取得更好的成绩，才能取得成功。

一个没有责任心的员工会认为自己没有义务做自己职责范围以外的事，但是一个对工作高度负责的员工不这样认为，他总是在做好本职工作的前提下，再多做一点，以鞭策自己快速前进。

有些人只求分内的工作尽职尽责，老板、领导没有安排的工作或者是自己职责范围以外的工作就不会主动地去做，更不会发挥自己的主观能动性去开创工作。那么，这些人的成绩往往只是平淡、平庸，不会有突破，更不会有建树。

事实上，多数人只对自己分内的事负责，对同事表现出来的是一种“只管自扫门前雪，莫管他人瓦上霜”的冷漠，对上司表现出来的是一种故步自封的懒散和不服管理的执拗。不愿意承担更多责任的人就不会取得更大的成功，因为成就越大，承担的责任必然就越多。多承担一些责任，不仅证明你能力突出、富有热情，而且你还会因此得到更多薪水以外的资源和财富。责任越重，被肯定的价值和得到的信任就越高。

综合练习

一、选择题

1. 企业日常的例会最好选择在一天的（　　）时间召开。

A. 6:00—8:00 或 16:00—18:00

B. 8:00—11:00 或 14:00—16:00

C. 8:00—11:00 或 16:00—18:00

D. 6:00—8:00 或 14:00—16:00

2. 如果得知与会外宾来自美国和英国，那么会议饮料应该提供（　　）。

A. 咖啡　　B. 橙汁　　C. 绿茶　　D. 咖啡和红茶

3. 会议质询的提问者应该把提问控制在（　　）内。

A. 一分钟　　B. 两分钟　　C. 三分钟　　D. 四分钟

4. （　　）是产生创意的良好场所，通过它可以进行头脑风暴，不断激发出良好的创意。

A. 资料收集　　B. 会议　　C. 阅读　　D. 思考

5. 会议主席的确定应从（　　）范围内进行。

A. 参与会议的最高领导

B. 与议题关系最为紧密的人

C. 会议召集者

D. 基于以上三项中的现场控制能力较强的、各方面代表均能接受的人

6. 作为会议的出席者，假如你对会议的议题毫无兴趣，而同时你手边还有很多其他工作等着你去完成，你将会（　　）。

A. 在不打扰别人的情况下，不再听会议议题内容，而是将其他工作拿到会议中进行处理

B. 既不听取会议内容也不做其他的工作，开始睡觉

C. 努力平和心态，既来之则安之，使自己静下心来继续听

D. 既不听取会议内容也不做其他工作，而是开始向邻座的人发牢骚，寻求共同感受

7. 公司日常的例会最好选择在（　　）举行。

A. 周二至周四　　B. 周一　　C. 周五　　D. 周末

二、思考题

1. 会议的六大功能是什么？

2. 请叙述开会应有的态度。

3. 开会期间与会者礼仪包括哪些内容？

三、实训题

请按照所学会议礼仪筹办一次班会。

项目五
赢得客户爱戴的关键
——拜访与接待礼仪不可不懂

任务一　学会拜访礼仪，让你受欢迎

学习目标

（1）通过学习，使大家在商务交往拜访活动中能更加得体，提升职业形象，建立良好的商业关系。

（2）了解、掌握拜访工作的流程和方法及注意事项。

（3）学会在日常的职场交往中根据实际情况灵活恰当地运用相关礼仪，从而在商务交往中更加顺畅，完成工作任务。

知识框架

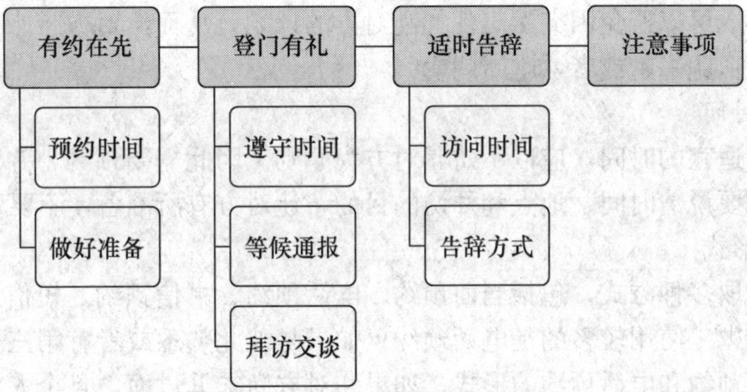

导入问题

T：你做好了在职场中进行商务拜访的准备了吗？

S：得体的穿着打扮、合适的礼物、明确的目的以及准备充分的资料和方案，还有……

商务拜访是指个人或者组织代表以客人的身份，有针对性、有目的性地前去拜访其他的单位、部门或个人，就有关事项与相关人员进行探讨或者切磋的一种社会交往形式，具有一定的规范性、约束性和差异性。中国人历来非常重视拜访的礼节，古时就有“无辞不相接，无礼不相见”之说，更有“千里送鹅毛，礼轻情意重”的典故。在职场上，员工不仅要接待客人，也会因业务上的事情出门拜访客户，为此，礼仪的重要性更加凸显。商务拜访，通过面对面的交往形式，不仅可以塑造良好的个人形象，拉近办事人员之间的距离，增加相互之间的了解和信任，建立长期的友好关系，更重要的是可以使双方深入沟通想法、观点，解决细节问题，及时了解彼此的想法，提高工作效率，促成商业合作。去拜访客户，无论相互之间沟通接洽的事情有多大，一定要注意拜访中的礼仪礼貌。那么，商务拜访需要注意哪些礼仪规范呢？

案例

王磊是某市外事办公室的一名干事，有一次，领导让他负责与来本市参观访问的某国代表团进行联络。为了表示对对方的敬意，王磊决定专程前去对方下榻的饭店拜访。他先用电话与对方约好了见面的时间，并且告诉对方自己停留的时间。随后，他对自己的仪表进行了修饰，并准备了一些本市的风光明信片作为礼物。王磊如约而至，敲门进入后，他主动向对方问好并握手，随后做了简要的自我介绍，并双手递上自己的名片与礼品。简单寒暄后，他便直奔主题，说明了自己的来意，谈完后便握手告辞。

作为一名公务人员，王磊的上述表现符合拜访的常规礼仪，展示了训练有素的交际风采。

一、有约在先

拜访不能未经约定做不速之客。拜访前应进行预约，向对方提出拜访的意愿，征得对方的同意。这样既可以避免因突然出现扰乱对方的计划，从而给对方带来麻烦，也可以避免因对方不在而白跑一趟或者“吃闭门羹”。

（一）预约时间

拜访应选择适宜的时间，应以不妨碍对方为原则。因此需要预约，并注意避开一些特殊时段。预约时要说清时间、地点和拜访的目的，让对方有所准备，不要贸然行事。

1. 预约的形式

预约可以采取多种方式，包括当面预约、电话预约、书信预约、短信预约、邮件预约等。在日常工作中，使用较多的是电话预约；如果是彼此熟悉或者有第三方帮忙介绍的情况，宜采用当面预约和电话预约的形式；如果和对方尚未见过面，且个人对于当面预约成功率把握不大，则可以采用书信、短信或者邮件预约的方式。书面预约时，语气必须婉转、恳切和有礼貌，内容不要太详细、具体，只简单说明约见的理由，并提出合适的时间和地点请对方同意即可。但书信预约，要注意随时关注对方回信，如果没有回信应再以电话联系询问“我给您发了一封信函，不知道您收到没有?”，以此话为开头再次电话预约。如果预约被接受，需要告知己方情况，除时间外，还应该包括人员、人数、姓名、职务、商谈的事项，以及所预计的时间等，方便对方做出安排。

2. 时间的选择

拜访的时间是决定拜访能否被接受的首要条件。有关具体的日期和时刻的选择，应首先取决于对方的日程，除非对方任何时间都可以，才能由自己决定。当自己决定拜访的时间时，应以不妨碍对方工作和休息为原则，选择对方较为方便的时间。如果是单纯公务性拜访，适宜选择对方上班的时间；如果是私人拜访，应以不影响对方休息为原则，尽量避免在吃饭时间、午休时间或者是晚上 10 点以后登门。一般来说，上午 9 点至 11 点、下午 2 点至 5 点或者晚上 7 点至 8 点是比较适合的时间。但周一上午和周五下午不宜拜访；同时，在时间段上，应避免上午 9 点半之前和下午 1 点半之前安排约见。

如果从预约到拜访的间隔时间太长，被对方取消的可能性很大，同时对方也可能忘了这件事。因此，在拜访前一天最好通过电话再次确认。

案例

李静毕业后在北京找了一份公关助理的工作。由于职业的原因，她平时待人接物很讲究礼仪，因此对不懂礼貌的人很反感。一天，李静正在上班，突然接到朋友刘思思打来的电话，说她现在正在北京西站，让李静马上去接她。虽然是上班时间，但是朋友初来乍到，不去迎接的话面子过不去，所以她请假前往。

见到朋友后，李静很礼貌地问刘思思，来北京有什么打算，刘思思打着哈欠说："暂时没想好，先玩几天吧。"李静没说什么，把她接到住处，很客气地招待她。

接下来，李静就跟刘思思挤在一张床上住了几天，刘思思除了睡觉什么也不干，弄得李静很不高兴，进而影响了两人的感情。

请同学们分析该案例情境中李静和刘思思的感情受到影响的原因。

（二）做好准备

1. 准备好相关资料

提前了解拜访对象的基本情况，准备好相关材料，以免到达客户公司后，耽误自己和客户的时间。这样也可以用最快的速度与客户有效沟通需要解决的问题。另外还要检查名片是否备好。

2. 注意仪表

拜访客户注重仪表不仅体现了拜访者的个人修养，更体现了拜访者对主人的尊重。拜访者的着装一般以整洁、朴素、大方为主，不必太过华丽，应整理好头发，刮净胡须，服装整洁，鞋子干净。衣冠不整、蓬头垢面地去拜访他人，会给人不愉快的感觉，影响工作效果。

二、登门有礼

（一）遵守时间

一旦宾主双方约定了会面的具体时间，作为客人应该牢记守约。如果有极其特殊的情况而不能守约，最好尽早告知。一般情况下，不能随便变动双方约定的时间，打乱被拜访者的安排；同时，拜访当天既不能到达太早，也不能迟到。理想情况是准时到达约定地点，这才是最为得体的表现。

虽然准时到达现场和对方接洽最为得体，但是准时到达有时很难把握，因此，拜访时最好提前 5～10 分钟到达现场，以防由于交通堵塞导致迟到。提前 10 分钟到达，可以去洗手间检查一下仪容仪表，同时还可以冷静几分钟，整理思路，保持良好的状态。另外，在进入办公区域前，应把手机调成无声或者震动。

（二）等候通报

提前5分钟与客户的前台打招呼，报上自己的姓名和公司名，递上名片，告诉对方自己的来意，请其转达通报。在等候期间要注意自己的举止和言行，切不可显示出不耐烦的样子。在等候期间，不要看无关的资料或者在纸上涂画。接待者奉茶时，要表示感谢。切记不要在拜访公司里乱走，甚至乱翻东西。如果是私人拜访，也不可随意进入私人空间，应在会客室等候。通报后，应跟随接待人员到达会议室或交谈地点，如果是自行前往，应敲门后进入。

（三）拜访交谈

当宾主双方正式见面后，商务拜访的交流过程正式开始。在整个过程中，要更加注意自己的言行举止，以免影响个人和公司的形象，破坏彼此的合作关系。

1. 问候、自我介绍

见面后，彼此打招呼致见面礼是必不可少的。如果双方是初次见面，拜访者必须主动向对方致意，简单地做自我介绍。在自我介绍之前，首先递上自己的名片，然后热情大方地与被拜访者行握手礼。按商务礼节，应该是客人先递名片，用双手拇指和食指执名片两角，让名片正面朝向对方递过去；然后客气地寒暄几句，如“请您多关照”“请您多指教”，不可一言不发。同时，接过对方的名片，看两秒钟后，要问候对方，道声“您好，见到您很高兴”等，然后将名片妥善放好。

初次见面交换名片后，要做简单的自我介绍，一般应在一分钟之内，内容规范，按场合的需要选择恰当的介绍内容。如果我们随同事或者上级前往，且我们自己是预约的联系者，则作为联络官的个人应该主动向主人介绍自己的上司或同事。如果是陪同上司前往，作为洽谈的辅助者，则需要做好记录等工作。

2. 寒暄

正式交谈前，往往要先寒暄、闲聊几分钟。在拜访的初始阶段，寒暄问候是非常重要的，可以消除陌生感、拉近距离。问候时，应口齿清晰，精神饱满，用词文雅，往往使用“之前电话里只闻其声，今天可算见到真人了”“初次见面，请多多关照”“又来打扰您了”等。

正式交谈前的闲聊，目的是解除对方的戒心并加强沟通。寒暄可以从这些话题开始：天气、兴趣、休闲、新闻等。如果在拜访时，能够善于发现被拜访者的办公室或者家里环境的装修亮点、陈设的家具及独具风格的饰物，并给予精确的评价和由衷的赞美，你的细心和赞美会让对方增加对你的好感。尽量避免谈论政治、宗教信仰等话题，容易造成双方对立或者让对方不舒服。

3. 进入正题

谈话切忌啰唆，简单的寒暄是必要的，但时间不宜过长。因为被拜访者可能有很多重要的工作等待处理，不要浪费对方的时间。因此，简单的寒暄之后应直入正题。当对方发表自己的意见时，打断对方的讲话是不礼貌的，应该仔细倾听，将不清楚的问题记录下来，待对方讲完之后再提问。双方意见产生分歧时，一定不能急躁，要保持沉默，避免破坏拜访气氛，影响拜访效果。

沟通工作时，一定要简洁，切忌啰啰唆唆。对于自己不明白的地方，一定要问清楚。

对于对方提出的问题，要把要点记录下来。有些事无权做主，就要明确告诉对方要向上司汇报后才能答复。当然，如果紧急，也可以现场用手机向上司请示。不过，通话时尽量避免让客户听到，所以最好找安静的地方通话。

在沟通时，一定要注意语言沟通和非语言沟通。在语言沟通上，要注意称呼，注意遣词造句，注意表达过程中的语速、语调和语气等。在非语言沟通方面，要察言观色，关注对方的举止表情，当对方有不耐烦的表情时，应适当转换话题。尤其与异性交谈时，更要注意分寸。同时，不管讨论的话题多么严肃，全程要保持微笑，说话时要看着对方的眼睛，也不应回避对方的目光，否则就会给对方一个紧张不安或者精力不集中的印象。交流时还要注意自己的坐姿，双手放置的位置。不应双手交叉抱着胳膊，也不应跷着二郎腿，更不应摇晃身体。另外，最好不要抽烟，尤其是女性。总之，不要因自己的语言和行为使对方感到为难。

案例

曾经雄踞日本百科全书销售冠军数年之久的推销大王井户口健二说过："七八分钟内推销一定要成功，如果推销超过十分钟仍没有定论，则注定要失败。"或许你会说，井户口健二先生说得太绝对了。但是有一点你不能够否认，那便是开场白的重要性。

实训任务

李军是某公司的业务员，通过预约，今天去拜访大客户张经理，并在拜访中向张经理介绍本公司的一项新产品。请你模拟他进入张经理办公室进行拜访的言谈举止。

训练要求：先请几位同学面向全班进行模拟，然后全班展开讨论，说说哪一种更好，并说出理由。

三、适时告辞

（一）访问时间

拜访时间并不是越长越好，要有时间观念，学会控制。正式的工作访问，时间一般应控制在半个小时到一个小时，初次拜访应该控制在半小时以内，一般性拜访不要超过一个小时。如果对方要求，可以适当延长，但也不可拖得太久。因此，拜访中的谈话应该紧紧围绕商定的主题进行，不要东拉西扯。

如果双方在拜访前已经约定了拜访时间，则必须把握好已约定的时间。如果没有对时间做具体要求，就要在最短的时间里讲清楚所有问题，然后起身离开，以免耽误被拜访者的工作。

在拜访过程中，应该察言观色，关注对方的反应，如果话不投机，被访者反应冷淡，有辞客之意，或者被访者反复看手表或时钟，或者被访者站起来，总结谈话，并说出以后可以再继续交流，则拜访者应该考虑结束拜访。同时，如果被访者有新的来访者，一定是有事而来，即使谈兴正浓，也应该尽快告辞。

（二）告辞方式

此外，还要注意拜访告辞的方式。告辞之前要表现得沉稳。告辞应该由客人提出来，最好是自己讲一段有告别之意的话，或者在双方对话告一段落、新的话题还没开始之前，提出告辞。态度上要坚决，行动要果断，不能嘴上说："这次先谈到这儿"，实际上却迟迟不起身。

拜访结束时，如果谈话时间过长，起身告辞，要向被访者表示“打扰”的歉意。辞行时，应和对方一一握手或点头致意。出门时，被访者如果表示起身相送，应请其就此留步。走时至少应回一次头再次示意告别，不要一出门就径直离开。如果有意请被访者回访，可在同接待者告别时郑重提出邀请。

另外要注意，从对方的公司出来后，切勿在电梯及走廊中和同去者窃窃私语，以免被对方看见产生误解。

四、注意事项

拜访强调“客随主便”，切忌不拘小节，失礼失宜。所以，在拜访过程中要注意以下一些细节：

（1）“无事不登三宝殿。”拜访都有一定目的性，需要商量什么事情、拟请对方做哪些工作、自己需要做些什么、如何同对方交谈等，事先都应认真设想和安排。

（2）正式拜访前，要准备好自己的服饰，注意仪容仪表。衣服要端正整洁，给拜访对象留下良好的印象。一般情况下，做商务拜访，女士应着深色套裙、中跟浅口深色皮鞋配肉色丝袜；男士最好选择深色西装、素雅的领带，外加黑色皮鞋、深色袜子。

（3）在做商务拜访前，不仅要准备好相关活动资料、公司资料、同行业资料等，还要努力收集对方的资料，尽可能了解对方的情况，并把所得到的信息加以整理，记入脑中，以备协商沟通时有的放矢。

（4）拜访馈赠是商务活动的重要形式之一，是一种职业联系。馈赠要把握时机，包括时间的选择和机会的择定。商务拜访馈赠大多选择在公关活动、庆典活动、祝贺开张开业及适逢节日等时机。馈赠礼物，要注意投好避忌，一定要了解受礼者的喜好和禁忌。

（5）来到被访者办公室外，进门前要先轻敲门或按门铃。即使门是开着的，也要轻轻敲门，获得允许后方能进入；敲门时，用食指和中指的第二关节，连敲三次，一般最多敲三遍，听到“请进”方可进入。

在进入被访者的办公室后要主动和对方打招呼问好，若房间内有多人，应照礼仪惯例先后向对方问候与行礼。标准的做法是先尊后卑，由近至远。如果被访者不主动介绍，不要主动询问别人和被访者的关系以及来访的原因。

（6）公文包不要放在椅子或者桌子上，而应放在脚边。

（7）在拜访场所原则上是不允许吸烟的。

（8）拜访重要的客户，应该在进入对方公司前关闭手机或调为静音，会谈中，不是紧急情况不应拿出手机拨打或接听电话。

（9）拜访中应严格控制拜访时间。

（10）若是重要的约见，拜访后，应向受访者发函致谢，或打电话致谢，这样可以进一步密切双方的合作关系。

案例

小张在某公司市场部工作，他准备去拜访万康公司的市场部经理王红女士。小张预约的时间是本周三下午3点。他事先准备好了有关的资料、名片，并对该公司及经理进行了相应的了解。拜访前，小张对自己的仪容仪表进行了精心得体的修饰。到了周三，小张提前5分钟到达该公司。在与王红女士的交谈中，小张简明扼要地表达了拜访的来意，交谈中能始终紧扣主题，给王女士留下了很好的印象，最终促成了交易。

请分析小张在进行商务拜访之前都做了哪些准备工作。谈谈自己的感受。

案例分析

小刘是一位刚刚大学毕业应聘到A公司的新业务员。今天他准备去拜访B公司的王经理。由于小刘没有王经理的电话，所以他没有预约就直接去了王经理的公司。小刘刚入职，还没有公司制服，也没有名片，所以他选择了休闲运动打扮。小刘到达王经理的办公室后，刚好王经理在打电话，就示意他在沙发上坐下等。小刘便往沙发上一靠，跷起二郎腿，一边吸烟一边悠闲地环视办公室。在等待的时间里他不时看表，不时从沙发上站起来在办公室里走来走去，还随手翻了一下放在茶几上的资料。

问题：请问小刘此次拜访会成功吗？如果不成功，请指出其失礼之处。

拓展学习

提升自己的人脉竞争力

中国是个讲人情的社会，常言道，人熟好办事。成功是每个人都渴望的事情，但是有的人比较顺利地实现了自己的梦想，有的人经过努力最终也达到一个成功的高度，但是有的人各方面做得都非常不错，可就是始终不能美梦成真。在现代社会中，成功不仅靠努力，还要靠良好的人际关系。

乔·吉拉德（Joseph Sam Girardi）是世界上最伟大的推销员，曾经有位培训师讲过这样的一个故事。他曾有幸参加乔·吉拉德关于人脉的演讲，演讲前，他不断地收到乔·吉拉德助理发过来的名片，在场的两三千人几乎都是如此，每个人都有好几张，没想到，等演讲开始后，乔·吉拉德却又发出了三千多张名片，现场一片骚动，然后乔·吉拉德说："各位，这就是我成为世界第一推销员的秘密。"乔·吉拉德的成功正是得益于自己建立的强大的人脉网络。渴望成功的人，应该得到更多人的支持与帮助。想成功，就要学会不断扩大你的支持者阵容，不断缩小你的反对者阵容，人脉对于一个人的成功非常关键。不善于交际，不解人情世故，不善应酬，人缘差，就不能获得更多人的支持与帮助，成功的希望就会落空。更何况现代社会，许多事情必须要多人合作才能完成，需要依靠团队的力量才能成功。因此，一个人要想在职场中获得更大的成功，除加强自己的专业技能和知识的学习之外，还要努力提升自己的人脉竞争力。

所谓人脉竞争力，简单地说就是一个人在人际关系、人际网络上所展现出的优势。一个人脉竞争力强的人，他拥有的人脉资源不仅广，而且深。在平时，这个人脉资源可以让他比别人更快地获取有用的信息，进而转换成为升迁的机会或者财富；而在危急或关键时刻，人脉资源则可以让他转危为安。

哈佛大学曾经做过一项针对社会成功人士的调查，以便了解人脉关系在一个人获得成功的过程中起到的重要作用。结果发现，那些被大家认同的杰出人才，专业能力往往不是最强的，关键在于"他们会采用不同的人际策略"。当一位表现平平的研究员遇到棘手的问题时，会努力去请教专家，之后却往往因苦候回音而白白浪费时间；但顶尖人才却因为在平时就已经建立了丰富的资源网，一旦有问题需请教便立刻能得到答案。因此，这份研究报告指出，在专业技能已是必备条件的现代社会，决定胜负的关键往往在于面临难题时，人们如何以最快的方式找到能帮助自己解决难题的人。

要想提升自己的人脉竞争力，首先要培养自己的自信和沟通能力。有了自信与沟通能力以后，如何提升人脉竞争力呢？第一，要使自己成为守信用的人。树立一个让人信任的形象，是让人脉竞争力可以产生良性循环的关键。第二，要提高自己被利用的价值，因为人和人之间往往是互相借力的。第三，要乐于分享。不管是信息、利益或工作机会，懂得分享的人，最终往往可以获得更多。第四，要珍惜每一个帮助别人的机会。第五，要增加自己曝光的机会，多参加有利于推销自己的场合，善用名片也是一个有效的方法。人脉广泛的人，往往能在工作中游刃有余，从而取得事半功倍的办事效果。因此，人脉是非常宝贵的财富。

综合练习

一、选择题

1. 引导客人到会议室，入座的惯例是（　　）。

A. 不拘形式，客人随意就座

B. 离门近为“上座”，请客人靠左边就座

C. 若与门等距离，左边相对于右边为“上座”，请客人靠左边就座

D. 先远后近，先右后左

2. 一位男士想要认识一位女士，在男士自报家门后，女士合乎礼仪的回答是（　　）。

A. “嗯，知道了”

B. “点头示意”

C. 自我介绍一番：“你好，我是×××，很高兴认识您”

D. “抱歉，我不想认识你”

3. 一般来说拜访客户的时间应控制在（　　）。

A. 30～50 分钟　　B. 10 分钟以内　　C. 两个小时　　D. 30 分钟左右

4. 中国传统礼俗中，不能将（　　）作为礼品。

A. 衣服　　B. 钟　　C. 手绢　　D. 书包

5. 拜访客人前需要如何准备？（　　）

A. 不需要准备　　B. 买礼品　　C. 预约拜访时间　　D. 订餐厅

二、判断题

1. 拜访应提前五分钟到达。（　　）

2. 拜访客人应抓紧时间讲正事，最好开门见山。（　　）

3. 初次拜访要给对方留下深刻印象，因此应待得久些。（　　）

4. 拜访时如果主人不在，可以留下名片，表示曾亲自拜访。（　　）

5. 在告别时，可以站在门口和主人再做一次长谈来表示自己对此次拜访很满意。（　　）

6. 拜访他人必须有约在先。（　）

三、思考题

1. 假设需要去一企业拜访某经理，请讨论应做哪些准备工作。

2. 谈谈商务拜访的重要性。

3. 商务拜访有哪些注意事项？

四、实训题

情景模拟：假设你是一家公司的业务员，去拜访客户公司的经理。请模拟从拜访前到拜访结束的情境。

任务二　用好接待礼仪，让你有面子

学习目标

（1）通过学习，使大家在职场商务交往接待活动中能更加得体，提升职业形象，建立良好的商业关系。

（2）了解和掌握接待工作应做的准备及注意事项。

（3）了解和掌握在接待中的次序礼仪。

（4）了解和掌握在接待中的敬茶和送客礼仪。

知识框架

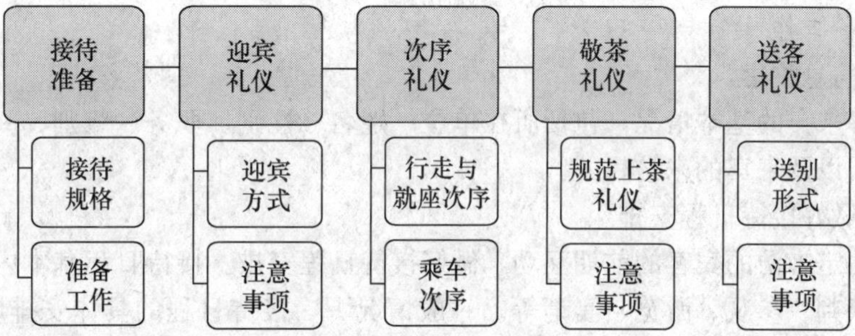

导入问题

T：你知道如何做好商务接待工作吗？

S：注重仪容仪表，说话礼貌客气，安排落座，礼貌敬茶……做到这些可以吗？需要注意什么细节吗？

接待是指个人或单位以主人身份接待客人，以达到某种目的的职场交往方式。接待来自各方面的客人，是公共关系部门一项十分重要的经常性工作，接待工作做得如何，直接关系到组织在公众心中的形象和声誉，更在一定程度上影响彼此的商务合作是否可以成功实现。

一、接待准备

（一）接待规格

在迎来送往的接待工作中，确定接待规格是做好接待工作的基础。

1. 高格接待

即主要陪同人员比来宾的职位要高的接待。如上级领导派工作人员来了解情况、传达意见，兄弟企业派人来商量要事等，需高格接待。

2. 低格接待

即主要陪同人员比客人的职位要低的接待。如上级领导或主管部门领导到基层视察，只能低格接待。

3. 对等接待

即主要陪同人员与客人的职位同等的接待。这是最常用的接待规格。

确定接待规格应考虑以下因素：

第一，双方的关系。当对方的来访事关重大或主人一方非常希望发展与对方的关系时，往往用高规格接待。

第二，客观情况对接待规格的影响。如应当出面接待的正职出差或者生病，只能采用低格接待。遇到此类情况，应主动向客人说明情况和道歉。

第三，接待惯例。对以前接待过的客人，接待规格最好参照上一次的标准。

（二）准备工作

1. 前期信息收集

清楚了解来宾的基本情况，包括所在单位、姓名、性别、职务、级别、一行人数、到达日期和方式以及来宾的来访目的。

2. 提前做好接待日程安排

根据与约定来访的宾客的前期互动，做好接待日程安排。接待日程基本内容包括：迎送、会见、谈判、参观、游览、宴请等。一般情况下，接待日程的具体安排应完整周到，疏密有致。一旦确定下来，应立即向来宾通报。

3. 提前安排好接待场所物资

精心准备好会见场所，打扫干净，做一定布置，力求整洁、美观、方便、实用。适当准备水果、饮料、茶具等，摆放鲜花。另外还应该准备好文具用品，以及可能需要的相关文件资料（包括公司介绍、建议书、合同文本、报价单等）。

如果来访者是异地客人，且需要逗留几天，则要提前安排好住宿。住宿要预订，住宿安排要根据客人的情况来斟酌，具体包括身份、人数、性别、身体状况、生活习惯、工作需要等。选择宾馆要根据经费预算、宾馆接纳能力、口碑与服务质量、周边环境、交通状况、安全条件等因素来考虑。条件允许的情况下，应安排一人一个房间。不宜私自安排上下级同住一个房间。

4. 提前做好接站安排

对于较为重要的客人以及外地来访客人，在来访之前，要了解客人乘坐什么交通工具而来。如果对方是带车来访，可以在单位门口做好迎接准备工作；如果是乘汽车、火车、飞机或者轮船等，应做好接站准备。

5. 准备接待着装

接待者应根据实际的出席场合、出席的目的、出席的时间来选择搭配自己的服饰，并保持整洁大方、清新自然的容貌。美的仪表是美的心灵的体现，是对来宾的尊重。

6. 准备接待交通工具

出于方便来宾的考虑，对其往来、停留期间所使用的交通工具，接待方亦须予以必要的协助，故也要提前做好准备。

二、迎宾礼仪

接待客人从细节开始，从一些细小的事情中可以看出公司的整体文化。身为公司接待人员，应牢记自己是公司的形象代表，言行举止要体现出公司的品牌形象。要做到着装干净、举止端庄、精神饱满、热情有度、笑脸常开，接待客人时说："您好，欢迎您"。

案例

王宏大学毕业后，进入一家公司做业务员。工作不久，他就得到领导和同事们的普遍赞赏，他的服务态度也得到了客户的广泛好评。原来王宏是一个做事特别严谨、认真的人，他做任何事情都要事先做好计划，然后再按部就班地去实施自己的计划。在接待客户时，他总是先了解这是一个什么样的客户，这个客户在公司的时候会注意观察哪些东西，这个客户喜欢在哪些方面找问题，甚至连这个客户喜欢喝什么茶、喜欢吃什么东西，他都要提前一一了解，然后有针对性地做好准备与安排。所以，每次接待客户时，他都能给客户留下良好的印象。他联系的客户也一直和公司保持良好的合作关系。

在职场中，特别是企业活动中迎来送往做得好的话，不但能给个人带来声誉，也能给组织或企业带来效益。

（一）迎宾方式

1. 接待的原则

热情迎接、以礼相待，是职场环境中接待工作的基本原则。

（1）热情迎接。

当知道客人到达时，应该主动迎接，见面时要向对方问好。如果对方到来时，自己不能够亲自迎接，也要安排合适的人代为迎接，以表示自己对来访者的尊重和诚意。

（2）以礼相待。

对于来访者，一定要做到谨慎、热情和周到，耐心倾听来访者的意见，热情地为他们提供咨询。对于来访者所提出的要求，无论是接受、商榷还是拒绝，都应保持良好的态度和礼仪。

2. 迎宾的步骤

（1）对前来访问、洽谈业务、参加会议的客人，应首先了解对方到达的车次、航班，安排与客人身份、职位相当的人员前去迎接。若因某种原因，相应身份的人员不能前往，前去迎接的人应向客人做出礼貌的解释。

(2) 到车站、机场迎接客人时，应提前到达，恭候客人的到来。

(3) 接到客人后，应首先问候“一路辛苦了”“欢迎您”。然后向对方做自我介绍，如果有名片，可送予对方。

(4) 提前为客人准备好交通工具，引领客人乘坐已准备好的车辆。不要等到客人来了才匆匆忙忙地准备交通工具，那样会因让客人久等而误事。乘车时可以向客人介绍风土人情、有特点的自然景观和今后的日程安排，并听取客人的意见。

(5) 提前为客人联系好住宿，帮客人办理好一切手续。同时向客人介绍住处的服务、设施，将活动的计划、日程安排、地图交给客人。考虑到客人一路旅途劳累，迎接人员不宜久留，离开时应将联系方式等告诉客人。

(二) 注意事项

根据客人的实际情况迎接。特别是高规格迎接，要格外注意做好迎接工作。对于本地客人，应主动派车派人前往客人居所迎接。如果客人不需迎接，则应提前在会见场所门口迎接。对于外地客人，应前往火车站或机场迎接。在客人快到站时发送短信告知已经在出口恭候，必要时还要准备一块接客牌。负责接客的人员在迎接时，要将接客牌举起，以便客人辨认。客人到达时，接待者应快步迎上前去，先与客人握手。如果客人较多，要一一握手，表示欢迎；无法一一握手时，也应微笑点点头表示欢迎之意。同时，应用语言表示关心，如“您路上辛苦了”“欢迎您”等。如客人提有重物，应主动帮忙提拿，但是客人的随身小包、电脑则不必去接。对于长者或者身体不好的客人，应上前主动搀扶。

1. 引导过程中应注意的事项

在引导过程中，要注意步伐适中，照顾后面的来宾，在转弯处、楼梯处、楼梯口、电梯口稍做停顿，遇到台阶等及时提醒。原则上，在客人左前方并与其保持 1～1.5 米距离；让客人走在内侧，陪同人员在外侧。行进时，身体侧向客人，左手引导。乘坐电梯时，应该先按电梯按钮，电梯轿厢到达该层时，接待人员应按住电梯按钮，请客人先上电梯，随后自己进入电梯，并按好要到达的楼层号；当客人人数较多时，可先行进入电梯，一手按开门按钮，另一手拦住电梯侧门，礼貌地说“请进”，请客人进电梯轿厢。到达目标楼层后，一手按住开门按钮，另一手做请的动作，可以说“到了，您先请”。客人走出电梯后，接待人员应立刻走出电梯，并热诚地为其进行引导。

2. 会客中应注意的事项

到了会客室，陪同客人的相关人员应该主动帮助客人开门，如果是朝里推的门，陪同人员应推门先进入，然后示意客人进入；如果是朝外拉的门，应拉开并扶住门，让客人先进，然后自己再进入。进入室内后，应按照座次安排请客人就座。如果客人脱下外套、帽子或者放下随身包袋，接待人员应主动接过并帮客人放置妥当。如果现场有己方公司人员在场，要为双方相互介绍。如果接待领导暂时不在会客室，则让客人稍等，自己马上汇报领导。领导到场后，再为双方进行介绍，如无必要，接待人员可以离场。

案例

一天上午，永利公司前台接待员小李匆匆走进办公室，像往常一样进行上班前的准备工作。这时，一位事先有约的客人要求会见销售部经理。小李一看时间，客人提前了 30

分钟到达，小李立刻通知了销售部经理。经理说正在接待一位重要客人，请对方稍等。小李如实转告了客人：“经理正在接待一位重要客人，请您稍等一会儿。”话音未落，电话铃响起。小李用手指了指一旁的沙发，没顾上对客人说什么，就赶快接电话去了。客人尴尬地坐下……待小李接完电话，发现客人已经离开了办公室。

请同学们分析小李的做法有何不妥。

3. 关注客人的需求

(1) 信息需求。

例如，企业客户到本地后需要的与业务相关的其他信息。

(2) 环境需求。

例如，在天气很热时，客人希望房间能够凉爽一些；如果这次会面需要等候很长时间，客人可能会需要一些书刊供他们阅读；等等。

(3) 情感需求。

客人都有被赞赏、尊重等各方面的情感需求，接待人员需要理解客人的这些情感。比如客人说“今天太热了”，如果你能跟客人说“今天天气是很热，我给您倒一杯水吧”，那么，客人听了心里就会感觉舒服很多。满足客人的这种需求难度相对较大，这就需要服务者有敏锐的洞察力，能够观察到客人的需求并加以满足。

三、次序礼仪

次序礼仪是指在商务交际活动中，特别是在重要的正式场合，为了体现参与者的身份、地位、年龄等的差别，给予某些人物以必要的尊重，或者为了体现所有参与者一律平等，而按一定的惯例或规则对其进行排列的礼仪规范。次序礼仪规范在很多的场合适用。除前面内容中涉及的握手、介绍时要考虑次序外，在会谈、宴会、行进、就座和乘车等场合，也都需要依序而行。

我们说人人平等，但如果在次序上也“人人平等”，那么就不是有序，而是混乱；不是公平公正，而是无情无理。设想一下，电梯门狭小，应有序地出入，而不是蜂拥般挤进挤出；主宾位子有限，应该先请相应人员就座，而不能都抢着坐。礼仪文化注重“敬”“序”，强调“尊者优先”“长幼有别”。次序规范中主要以“先后、左右、远近、上下”等为序。总之，次序礼仪的原则就是“礼遇对应，等级有别”。这就要求我们在职场上，在商务活动中，要有角色意识，不能反客为主、主从不分、随心所欲、不守规矩。

在我国礼仪文化的历史中，“尊左”与“尊右”的传统礼俗，因年代和地域的不同而时有变化，至今仍存有争议。但认同我国传统“尊左”的居多，如“官拜左相”为高。当今，在我国重要的政务会议等正式场合，大都还遵守“以左为尊”的原则；但涉外活动和一般社交、商务活动都遵循国际惯例“以右为尊”。

(一) 行走与就座次序

1. 行走次序

行走次序指的是人们在步行时候的位次排序，在陪同、接待来宾或者上级领导时，行进的位次礼仪不容忽视。

(1) 走路：两人并行，右者为尊；两人前后，前者为尊；三人并行，中者为尊，右边次之，左边更次；三人前后行，前者为尊。

(2) 上楼梯时，前者为尊。

(3) 下楼梯时，尊者在一人之后。如同行中的女士穿短裙，上下楼宜让女士居后。

(4) 乘电梯时，如果乘坐无人值班电梯，主人或接待人员应先进电梯，按住电梯按钮，再请客人和领导进入；出电梯时，接待人员按住按钮，请客人和领导先出，以防电梯门夹住客人或领导。如果乘坐有专人值班电梯，则请客人、领导先进先出，如图 5-1 所示。

图 5-1 乘电梯礼仪

案例

一天，一位客人乘坐酒店观光电梯准备下到大堂。当电梯行至酒店行政办公楼层时，走进两位身着酒店制服，正准备去参加每月生日会的员工。两位员工边聊边随手按了一下电梯按钮。但随即发现错按了五楼，而员工生日会通常在三楼或二楼举办，于是改按了三楼的按钮。当到达三楼，电梯门打开后，这两名员工发现三楼好像没有来参加生日会的人，生日会应该是在二楼举办，于是又按了二楼。这两名员工的行为引起一同乘坐电梯的客人的不快，当电梯到达大堂后，客人向大堂副理投诉，认为酒店员工不应该乘坐客用电梯，且员工乱按电梯完全不考虑客人的感受。

2. 就座次序

陪同客人会见领导时，到达接待室后应将客人引至上座位置。上位也称尊位，即接待室中最重要、最尊贵的位子。尊位应居于中心意义的位置。座次的安排，也应该特别谨慎。一般来说，现代商务场合，座次安排原则如下：

(1) 以前为上。

前后排就座时，第一排就座者为尊，第二排次之，第三排更次。

(2) 面门为上（良好视野为上）。

采用相对式就座时，通常以面对门的座位为上座，应让之于来宾；以背对房门的座位为下座，宜由主人方人员在此就座。图 5-2 中 A 为客方，B 为主方。

(3) 以右为上（国际惯例）。

在国际和涉外商务交往中，是“以右为尊”，但中国传统的政务礼仪是“以左为尊”。

请记住政界的会议以左为尊，商界的会议以右为尊。主客双方面对正门并排就座时，以右侧为上，应请来宾就座；以左侧为下，主人自己就座。见图 5-3。

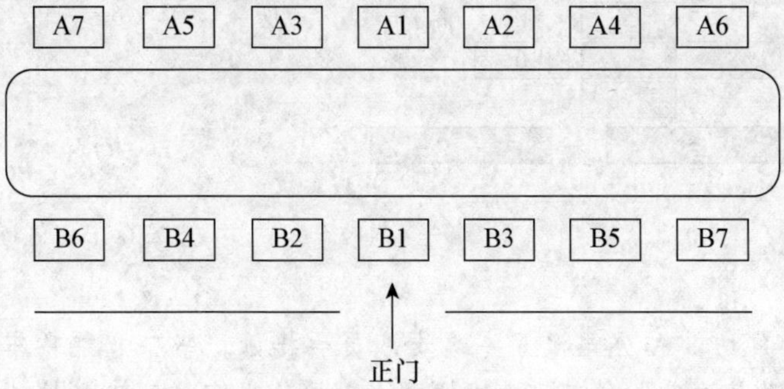

图 5-2　面门为上

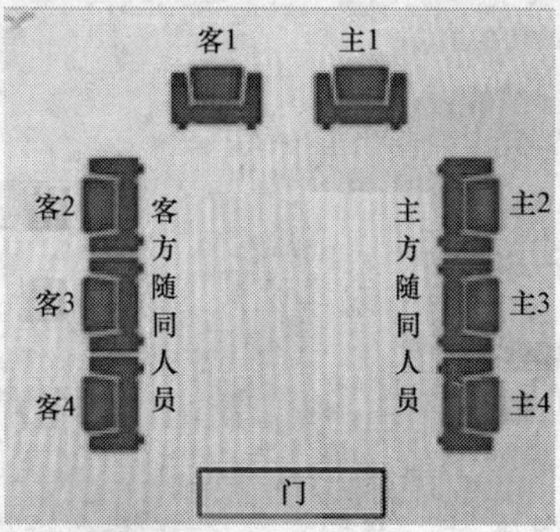

图 5-3　以右为尊

(4) 以中为上（中央高于两侧）。

主、客同排就座时，如三人并坐，中者为尊，右边次之，左边更次。在圆桌或椭圆桌会议时，与会者与领导一起围桌而坐，这种形式的座次安排应注意来宾或上级领导与主人或下级面对面坐，来宾的最高领导应坐在朝南或朝门的正中位置。

(5) 以远为上（远离房门为上）。

离房门近者易受打扰，离房门较远者则受到的打扰较少，故远离房门为上，如图 5-4 所示。

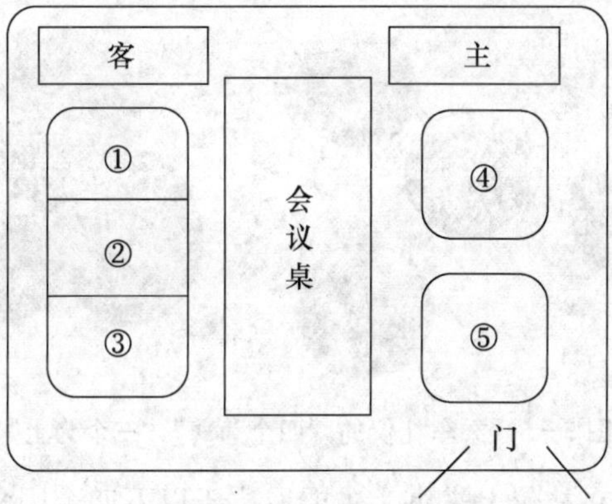

图 5-4　以远为上

(6) 佳座为上。

长沙发优于单人沙发，沙发优于椅子，椅子优于凳子，较高的座椅优于较低的座椅，宽大舒适的座椅优于狭小而不舒适的座椅。

(7) 自然为上。

有时，未等主人让座，来宾已经选择了座位坐下，主人亦顺其自然。

实训任务

请问下图中，哪个位置应该为尊者之位置？

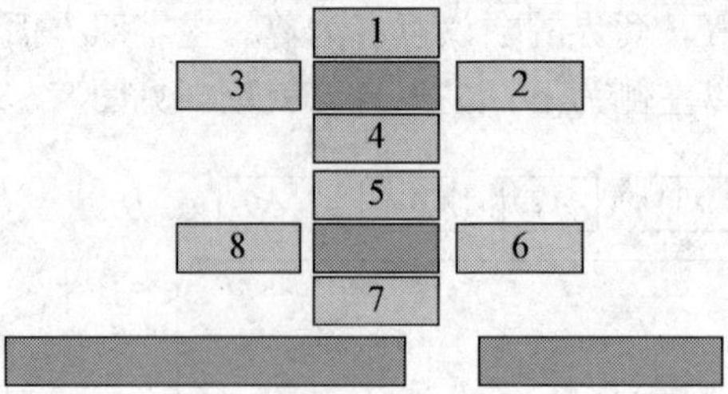

(二) 乘车次序

案例

有一次B公司经理要来A公司拜访，A公司派了一名女职员去接她。当一起乘轿车回来时，女职员竟无所顾忌地与经理肩并肩坐在车后排的位置上，导致大家分不清楚接的是谁。这位女职员闹了个混淆上下级关系的大笑话，其实职员坐在司机旁边的位置上，才是对职位高的人的礼貌。这个案例对大家有什么启发？是不是觉得有必要学习乘车礼仪？

我们在工作和生活中，常常会碰到这样的困扰：当和公司领导、客户或家中长辈同乘一辆车时，不知道该如何安排座位。

在比较正规的场合，乘坐轿车时一定要分清座次的尊卑。座次礼仪规则可概括为“四个为尊，三个为上”，见图5-5。“四个为尊”是客人为尊、长者为尊、领导为尊、女士为尊，此四类人应为上座；“三个为上”是方便为上、安全为上、尊重为上，以这三个原则安排座次，其中“尊重为上”原则最重要。

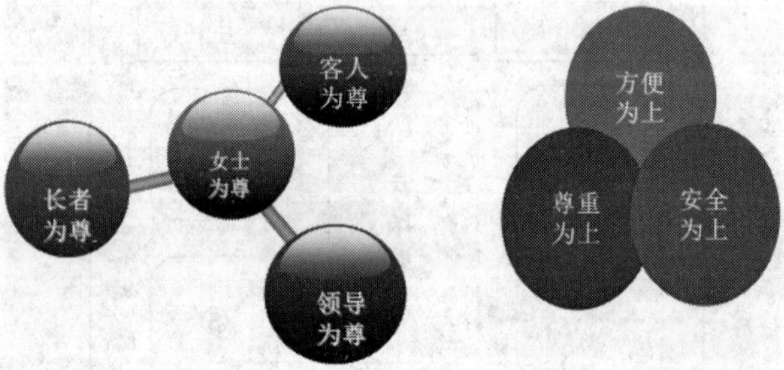

图5-5 乘车礼仪的“四个为尊”“三个为上”

轿车上座次的尊卑，在礼仪上来讲，主要取决于以下四个因素：轿车的驾驶者；轿车的类型；轿车上座次的安全系数；轿车上嘉宾的本人意愿。

1. 轿车的驾驶者

驾驶汽车的人员一般分为两种情况：一种是轿车主人驾车，另一种是专职司机驾车。

以国内目前常见的双排座与三排座轿车为例，车上座次尊卑安排如图5-6和图5-7所示。注意：在轿车上女性不宜坐于异性中央。

(1) 主人亲自驾车时。

当主人或领导亲自驾车的时候，为体现出客人对开车者的尊重，上座为副驾驶座，这个位置让给尊长，其余的人坐后排。由先生驾驶自己的轿车时，其夫人则一般应坐在副驾驶座上。具体如下：

1) 双排五人座轿车，顺序是：副驾驶座→后排右座→后排左座→后排中座。

2）双排六人座轿车，顺序是：前排右座→前排中座→后排右座→后排左座→后排中座。

3）三排七人座轿车，顺序是：副驾驶座→后排右座→后排左座→后排中座→中排右座→中排左座。

4）三排九人座轿车，顺序是：前排右座→前排中座→中排右座→中排中座→中排左座→后排右座→后排中座→后排左座。

（2）专职司机驾车时。

由于右侧上下车更方便，因此要以“右尊左卑”为原则，同时后排为上，前排为下。在接待非常重要的客人，比如说接待政府要员、重要外宾时，上座是司机后座，因为该位置的隐秘性好，而且是车上安全系数较高的位置。具体如下：

1）双排五人座轿车，顺序是：后排右座→后排左座→后排中座→副驾驶座。

2）双排六人座轿车，顺序是：后排右座→后排左座→后排中座→前排右座→前排中座。

3）三排七人座轿车，顺序是：后排右座→后排左座→后排中座→中排右座→中排左座→副驾驶座。

4）三排九人座轿车，顺序是：中排右座→中排中座→中排左座→后排右座→后排中座→后排左座→前排右座→前排中座。

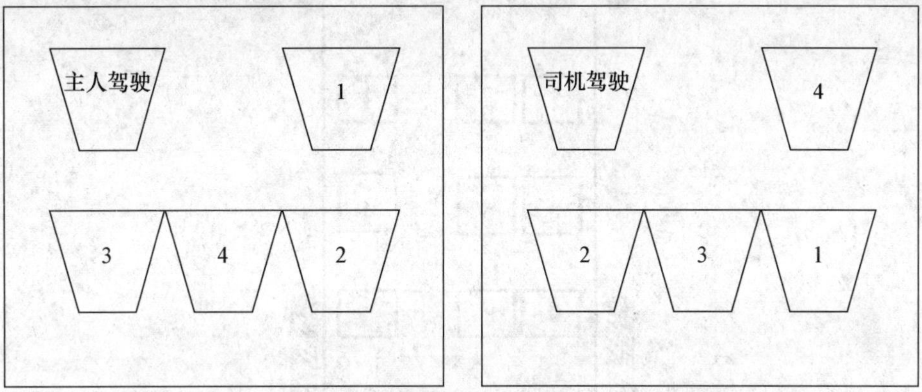

图 5-6　双排五人座座次

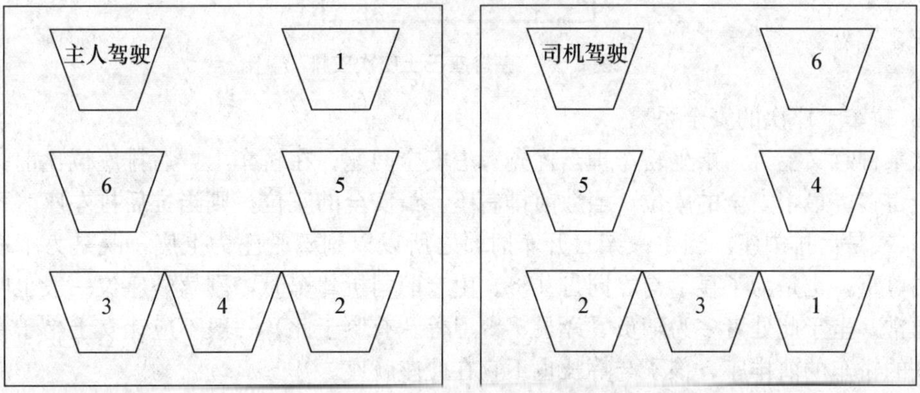

图 5-7　三排七人座座次

2. 轿车的类型

上述方法，主要适用于双排座、三排座轿车，对于其他一些特殊类型的车并不适用。

（1）吉普车。

吉普车简称吉普，是一种轻型越野轿车，大都是四座车。吉普车底盘高，功率大，主要功能是越野，但悬挂太硬，坐在后排颠簸得厉害。因此，不管由谁驾驶，吉普车上座次尊卑顺序都是：副驾驶座→后排右座→后排左座。

（2）多排座巴士。

多排座巴士指的是四排以及四排以上座次的大中型车。其不论由何人驾驶，均以前排为上，以后排为下；以右为尊，以左为卑；并以距离前门的远近，来排定具体座次的尊卑。

以一辆五排十四座的中型车为例，座次依次应为：第二排右座→第二排中座→第二排左座→第三排右座→第三排中座→第三排左座→第四排右座……如图 5-8 所示。

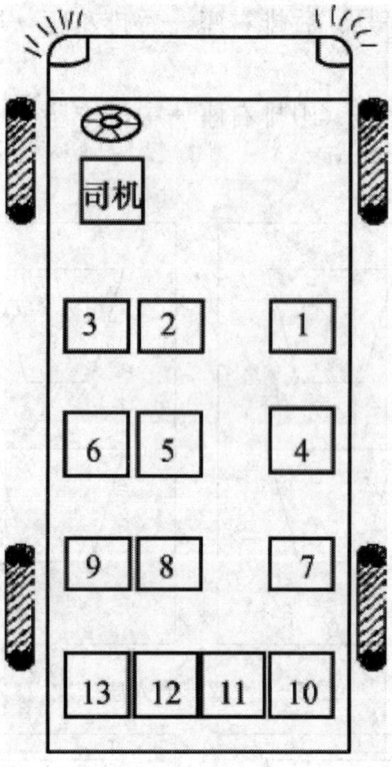

图 5-8　多排座巴士座次安排

3. 轿车上座次的安全系数

从某种意义上讲，乘坐轿车理当优先考虑安全问题。在轿车上，后排座位比前排座位要安全得多。最不安全的座位，当数前排右座。最安全的座位，则当推后排左座（驾驶座之后），或是后排中座。当主人亲自开车时，之所以以副驾驶座为上座，既是为了表示对主人的尊重，也是为了显示与之同舟共济。由专职司机驾车时，副驾驶座位一般也叫随员座。通常，坐于此处者多为随员、译员、警卫等。有鉴于此，一般不应让女士坐于专职司机驾驶的轿车的前排座，孩子与尊长也不宜在此座就座。

4. 轿车上嘉宾的本人意愿

通常，在正式场合乘坐轿车时，应请尊长、女士、来宾就座于上座，这是给予对方的一种礼遇。然而，不要忘了尊重嘉宾本人的意愿和选择，并应将这一条放在最重要的位置。必须尊重嘉宾本人对轿车座次的选择，即嘉宾坐在哪里，即应认定哪里是上座。即便嘉宾不明白座次，坐错了地方，也不要轻易对其指出或纠正。这时，务必要讲“主随客便”。

5. 上下车次序

(1) 当主人陪同客人同乘一辆轿车时：

1) 主人应为同车的第一主宾打开轿车右侧后门，用手挡住车门上沿，防止客人碰到头。

2) 客人坐好后再关门，注意不要夹了客人的手或衣服。

3) 然后从车尾绕到左侧为另外的客人开门或自己上车。

(2) 当和女士、长辈一同乘车时：

1) 应请女士、长辈先上车，并为对方开关车门。

2) 抵达目的地时，主人应先下车，然后为客人打开车门。

(3) 当乘坐旅游车或面包车等交通工具时：

1) 应让尊者、宾客先上车。

2) 下车时，尊者、宾客在一人之后。

案例

他为什么没被重用？

某公司王先生年轻能干，点子又多，很快便引起了总经理的注意并有望被提拔为营销部经理。为慎重起见，总经理决定再对王先生进行一次考查，恰巧总经理要和董事长一起去省城参加一个商品交易会，需要带两名助手，总经理选择了公关部杜经理和王先生。出发前，由于司机小张外出，所以，他们临时改为搭乘董事长驾驶的轿车一同前往。上车时，王先生很麻利地打开了前车门，坐在驾车的董事长旁边，董事长看了他一眼，但王先生并没有在意。

上路后，王先生说：“董事长驾车的技术不错，有机会也教教我们，如果都自己开车的话，效率肯定会更高。”董事长专注开车，不置可否。到达省城后，王先生悄悄问杜经理：“为什么董事长和总经理好像都有点不太高兴？”杜经理告诉他原委，他才恍然大悟。

实训任务

上海某公司召开一次全国客户联络会，公司的刘总经理亲自驾车带着秘书陈小姐到浦东机场迎接来自香港某集团的周总经理。为了表示对周总的尊敬，刘总请周总坐到轿车的后排，并让陈小姐坐在后排作陪。

周总到宾馆入住后，对陈小姐说，明天上午八点的会，他会自己打车到现场，就不麻烦刘总亲自来接了。

1. 周总为什么会这样说？
2. 刘总在座位安排上有什么不妥？
3. 请你谈谈对往来迎送中乘车礼仪的看法。

实训任务

分组练习以下活动，其他同学给予点评。

活动：经理和司机开车到宾馆接外宾（2人）及其翻译（1人）回公司洽谈合作事宜。

四、敬茶礼仪

从周朝开始，茶已被奉为礼品与贡品，到两晋、南北朝时，客来敬茶已经成为人际交往的社交礼仪。“寒夜客来茶当酒”“泛花邀坐客，代饮引情言”等，都表明了一杯清茶传递的不仅是情谊，更是待客之道。当今社会，客来敬茶更成为人们日常社交和家庭生活中普遍的往来礼仪。在接待来访客人之时，“敬茶”的礼仪规范将直接影响宾客双方的面谈互动，也一定程度上影响商务洽谈的效果，因此无论在任何场合，它都是不可忽视的环节。

（一）规范上茶礼仪

1. 备茶

俗话说“众口难调”，饮茶其实也是如此。有人喜欢喝绿茶，有人喜欢喝红茶；有人喜欢喝热茶，有人喜欢喝凉茶；有人喜欢喝糖茶，有人喜欢喝奶茶。在以茶待客时，若有可能，应尽量照顾来宾，尤其是主宾的偏好。有可能的话，应多备几种茶叶，使客人可以有几种选择。在上茶之前，应先询问一下客人喜欢用哪一种茶，并为其提供几种可能的选择。不要自以为是，强人所难。当然，若只有一种茶叶，则务必实事求是地说清楚，不要客套过了头。若客人点出自己没有的茶叶品种，就尴尬了。与此同时，也应考虑到有些人出于各种原因不喜欢饮茶，因此，如有可能，在上茶前，应征询一下来宾个人的意见：“请问您想喝点什么？”

2. 茶杯

要根据客人的选择来准备泡茶的器皿。如泡绿茶应选用玻璃杯，泡红茶、乌龙茶等应选择用盖碗或紫砂壶。每一个客人面前都应有喝茶的器皿，否则视为失礼。除非有一次性杯子的杯托，否则尽量不要使用一次性塑料杯或纸杯给客人奉茶。

3. 专门的人员

一般来说，接待客人的过程中，应根据客人的人数安排人员泡茶。一个人接待2～3个客人为宜。泡茶应由专人负责。在工作单位待客时，一般应由秘书、接待人员、专职人员为来宾上茶。接待重要的客人时，则应由本单位在场的职位最高者亲自为之上茶。

4. 取茶泡茶

如果是用大袋子装的一包散茶，给客人取茶时千万不要用手去抓茶，可以直接倒入客人杯中或先倒一部分茶在一个杯子里再把杯子里的茶倒在客人的杯中。

5. 敬茶顺序

要注意先后顺序，先长后幼、先客后主，应依身份的高低顺序奉茶。若来访的客人较多，上茶的先后顺序一定要慎重对待，切不可肆意而为。合乎礼仪的做法应当是：其一，先为客人上茶，后为主人上茶；其二，先为主宾上茶，后为其他宾客上茶；其三，先为女士上茶，后为男士上茶；其四，先为长辈上茶，后为晚辈上茶。如果来宾甚多，且其彼此之间地位差别不大时，可采取下列顺序上茶：

（1）以上茶者为起点，由近而远依次上茶。

（2）以进入客厅之门为起点，按顺时针方向依次上茶。

（3）在上茶时，以客人的先来后到为先后顺序。

6. 奉茶

古时因为酒属于待客上品，所以将客人的酒杯倒满表示主人大方、好客。但是开水泡出的第一杯茶却只能倒七八分满，因为满杯热茶不易散热，让口渴的客人久等是失礼的，所以“茶满欺人”。为了让客人尽快喝上茶水，第一杯茶水不能倒满，续茶才可以倒满。奉茶时，右手持杯，左手托杯底，双手奉出才为敬。持杯时不能抓杯口、握住杯口。总之，客人的嘴部要接触的部分，奉茶的人都不能用手碰触到，否则视为失礼。持杯奉茶时，以防唾沫溅入杯中，不要一边奉茶一边说话。从客人的右方奉上茶，将杯子放置到位后退后一步，再说“请您用茶”等礼貌用语。

7. 摆放茶壶茶杯

放置茶壶时，壶嘴不能正对他人，否则表示请人赶快离开。在奉有柄茶杯时，一定要注意茶杯的杯柄要朝向客人顺手的一面，比如右面，这样方便客人手拿茶杯的柄。如果房间里在开会或很安静，奉茶时不要出声，放下瓷杯子的同时要用小指垫在杯底以防瓷杯发出响声。

案例

某单位领导与刚来的客商正在会客厅里寒暄，秘书前来泡茶。他用手指从茶叶筒中捻了一撮茶叶放入茶杯，然后冲上水。这一切，领导和客商都看到了，领导狠狠瞪了他一眼。客商面有不悦，同时说：“别污染了我的胃!”

谈判中双方讨价还价，领导一时动怒，与客商发生争执。秘书觉得自己是单位的一员，自然应该站在领导一方，于是跟着领导一起共同指责客商。客商一气之下拂袖而去，领导望着客商远去的背影，气得脸红脖子粗，冲着秘书嚷嚷道：“托你的福，好端端一笔生意砸了!”

请问这位秘书在接待礼仪上有哪些方面的失误？他应该怎么做？

（二）注意事项

（1）水不宜太烫，以免客人不小心被烫伤。

（2）有两位以上的访客时，用茶盘端出的茶汤色要均匀，并用左手捧着茶盘底部，右手扶着茶盘的边缘，如有茶点，应放在客人的右前方，茶杯应摆在点心右边。

（3）上茶时应以右手端茶，从客人的右方奉上，并面带微笑，眼睛注视对方。

（4）以咖啡或红茶待客时，杯耳和茶匙的握柄要朝着客人的右边，此外要替每位客人准备一包砂糖和奶精，将其放在杯子旁或小碟上，方便客人自行取用。

（5）续水的时候，首先，在为别人续水时，不要妨碍到对方。同时一手拿起茶杯，使茶杯远离别人身体，另一只手把水续入。其次，也要注意如果一再劝人用茶，帮别人续水而又不说话，往往意味着提醒别人应该回去了，因为喝太多是要上厕所的，所以一般中间续水一次就可以了。

（6）在续水时，可能会遇到别人把杯子放下了，不知道哪个是自己的杯子的情况，这个时候一定要注意不要随便拿起杯子就帮人续水，可能会续错杯子。

（7）茶事接待中走路、交谈、沏茶时动作都应轻缓，以免破坏品茗的气氛。

实训任务

角色扮演：请六位同学组成一个小组，其中三人为客方，总经理、科长、办事员各一名；三人为接待方，总经理、科长、接待员各一名。由接待员负责沏茶、奉茶，完成备茶到奉茶的全过程。其他同学认真看，并记录错误的做法。一组完成后，再换另一组。

准备用品：茶叶、咖啡、水壶、茶杯、茶碗、碟子、勺子、咖啡伴侣、糖等。

五、送客礼仪

如果接待时留给宾客的是良好的印象，但送别时有失礼行为的话，同样会给宾客留下不好的印象，使接待工作以失败告终。送别是接待工作的最后环节，接待人员一定要有始有终，谨慎细心。老子说“慎终如始，则无败事”，所以送客时要怀着依依不舍之情来送别客人。

（一）送别形式

常见的送别形式有道别、话别、饯别、送行四种。

1. 道别

按照常规，道别应由来宾先提出。道别时主人应说“一路平安”“多多保重”等礼貌语。

当客人准备告辞时，道别应把握四大原则：一是真诚地挽留；二是起身在后；三是伸手在后；四是相送一程。

2. 话别

与来宾话别时，一要讲究主随客便，二要注意预先相告。话别的主要内容有：表达惜别之意，听取来宾的意见或建议，了解来宾有无需要帮忙之事等。

3. 饯别

饯别指的是在与来宾离别之前专门为对方举行饯别宴会。饯别宴会不在奢华，重在让对方感受到尊重与情谊。

4. 送行

送行指在重要客人离开本地之时，特地委派专人送行。一般礼节有：与来宾亲切交谈，与来宾握手作别，向来宾挥手致意等。待来宾离开后，主人方可离开。但是要注意切勿耽误来宾的行程和计划。

送行时一般有以下情景：

(1) 在电梯前：要一起走到电梯门口，亲自为客人操作电梯按钮；与客人道别，电梯门未关闭时，不要离开、接听电话、发短信或与别人说话。

(2) 在酒店：要提前 10 分钟到达大堂等候客人，见到客人先问候、寒暄一番；在客人乘车离开时，先将客人送至车上，并致谢；在汽车开动时向客人挥手致意，目送汽车开动，直到从你的视线里消失为止。

(3) 在车站、机场：根据车次、航班的时刻，提前帮助客人提取行李，准时前往机场或车站；到达机场、车站后要陪同客人办好乘车或登机手续再告别离开，特别是送重要客人时，一定要帮助办理手续后，方可离开，以防飞机、火车取消或晚点，给客人造成不便。

（二）注意事项

1. 婉言挽留

无论接待什么样的客人，当客人准备告辞时，都要婉言挽留，不要客人一说要走，主人马上站起相送，或者起身相留，这都有逐客之嫌。因为有些客人本来还想与客人交谈，因怕打扰主人或试看主人态度，于是以“告辞”来观察主人的反应，所以主人一定要婉言相留，如果客人执意要走，也要等客人起身后，主人再起身。送客时应主动与客人握手送别，并将其送出门外或送到楼下，不要在客人走时无动于衷，或点点头或摆摆手算是招呼，这都是不礼貌的。同时，还要用热情友好的语言欢迎客人下次再来。

2. 安排交通

送客时应按照接待时的规格对等送别，不能虎头蛇尾，无论双方目的是否达到，都要按接待规格送客，而且要做好交通方面的安排，如购买车票、船票、机票或者安排车辆等。如果客人临走时，主人不管不问，那就意味着交往关系破裂，或者表示对客人的不满。送客时应目送客人进站、进入安检。如果客人比较坚决地谢绝主人，则可尊重客人意见，不必硬性远送。

3. 回馈礼品

如果客人来访时带有礼品，那么在送别时也要准备一些物美价廉，且有象征意义的礼品回馈。

4. 关注到达

送走客人，并不代表接待工作已经结束，待客人安全到达目的地后，应致电表示关心。

案例

1962年，周总理到西郊机场为柬埔寨西哈努克亲王和夫人送行。飞机刚一起飞，我国参加欢送的人群便自行散开，准备返回。而此时，周总理却依然笔直地站在原地不动，并要工作人员立即把那些离去的同志请回来。周总理发了脾气，狠狠地批评了相关同志。

当天下午，周总理就把外交部礼宾司和国务院机关事务管理局的负责同志找去，要他们立即在《礼宾工作条例》上加上一条，今后在机场上为贵宾送行，必须等飞机起飞绕场一周，双翼摆动三次表示谢意后，送行者方可离开。

周总理为什么发火？工作人员违反了什么送客礼仪规范？

实训任务

两人一组，一人扮演客人，一人扮演接待人员，模拟为客人送行的场面。

案例分析

在一个秋高气爽的日子里，某宾馆迎宾员小贺穿着一身剪裁得体的新制服，第一次独立地走上了迎宾员的岗位。一辆白色高级轿车向饭店驶来，司机熟练而准确地将车停靠在饭店豪华大转门的雨棚下。小贺看到后排坐着两位男士、前排副驾驶座上坐着一位身高较高的外国女宾。小贺想通常后排座为上座，一般凡有身份的人都是在后排右座就座，前排副驾驶座通常是翻译或秘书的位置。于是，他以规范、标准的姿势一步上前，目视客人，礼貌亲切地问候，以优雅的姿态和职业性动作，先为后排右座的客人打开车门，做好护顶。关好车门后，小贺迅速地走向前门，准备以同样的礼仪迎接那位女宾下车。整套动作麻利而规范、一气呵成。没想到那位女宾满脸不悦，使小贺茫然不知所措。他想：优先为重要客人提供服务是饭店服务程序的常规，我做错了什么？

问题：这位女宾为什么不悦？难道小贺做错了吗？

拓展学习

有关茶叶的知识——十大名茶

1. 杭州龙井

龙井，本是一个地名，也是一个泉名，而现在主要是茶名。龙井茶产于浙江杭州的龙井村，历史上曾分为“狮、龙、云、虎”四个品类，其中多认为以产于狮峰的老井的品质为最佳。龙井属炒青绿茶，素以“色绿、香郁、味醇、形美”四绝著称于世。好茶还需好水泡。“龙井茶、虎跑水”被并称为杭州双绝。虎跑水中有机的氮化物含量较多，而可溶性矿物质较少，因而更利于龙井茶香气、滋味的发挥。冲泡龙井茶可选用玻璃杯，因其透明，茶叶在杯中逐渐伸展，一旗一枪，上下沉浮，汤明色绿，尽在眼前，仔细观赏，真可谓是一种艺术享受。

2. 苏州碧螺春

产于江苏省苏州市太湖之滨的洞庭山。碧螺春茶叶用春季从茶树采摘下的细嫩芽头炒制而成；高级的碧螺春，0.5千克干茶需要茶芽6万到7万个，足见茶芽之细嫩。炒成后的干茶条索紧结，白毫显露，色泽银绿，翠碧诱人，卷曲成螺，故名“碧螺春”。此茶冲泡后杯中白云翻滚，清香袭入，是国内名茶，常被作为高级礼品。

3. 黄山毛峰

产于安徽黄山，主要分布在桃花峰的云谷寺、松谷庵、钓桥庵、慈光阁及半山寺周围。这里山高林密，日照短，云雾多，自然条件十分优越，茶树得云雾之滋润，无寒暑之侵袭，蕴成良好的品质。黄山毛峰采制十分精细。制成的毛峰茶外形细扁微曲，状如雀舌，香如白兰，味醇回甘。黄山名茶众多，除毛峰外，还有休宁的“屯绿”、太平的“猴魁”、歙县的“老竹大方”等，都各具特色。

4. 庐山云雾

产于江西庐山。号称“匡庐奇秀甲天下”的庐山，北临长江，南傍鄱阳湖，气候温和，山水秀美，十分适宜茶树生长。庐山云雾芽肥毫显，条索秀丽，香浓味甘，汤色清澈，是绿茶中的精品。

5. 六安瓜片

产于皖西大别山茶区，其中以六安、金寨、霍山三县所产品质最佳。六安瓜片每年春季采摘，成茶呈瓜子形，因而得名，色翠绿，香清高，味甘鲜，耐冲泡。此茶不仅可消暑解渴生津，而且还有极强的助消化作用和治病功效。明代闻龙在《茶笺》中称，六安茶入药最有功效，因而被视为珍品。

6. 恩施玉露

产于湖北恩施。湖北产茶历史悠久，早在唐代就已很著名，现仍是我国的重要产茶省份。恩施玉露是我国保留下来的为数不多的一种蒸青绿茶，其制作工艺及所用工具相当古老，与陆羽《茶经》所载十分相似。恩施玉露对采制的要求很严格，芽叶须细嫩、匀齐，成茶条索紧细，色泽鲜绿，匀齐挺直，状如松针；茶汤清澈明亮，香气清鲜，滋味甘醇，叶底色绿如玉。“三绿”（茶绿、汤绿、叶底绿）为其显著特点。日本自唐代从我国传入茶种及制茶方法后，至今仍主要采用蒸青方法制作绿茶，其玉露茶制法与恩施玉露大同小异，品质各有特色。

7. 白毫银针

这是一种白茶，产于福建北部的建阳、水吉、松政和东部的福鼎等地。白毫银针满披白毫，色白如银，细长如针，因而得名。冲泡时，“满盏浮茶乳”，银针挺立，上下交错，非常美观；汤色黄亮清澈，滋味清香甜爽。由于制作时未经揉捻，茶汁较难浸出，因此冲泡时间应稍延长。白茶味温性凉，能健胃提神，祛湿退热，常作为药用。在港澳地区，零售商店常将少许白茶拼配进其他茶类，以提高其档次，进而获取商业价值。

8. 武夷岩茶

产于福建崇安县武夷山。武夷岩茶属半发酵茶，制作方法介于绿茶与红茶之间。其主要品种有“大红袍”“白鸡冠”“水仙”“乌龙”“肉桂”等。武夷岩茶品质独特，它未经窨花，茶汤却有浓郁的鲜花香，饮时甘甜可口，回味无穷。武夷岩茶在18世纪传入欧洲后，备受当地人的喜爱，曾有“百病之药”的美誉。

9. 安溪铁观音

产于闽南安溪。铁观音的制作工艺十分复杂，制成的茶叶条索紧结，色泽乌润砂绿。好的铁观音，在制作过程中由于咖啡因随水分蒸发因此会凝成一层白霜；冲泡后，有天然的兰花香，滋味纯浓。用小巧的工夫茶具品饮，先闻香，后尝味，顿觉满口生香，回味无穷。近年来，发现乌龙茶有健身美容的功效后，铁观音便风靡日本和东南亚。

10. 普洱茶

产于云南西双版纳等地，自古以来即在普洱集散，因而得名。普洱茶是采用绿茶或黑茶经蒸压而成的各种云南紧压茶的总称，包括沱茶、饼茶、方茶、紧茶等。普洱茶的优良品质不仅表现在它的香气、滋味等饮用价值上，还在于它有可贵的药效，因此，海外侨胞和港澳同胞常将普洱茶当作养生妙品。

综合练习

一、思考题

1. 接待准备工作中要了解客户的哪些信息，这些信息有什么作用?
2. 到车站、机场、码头接待客户时，哪些行李可以帮助对方拎着?
3. 起身送别时要注意哪些方面?
4. 接待规格和礼宾次序是什么?
5. 一般三排七座轿车，乘车次序应如何安排?
6. 沏茶、奉茶时需要注意哪些问题?
7. 请说出行进时的次序要求。

二、实训题

1. 沈阳华星汽车制造有限公司是国内知名汽车生产厂家。该公司开发的某汽车新产品需要选用上海某汽车厂家的部分发动机环保节能装置和配件。为此，华星公司决定由负责技术的副总经理王××带领相关技术人员一行7人，对上海某汽车配套生产厂家进行采购前的全面考察。请根据情境，以上海某汽车生产厂家秘书的身份为本次商务考察活动拟出具体的接待方案。

2. 角色扮演。

两人一组，一人扮演客人，一人扮演接待人员，模拟见面寒暄后，经过不同的路径

（大门、电梯、楼梯、厅事）引领客人落座的过程。注意要通过角色互换，反复强化训练引领时的站位、手势、步态、礼节等。

三、测试题

测试你自己：接待客户时有没有这样的失礼行为？

1. 看到客户穿得土里土气，接待时就爱答不理。

2. 因刚吃过午饭还没到上班时间，所以看到客户已经等在前台就很生气。

3. 过道里遇见一个认识的客户，认为不是找自己的就装作不认识。

4. 领导吩咐把客户带到会议室，所以就走在客户前面并把整个背部对着客户。

5. 在洗手间遇到来访的客户在洗手，不知说什么，就低头只管洗手。

6. 下楼时正巧和同事的客户同乘一部电梯，有点尴尬，就低头看手机。

7. 领导带老客户参观各部门，来到自己所在部门时认为自己是新员工不认识他们，就装作低头努力工作的样子。

8. 端茶倒水时直接把茶水放在会议桌上，没有向客人微笑致意。

任务三　了解馈赠礼仪，让你获尊重

学习目标

（1）了解馈赠的含义，认识馈赠礼仪的重要性。

（2）掌握送礼的5W1H原则以及馈赠礼品的禁忌内容。

（3）学会选择礼品，把握馈赠的时机以及掌握馈赠的礼节。

（4）了解受礼礼仪、回赠礼仪和巧拒礼仪。

（5）掌握送礼技巧，以达到大方得体的效果，增进彼此感情，巩固和维护良好人际关系。

知识框架

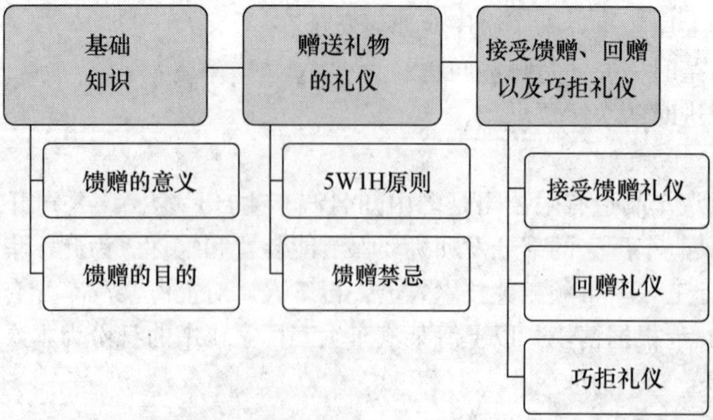

导入问题

T：假设总经理明天要会见 Y 公司总裁，让你准备礼品，选择什么礼品好呢？

S：如何选择，还是问问有经验的同事吧。

案例

北京大学赠送连战的礼物

2005 年 4 月 29 日，连战访问北京大学，获得一份特殊的礼物：母亲赵兰坤女士在 76 年前就读于燕京大学时的学籍档案和相片，其中包括在宗教系就读的档案、高中推荐信、入学登记表、成绩单等，大多是她亲笔写的字。在这份特殊的礼物面前，一贯严谨的连战先生也难掩内心的激动。他高举起母亲年轻的照片，然后细细端详，眼里泛着晶莹的泪光。那一刻，他满脸都是幸福的微笑。这次礼物赠送的成功之处在哪里呢？

随着人们交际活动的日益频繁，馈赠礼品因其具有沟通联系、加深友谊、促进交往的重要作用，得到人们的普遍重视。得体的馈赠，恰似无声的使者，给交际活动锦上添花，增进人们之间的感情，并为友谊注入新的活力。

馈赠也是商务交往的重要手段之一。许多公司逢年过节、拜访接待都会互赠礼品。美国的公司每年花在商务往来送礼上的费用高达几十亿美元。公司赠送商务礼品，表达对对方的感谢以及良好的祝愿，以此巩固和发展业务关系。商务礼品的选择与赠送不是容易的事，一份礼物如果送得恰到好处，起到的作用是事半功倍的。如何选择合适的礼品？如何得体大方地赠予商务对象？如何按照约定俗成的礼节受礼、回礼、拒礼？这是每一个职场人士都要面对的重要问题。

一、馈赠基础知识

（一）馈赠的意义

馈赠即赠送礼品。通常人们把它理解为把财物无代价地送给他人的一种行为，有时也指赠送的东西、礼品。本书所指的馈赠，主要是指在职场交往过程中，为了表达对客户的某种意愿，而将物品不求回报、无偿地送给对方的一种交际行为。

馈赠的意愿具有多样性，可能是为了表达对对方的尊重、敬意、友谊、纪念、祝贺、感谢等情感，也可能是为了表达慰问、哀悼等意愿。互相馈赠礼物是人们表情达意的一种沟通方式。无论是民间的私人交往，还是职场中的商务往来，互赠礼品都是相互交往的内容，有了互赠礼品，人与人之间的关系变得更有人情味，以物表情，礼载于物，起到寄情言意的“无声胜有声”的作用。

（二）馈赠的目的

馈赠有明确的目的性，表达了赠予人的不同意愿。不同的馈赠目的，决定了礼品的选择、送礼方式以及遵循的礼节的不同。送礼的目的多种多样，如结交友人，酬宾谢客，祝颂庆贺，沟通感情，维系人际关系，等等。

1. 以结交友人为目的的馈赠

这是一种为达到交际目的而进行的馈赠。有两个特点：

一是送礼的目的与交际目的直接一致。在职场交往中，针对交往的关键人物和部门，通过赠送一定礼品，达到交际目的。

二是礼品的内容与送礼者的形象一致。礼品的选择，一个非常重要的原则就是要使礼品能反映送礼者的寓意和思想感情。

2. 以维系关系为目的的馈赠

这种馈赠，即为人们常说的“人情礼”。在职场人际交往过程中，必然产生各类关系和各种感情。人与生俱来的社会性，要求人们必须重视这些关系和感情。因而，围绕着如何维系人际关系和感情，就出现了馈赠。这种馈赠，强调礼尚往来，以“来而不往非礼也”为基本行为准则。因此，从礼品的种类、价值的轻重、档次的高低、包装的式样、蕴含的情义等方面都呈现多样性和复杂性。

3. 以酬谢为目的的馈赠

这种馈赠是为答谢他人的帮助而进行的，因此在礼品的选择上十分强调其物质价值。礼品的贵贱厚薄，首先取决于对方帮助的性质，其中，物质帮助往往是能估量的，而精神帮助则是难以估量的。其次取决于帮助的目的，是慷慨无私的，还是公私兼顾的。只有真正无私的帮助，才是值得真心酬谢的。最后取决于帮助的时机，一般情况下，危难之中见真情。因此，得到帮助的时机是日后酬谢他人的最重要的衡量标准。

4. 以公关为目的的馈赠

这种馈赠，表面上看来不求回报，而实质上其索取的回报往往更深地隐藏在其后的交往中，或是金钱，或是权势，或是其他功利，这是一种为达到某种目的而用礼品的形式进行的活动，多发生在对经济、政治利益的追求和对其他利益的追逐活动中。

二、赠送礼物的礼仪

（一）5W1H 原则

符合礼仪规范的馈赠要考虑六个方面的问题：送给谁（Who），为什么送（Why），送什么（What），何时送（When），在什么场合送（Where），如何送（How）。也就是要考虑馈赠对象、馈赠目的、馈赠内容、馈赠时机、馈赠场合、馈赠方式六个要素，简称馈赠“5W1H”原则。

1. 馈赠对象

馈赠对象即馈赠客体，是礼物的接受者。馈赠的对象由于各自的阅历、爱好不同，对礼物的喜好也各不相同，因此，要根据受礼者的年龄、性格特征、身份地位、民族习惯等，选择不同的礼品。

（1）要根据职场中双方不同的关系选礼品。

由于馈赠人与馈赠对象的关系不同，在选择礼品上也有所不同，要区别对待。职场交往中，比较常见的社会关系有：客户关系、上下级关系、同事关系等。

1）馈赠客户。对于刚开始接触的客户，因为双方了解都不够深入，可以送些有实用价值和经济价值的物品，如移动硬盘、水晶摆设之类。当对客户的性格和爱好有了初步了解后，就可以选择一些实用性强的礼品，如领带、香水等，投其所好。而且客户对这些礼品通常比较容易接受，有助于双方慢慢建立良好关系。

2）除了给客户送礼，商务人员也经常需要送礼物给同事，以此来加深彼此之间的感情和交流。根据隶属关系的不同，同事关系可以分成上下级关系和平级关系。据此，馈赠礼品又分为送下属、送上司和送平级三种不同的情况。

- 送下属。高明的上级善于给下属送些礼物，作为一种激励方式鼓舞下属工作的积极性，使团队合作更加高效。身为上司，送礼给下属时可以大方一点，这样会让对方感觉到备受重视，没有什么比被上司重视更让人觉得荣耀的事了。
- 送上司。送给上司的“礼物”重在“礼”而不再是“物”。送礼前一定要了解上司最喜欢什么，或者需要什么，或者平时的兴趣爱好是什么。千万不能馈赠过于贵重的礼物，不然有行贿的嫌疑。其实，一个问候电话、一条祝福短信、一封祝福 E-mail，都可让上司体察到你的心意。
- 送平级。工作中的伙伴相互之间，在生日、升迁、退休、结婚时互相赠送礼物，是表达对彼此生活与工作的支持和尊重。送给平级同事的礼物应以实用为主，可以是办公用品，或是其他有利于工作和生活的小物件。礼物要精致小巧，太庄重、太夸张、太笨拙的东西不适合办公室场合。

（2）要根据对方的兴趣爱好，投好避忌。

选择礼品，要站在受赠者的立场上，为受赠者考虑。由于民族、生活习惯、生活经历、宗教信仰、兴趣爱好的不同，不同的人对同一礼品的态度是不同的，因此要注意投其所好、避其禁忌。比如给书法爱好者赠送文房四宝，给音乐爱好者赠送 CD，受赠对象会格外高兴，让他感受到你的尊重和用心良苦。而对那些不同民族、不同国籍、不同宗教信仰的受礼人，我们一定要注意避其禁忌。例如，送俄罗斯人一瓶名酒，他会高兴地表示感谢，但若是送阿拉伯人，则会面露难色，甚至拒绝，因为绝大多数阿拉伯人信仰伊斯兰教，不允许喝酒。

2. 馈赠目的

送礼前，要了解因何而送礼，以便选择合适的礼品，取得良好的效果。不同的目的，选择的礼品是不一样的。如礼品是用于迎接来宾，还是辞行告别；是慰问看望，还是祝贺感谢；是节日良辰，还是开业庆典等，在选择礼品和赠送时都应该心里有数。

以交际为目的的馈赠，礼品的寓意与思想感情要与送礼者的形象有机结合。以维系人际关系为目的的馈赠，要注重“礼尚往来”、规格对等。以酬谢为目的的馈赠，礼品的贵贱厚薄要与他人帮助的性质相适应。以公关为目的的馈赠，可能更加注重物质价值。但无论馈赠目的如何，送礼在本质上都应被视为向他人表示友好、尊重与亲切之意。

3. 馈赠内容

馈赠内容即馈赠物，是人们交往过程中的情感的象征或媒介，包括赠物和赠言两大类。赠物，也就是我们俗称的礼品，可以是一束鲜花、一张卡片或一件纪念品。赠言则有多种形式，如书面留言、口头赠言、临别赠言等。

（1）赠物。

馈赠时，应综合考虑赠物的种类、价值的大小、档次的高低、包装的式样、蕴含的情义等因素。实际上，最好的礼品应该是根据对方兴趣爱好选择的富有意义、耐人寻味、品质不凡却不显山露水的礼品。因此，选择礼品时要考虑它的思想性、艺术性、趣味性、纪念性等多方面的因素，力求别出心裁，不落俗套。

1）轻重合适，规格对等。

赠物的贵贱，有时被看作衡量交往者的诚意的标志。但是，礼品的贵贱与其真正价值不完全成正比。一份名贵的礼品，不一定代表诚心诚意；而一份低价的礼品，也不一定就不成敬意。物有价而人情无价，能体现人的真诚善意的东西，就是好礼物。“千里送鹅毛，礼轻情意重”说的就是这个道理。职场上，赠物要少而精，轻巧，便于携带。过于夸张、过于贵重的赠物，会给对方带来心理压力，且有行贿之嫌。

案例

“千里送鹅毛，礼轻情意重”的由来

“千里送鹅毛”的故事发生在唐朝。当时，云南一少数民族的首领为表示对唐王朝的拥戴，派特使缅伯高向太宗贡献天鹅。路过沔阳河时，好心的缅伯高把天鹅从笼子里放出来，想给它洗个澡。不料，天鹅展翅飞向高空。缅伯高忙伸手去捉，只扯得几根鹅毛。缅伯高急得捶胸顿足，号啕大哭。随从们劝他说：“已经飞走了，哭也没有用，还是想想补救的方法吧。”缅伯高一想，也只能如此了。到了长安，缅伯高拜见唐太宗，并献上礼物。唐太宗见是一个精致的绸缎小包，便令人打开，一看是几根鹅毛和一首小诗。诗曰：“天鹅贡唐朝，山高路途遥。沔阳河失宝，倒地哭号啕。上复圣天子，可饶缅伯高。礼轻情意重，千里送鹅毛。”唐太宗不明所以，缅伯高随即讲出事情原委。唐太宗看了那首诗，又听了缅伯高的诉说，非但没有怪罪他，反而觉得缅伯高忠诚老实，不辱使命，就重重地赏赐了他。

送礼还应遵守规格对等原则。最好是根据双方的关系、身份、送礼的目的和场合，以对方能愉快接受为准则。

2）注重效用，尊重需求。

送礼要注意赠物的效用，即送礼要建立在赠物对接受者有用的基础上。如果赠物打乱了受礼者的生活或者工作秩序，或是根本没有用，可能就会有负效应。

就赠物本身的实用价值而言，人们经济状况不同、文化程度不同、追求不同，对于赠物的实用性要求也就不同。

案例

一份精心准备的礼物

在某跨国公司工作的小王，要调回中国总部了，在小王回国前，公司按照惯例为他举行欢送晚会。公司老板给秘书下达了一个“命令”，让他代表公司为小王挑选一件礼物。该送些什么才好呢？秘书很是费了番心思。

开欢送会的那天，来的还有小王的女友。这个女孩很优秀，当年因为小王被派到美国来，所以她也放弃在中国的工作随他而来，而现在小王要回去了，她又随他回去。当老板说出“我们有些心意要表达”的时候，秘书适时地拿出了两个精美的包装盒，递到了小王

和他女友的手上。他们很高兴地打开，惊喜的表情跃然脸上，那是秘书特意去很有名的裁缝店里定做的两套唐装，男蓝女红，非常喜庆，衣料考究，做工地道。在大家的怂恿下，他们把衣服穿上了身，正合适。老板很兴奋地说这是APEC会议的时候各国领导人穿的衣服，中国人结婚的时候很喜欢穿，建议他们在结婚典礼的时候穿，两个人都非常兴奋。同时秘书也送上了自己的小礼物，那是在一家精品店淘来的一对红木筷子，装在精美的盒子里，古色古香，很有中国味道。最后，参加欢送会的人都很开心，秘书也圆满完成了自己的“任务”。

3）精美包装。

当选购了一件称心的礼品以后，要对礼品进行包装，以使礼品更出色。精美的包装是赠物的组成部分。良好的包装将使赠物显得更加精致、郑重、典雅，既显示赠礼人的情趣和心意，又能给受赠者留下美好的印象。

赠物包装时应注意包装的材料、图案造型、色彩的选择和使用，不要触及或违反受赠方的风俗习惯、宗教和民族禁忌。比如美国人喜欢鲜明的色彩，忌用紫色。

（2）赠言。

赠言是指在馈赠礼品时所附赠的话。赠言可以直接当面讲，也可以写在纸上随礼品一起赠送。赠言的内容，是其中心之所在，具体内容要考虑赠送对象的性别、年龄、职业、身份、爱好、阅历以及本人与对方之间的关系，并因人、因事、因时而异。从礼仪的角度来看，赠言的内容必须合乎下列三点要求：

1）品位高雅。

赠言要格调高雅，内容令人耳目一新，别致脱俗，催人向上，振奋人心，那样不仅会使赠言读起来品位高雅，而且也会令人对题写者刮目相看。

2）思想健康。

用以送人的赠言，应当充满真情实感。它既反映着题写者的思想水准，也体现着题写者对受赠者思想状况的个人判断。

3）言之有物。

好的赠言，通常都是有感而发，真实自然，言之有物。写赠言时，千万不要生编滥造、长篇大论。

4. 馈赠时机

商务馈赠要把握好时机，不然达不到馈赠的目的。如对方升迁，或获得某种荣誉之后，送上礼品表示祝贺，他一定会心存感激；逢年过节，送上一份礼品以示祝愿，他一定会发自内心地喜悦。这是馈赠适时的效应。相反，无任何理由的唐突送礼，会让对方觉得莫名其妙，不敢贸然接受。

案例

“雪中送炭”的故事

宋太祖的弟弟宋太宗赵光义年轻的时候，曾经跟宋太祖一起打过天下，深切地知道江山得来不易。因此，他特别爱护老百姓。有一年冬天天气特别寒冷，到处都是深厚的积雪，宋太宗在皇宫里面穿着龙袍，烤着炭火还觉得寒气逼人。他命人拿来美酒，借酒来驱寒，一杯酒还没喝完，他就想到了一个问题：我住在皇宫里，穿着貂皮做的龙袍，烤着炭火还觉得冷，那些缺衣少食的贫苦百姓，他们又没有炭火烤，不知道会被冻成什么样子呢？我必须想点办法帮助他们解决一些实际问题。

想到这里，他马上找来开封府尹，对他说："现在天寒地冻，我们这些有吃有穿有火烤的人都觉得冷，那些缺衣少食的老百姓肯定更加受不了，你们马上带上衣服和木炭替我去问候他们，帮他们迅速解决这个燃眉之急。"

开封府尹接到圣旨，马上带领他的随从，准备好衣服、粮食和木炭，挨家挨户送到百姓手里。百姓们收到衣服后非常感激，都称皇上是雪中送炭！

归纳起来，下列情况都可以视为商务馈赠送礼的好时机：

(1) 传统节日，如春节、中秋节、元宵节等传统佳节相互馈赠礼品，可以使交往双方感情更为融洽。这是比较常见的黄金送礼时机。

(2) 选择在对方的某些重要日子，如新公司的成立日、开业典礼日、公司成立纪念日，可以赠送花篮、牌匾或室内装饰品以示祝贺；在大客户的生日、重要部门的领导需要公关时，以礼品相送也会起到很好的效果。

(3) 当自己受到别人的帮助后，酬谢他人时，比如，感谢某人提供你获得生意的信息、感谢同事或朋友把商业机会介绍给你、感谢某人不计回报地在工作上帮助你，可以送些礼品以回报他的恩情。

(4) 可以选择在恭喜某人高升时，或者是你的下属、有业务往来的人结婚、生小孩、生日、重病初愈等时候，赠送礼品表示祝贺。

(5) 拜访客户的场合，客人应在见面之初向主人送上赠物；主人应当在客人离去之时把赠物送给对方。相见时赠送礼物，能迅速使两者感情升温；而离别时赠送礼物，则能够适当地表达自己对对方离别时的不舍，从而增进感情。

5. 馈赠场合

馈赠场合即馈赠的具体地点和环境。馈赠要注意选择赠礼的适当场合。首先，送礼要注意区分公务场合与私人场合。一般来说，工作中赠物应该在公务场合赠送，如在办公室、写字楼、会客厅；工作之外或私人交往中的赠物，则应在私人居所赠送，而不宜在公共场合赠送。其次，要根据馈赠的内容和形式来选择适当的场合。大方体面高雅的礼品，如书籍、纪念徽章、花束等，宜在公开的礼仪场合相赠。与衣食住行有关的生活用品不宜在公开场合相赠。

案例

送礼被拒收为哪般？

沿海某私营企业秘书小于陪同董事长到内地与某国有企业负责人洽谈业务，为了表达对对方的尊重，小于陪同董事长在星期一上午早早等候在负责人办公室门口。因为是星期一，办公室门口人很多，轮到董事长与负责人会晤时，小于掏出早就准备好的一尊微型金质观音放在负责人桌上，刚好负责人的秘书送签一份文件。负责人留下自己的秘书与董事长和小于继续商谈。商谈结束时，负责人强烈要求小于收回礼物，并要秘书负责督办到位，小于只得收回。

6. 馈赠方式

赠送礼物不仅要选择得体的物品，还要懂得用正确的馈赠方式。如果赠送方式不当，馈赠就会大打折扣，影响馈赠效果。馈赠方式主要有亲自赠送、邮寄运送、委托赠送三种方式。

（1）亲自赠送。

亲自赠送是指当着受礼人的面赠送礼物的一种方式，这是最庄重的一种方式。当面赠送便于观察受礼人的表情，令赠送礼仪得以淋漓尽致地发挥；还可有意识地向受礼人表明自己选择礼物的独具匠心，激发受礼人的感激之情和喜悦之心。一般而言，除非有极其特殊的原因，馈赠礼品应该当面进行。悄悄放在一边就走，是一种失礼的行为。

亲自赠送礼物时，要注意赠礼时的顺序、态度、动作和言语表达。只有符合礼仪规范的馈赠，才能恰到好处，适得其所。

1）赠礼顺序。

在会谈、会见等场合，一般由最高职位的人代表我方向对方人员赠送赠物；赠送应从地位最尊贵的人开始；同一级别的人员中应先赠女士后赠男士，先赠年长者后赠年轻者。

2）赠礼态度。

亲自赠送时，态度要礼貌、从容、平和、友善，举止大方，双手把礼物递给受礼者，并简短、热情、得体地加以说明，表明送礼的原因。

3）赠礼动作。

当面赠物时，送礼者要起身站立，面带笑容，目视对方，双手把礼物奉送过去，或者用右手呈交，避免用左手。递送赠物、致辞之后，要与受赠对象热情握手。动作要落落大方，不要悄悄地乱塞或偷偷地传递赠物，给人鬼鬼祟祟的感觉。

4）赠礼言辞。

在当面送礼时，说话一定要得体。送礼前应先向对方致以问候，简要地说明送礼的意图，说一些尊重、礼貌的吉言敬语，如“祝您工作顺利”“感谢您上次的帮助”等。得体的言辞一是表达送礼者的心意，二是让受礼者受之心安。

西方人在送礼时，喜欢向受礼者介绍赠物的独特意义和价值，以表示自己对对方的特别重视。中国人有自谦的习惯，送礼时一般喜欢强调自己赠物的微薄，如“区区薄礼不成敬意，请笑纳”等。送礼给西方客户时一定不能过于谦虚，诸如“小小礼物，不成敬意”“薄礼”的谦辞是不适合在赠送外宾的场合使用的。

（2）邮寄赠送。

寄送礼物是一种异地馈赠的方式。由于身处异地，无法当面赠送时，通过邮寄及时赠送，可弥补无法面送的缺憾。随着物流体系的不断完善，这种方式因其能保证礼品及时送到，越来越被广泛运用。

（3）委托赠送。

由于赠送人身在外地，或者不宜当面赠送时，也可以选择委托赠送。

一般来说，赠物最好亲自赠送。如果因故不能亲自赠送，要委托他人转交或邮寄时，应附上一份礼笺，注上姓名，并说明赠礼缘由。

（二）馈赠禁忌

礼品选择不当是馈赠礼品的最大禁忌。礼品的选择要考虑到各国的历史、文化、风俗和习惯的影响，特别是社会与宗教的习惯，要注意一些国家、个人和民俗的禁忌。如果不了解对方的习俗和禁忌，赠予人的满腔热情可能会化为对方的反感之情，赠礼反而得不偿失。赠送礼物时避免违反礼节和犯忌讳是很重要的。

案例

更换相框

云南省的一家外贸公司与印度某商贸公司做成一笔生意。为表示合作愉快，加强两公司今后的联系，中方决定向印方赠送一批具有地方特色的工艺品——皮质的相框。中方向当地的一家工艺品厂定制了这批货，这家工艺品厂也如期保质保量地完成了。当赠送的日子快要临近时，这家外贸公司的一位曾经去过印度的职员突然发现这批皮质相框是用牛皮做的，这在奉牛为神明的印度是绝对不允许的，很难想象如果将这批礼品赠送给印方会产生什么样的后果。幸好及时发现，才使中国的这家外贸公司没有犯下错误，造成损失。他们又让工艺品厂赶制了一批新的相框，这回在原材料的选择上特地考察了一番。最后在将礼品送给对方时，对方相当满意。

一般而言，馈赠礼品不应忽视的禁忌有四类：个人禁忌、民俗禁忌、宗教禁忌、法律与道德禁忌。

1. 个人禁忌

每个人由于经历、兴趣和习惯的不同，可能形成个人禁忌，选择赠物时，要注意了解受礼对象的个人忌讳，不然会导致适得其反的效果。如送情侣表给一位单身女性，送烟给一位不吸烟的长者，都会触犯对方的私人禁忌。

2. 民俗禁忌

要尊重由于风俗习惯、民族差异形成的禁忌。选择赠物不要凭自己的“想当然”办事，要自觉地、有意识地避开各国风俗习惯所形成的馈赠禁忌。不管赠予人对受礼人的风俗习惯如何不适应，都应该尊重他们的风俗。“入乡随俗”可以说是一条“礼仪公法”。

(1) 中国馈赠禁忌。

1）数字禁忌。中国普遍有好事成双的说法，因而凡是大贺大喜之事，所送之礼，均好双忌单。但广东人忌讳4这个偶数，因为在广东话中，“4”听起来就像是“死”，是不吉利的。

2）颜色禁忌。白色虽有纯洁无瑕之意，但中国人比较忌讳，因为在中国，白色常是大悲之色。同样，黑色也被视为不吉利的凶灾之色、哀丧之色。而红色，则是喜庆、祥和、欢庆的象征，受到人们的普遍喜爱。

3）礼品的选择禁忌。中国人认为给老人不能送钟表，给夫妻或情人不能送梨、送伞，因为送钟与送终、梨与离、伞与散谐音，是不吉利的。鞋子一般也不宜当作礼物，因为“鞋”与“邪”同音，而且如果送的鞋子比较小，不合脚，就是给人“穿小鞋”，“穿小鞋”有打击报复、使人难堪的意思。不能为健康人送药品，不能为异性朋友送贴身的用品等。绿颜色的帽子也不能作为礼物送给男性，“绿帽子”这个词在中国有特殊的含义，即妻子出轨。菊花是葬礼用花，因而无论是什么颜色的菊花，都不宜作为礼物赠送。

（2）国外馈赠禁忌。

1）日本人的馈赠禁忌。

数字禁忌。日本人最忌讳“四”和“九”。因为日文中“四”和“死”的发音相同，“九”的发音与“苦”的发音相同。参加日本人婚礼时，礼金要避免偶数，因为偶数是二的倍数，他们认为这容易导致夫妻分离。

礼品的选择禁忌。日本人在探望病人时，忌用山茶花、仙客来及各种淡黄色花或白色花。在日本不能随便送鲜花，因为鲜花只能在求婚、生病或死亡时用。一般人不要送菊花，因为菊花是日本王室专用花卉。给日本人送礼物忌送梳子，因为梳子的发音与死相近。日本人对绘有狐狸等动物形象的礼品甚为反感，因为在他们心目中，狐狸是贪婪的象征。

2）英国人的馈赠禁忌。

英国人不收贵重礼品，给英国人送礼时，如果礼品价格很高，就会被误认为是贿赂。一般应选择价钱不贵但有纪念意义的礼物。切记不要送百合花，因为这意味着死亡。涉及私生活的服饰、肥皂、香水，带有公司标志与广告的物品，亦不宜送给英国人。

3）美国人的馈赠禁忌。

不宜送给美国人的礼物主要有香烟、香水、内衣、药品以及广告用品。不要送假首饰，那会使人感到你看不起他。特别忌讳送带有你单位标志的便宜东西，但头巾和手绢除外。另外，业务往来中的送礼，注意不要在公开场合，除非你与受礼人是老熟人、老朋友。

4）俄罗斯人的馈赠禁忌。

俄罗斯人忌讳数字13，认为13是不祥的数字，也忌讳“星期五”，这一天忌社交和探亲访友。俄罗斯人送礼忌送蜡烛、野花及黄色花或三色以上的混杂花。俄罗斯人到教堂点蜡烛如同中国人到寺庙上香一样，因此，蜡烛不能作为礼物。

5）德国人的馈赠禁忌。

数字禁忌。送花不能送10支，因为德国人反感“成打出售”的物品；也不喜欢别人送厚礼，因为送礼超过一定金额必须纳税。

包装禁忌。德国人对礼品包装比较讲究，包装要力求尽善尽美，同时礼品切勿用白色、黑色或棕色的包装纸或丝带包扎。

礼品的选择禁忌。德国人不习惯送人玫瑰，他们认为玫瑰是情人间的专利。带有“黑猫”和“喜鹊”图案的物品不能作为新年礼物，因为德国人认为，看见黑猫会带来不幸，喜鹊有“小偷”的恶名。德国人不爱尖锐礼物，因为他们视其为不祥之兆。

案例

送错的手帕

国内某家专门接待外国游客的旅行社，有一次准备在接待来华的意大利游客时送每人一件小礼品。因而，该旅行社订购了一批真丝手帕，由杭州某名厂生产，每一个手帕上都绣着花草图案，十分美观大方。手帕装在特制的纸盒内，盒上印有旅行社社徽，看起来是很像样的小礼品。中国丝织品闻名于世，料想会受到客人的喜欢。

旅游接待职员带着盒装的真丝手帕，到机场迎接来自意大利的游客。欢迎词致得热情、得体。在车上他代表旅行社赠予每位游客两盒手帕，作为礼品。没想到车上一片哗然，议论纷纭，游客们显出很不高兴的模样。特别是一名夫人，大声叫喊，表现得极其生气，还有些伤感。旅游接待职员心慌了，好心好意送人家礼物，不但得不到感谢，还出现这般景象。中国人总以为送礼人不怪，这些外国人为何怪起来了？

6）阿拉伯地区的馈赠禁忌。

勿用左手递送礼物，递送或接受礼物时只能用右手。因为在阿拉伯人的传统观念中，左手是不洁净的，而送礼是个人交往和商务往来中的一种崇高习俗。不过，初次见面时无须送礼，否则将被视为行贿。

案例

她为什么受到冷遇？

张女士是位商务工作者，由于业务成绩出色，随团到中东地区某国考察。抵达目的地后，东道主热情接待，并举行宴会招待。席间，为表示敬意，主人向每位客人递上一杯当地特产的饮料。轮到张女士接饮料时，一向习惯于用左手的张女士不假思索，便伸出左手去接，主人见此情景脸色骤变，不但没有将饮料递到张女士的手中，而且非常生气地将饮料重重地放在餐桌上，并不再理睬张女士。这是为什么？

3. 宗教禁忌

由于文化背景和宗教信仰的差异性，不同信仰的国家和民族，在礼尚往来方面有着不同的喜好和禁忌。如果你要送礼，就要特别小心。

4. 法律与道德禁忌

馈赠礼品要遵守国家的有关规定，不能选择违法违规的物品作赠物。比如，在我国不能送涉及国家秘密之物；不能将涉黄、涉毒的物品作为赠物送人。另外，各国均明确规定不得将现金和有价证券送给并无私交的公务人员，否则有行贿之嫌。动植物活体、生鲜食品、种子不宜送给外国来访客人，因为许多国家有很严格的动植物检疫法，不允许此类东西进入国门。

三、接受馈赠、回赠以及巧拒礼仪

（一）接受馈赠礼仪

若别人馈赠礼物，作为受礼人受赠时也要注意自己的行为，不能失礼于人。一般来说，要注重以下礼仪规范：

（1）一般情况下，不应当拒绝受礼。凡是他人诚心诚意赠送的礼物，只要不是违法、违规的物品，最好的方式是大方地欣然接受，当然接受前也可以适当地表示谦让。

（2）礼貌接过赠物。接受礼物时，不管礼品是否符合自己的心意，受礼者都应表示对礼物的喜爱。当赠送者赠送礼品时，受礼人应中止正在做的事情，起身站立，双手接过赠物时要表达谢意，而不能无动于衷。接受赠物时态度要恭敬有礼，不可忸怩失态，或盯住赠物不放，或过早伸手去接，或随手放在一旁。

(3) 真诚道谢。接受赠物时，应充分表达谢意。可以说一些悦耳的话来表达自己的喜悦之情，应让对方看出你的真诚、友好。可以从以下几个角度表达感谢：

1）感谢送礼人所花费的心血，如："你能想到我太好了"。

2）感谢对方为买到合适的礼品所付出的努力，如："你竟然还记得我收集古代地图"。

3）如果确实喜欢某件礼物，那就明确地告诉对方自己的喜爱之心。

(4) 拆开欣赏并赞美。东方人接受赠物时，在表示感谢后，往往会把赠物收起来。而西方人往往习惯于当场打开赠物，当场赞美，以表示很看重对方，也很看重对方赠送的礼物。

于国人而言，如果情况适当，受赠者可以当面打开欣赏并赞美一番，这种做法是符合国际惯例的。赠物启封时，要注意动作文雅，不要乱撕、乱扯，不要随手乱扔包装。

(5) 若是贵重赠物，往往还需要用打电话、写感谢信、发电子邮件等方式再次表达谢意。感谢函要在收到礼物后几天，最迟两个星期内寄出。

(二) 回赠礼仪

"礼尚往来"是我们中国人世代相传的传统美德。来而不往非礼也，在接受别人礼物以后，要在适当的时候予以还礼，表达自己想和对方保持友好关系的想法，这也是一种礼貌的行为。在回赠礼品时，常见的礼仪规范如下。

1. 注意回赠的时机

还礼讲究适当的时机。一般不在接受了别人的礼物后马上就回送礼物给对方，这样会给人一种迫不及待还人情的感觉，甚至让对方觉得你不想和他交往。但如果拖延的时间太长，等事情已经完全冷淡了再还礼，又显得过于失礼。因此，要把握好还礼的时间。

一般情况下，接受礼品后，要等适当机会给予回赠，如在节日、庆典或者重大活动的时候，或者登门拜访时回赠礼物。

2. 把握回赠的技巧

回赠的时候要注意选择得体的还礼形式。还礼的方式有很多种，既可以回赠一定物品，也可以用款待对方的方式来回礼。回赠时应注意以下几点：

(1) 等价值。回赠礼品的价值一般不应超过对方赠送的礼物，否则会给人攀比之感。

(2) 忌重复。回赠礼品不应与收到的礼物一样，可以选择类似物品，也可以参照对方馈赠的礼物选择。比如，你送我书刊，我可以送你影碟。

(3) 重时机。收到私人赠送的礼物，回礼时应该有一个恰当的理由和合适的时机，不能为了回礼而不选时间、地点地单纯回送等值的物品。

(4) 讲自愿。回赠礼品不是还债，也不是攀比，要讲求自愿，不能成为双方的负担。

(三) 巧拒礼仪

一般情况下，不论你是否喜欢他人馈赠的礼物，都最好表示谢意并接受它。当然，这并不意味着逢礼必收。特殊情况下，如若礼品的价值超过了公司规定的限度，或者赠礼人抱有其他的目的，受礼人则有必要拒收礼品。

1. 巧拒馈赠的情形

具体来说，出现以下情况时，受礼人应拒绝接受赠物：

(1) 你并不熟悉的人送给你极其昂贵的礼物。

(2) 隐含着需要你做违法违纪的事情。

(3) 你觉得似乎自己接受后会受到对方控制时。

2. 巧拒馈赠的礼仪要求

在拒绝对方所赠送的礼物时，应注意以下问题：

(1) 24 小时内做出反应。在确定我们要拒收礼物后，应快速高效地将礼品退回。能当面拒绝的，应该当面拒绝。实在当面不好拒绝的，一般情况下要争取在 24 小时之内返还。超过这个时间会让对方误解为你已经收下。

(2) 区分不同情况不同对待。这里的情况主要是指送礼人的主观状态是善意还是恶意。

如果送礼人是善意的，向他解释一下将礼品退回的原因，如公司规定等，并对他表示感谢，这样不会让对方难堪。如："由于公司政策不允许我接受这件礼物，我只好将它退还给你，很感谢你。"

如果送礼人不怀好意，如隐含附加交易条件等，则只需告诉他不合适接受他的礼物即可，可以很客气地告诉对方"这件礼物确实不合适，请不要再给我送礼了"。

(3) 拒绝馈赠的态度要从容、自然、友好。在拒收赠物时，应礼貌地先向对方表达感激之情，再向对方详细说明拒收的原因，切不可生硬地阻挡，以免对方难堪。

案例分析

古代清官教你如何巧妙地拒绝馈赠

唐代德宗年间，泾州刺史段秀成被召到京城升任司农卿。进京路上，岐州太尉带员敲锣打鼓地送来大绫 300 匹。此时，恰逢段秀成还在途中，家人只好收下礼物带到京城。段秀成看到这宗厚礼后，并没有将其作为家私，而是在大庭广众之下，将这 300 匹大绫悬挂在司农寺大堂的屋梁上，以示众人，警示官员。

应该说，在中国古代的清官中，这种拒收他人在公开或半公开场合下馈赠的礼品的，不乏其人，而拒收他人暗中馈赠的，也不胜枚举。这种"慎独"行为，更是难能可贵。东汉杨震曾任荆州刺史、涿郡太守。一次，他赴任途经昌邑时，县令王密晚上前来拜见，并送上黄金十斤，低声说："我是一个无名儒生，经你举荐，方有今日。这点礼品，敬请笑纳。夜深人静，谁也不知。"杨震大声道："天知、地知、你知、我知，怎么能说没人知道呢？"一席话说得王密无地自容，携金羞退。

还有一些清官，拒礼的招法更高明，为了防患于未然，干脆"张贴告示，有言在先"。清代康熙年间，有位名叫张伯行的清官，任福建巡抚。面对下属官吏送来的一份份厚礼，他或婉言谢绝，或拒之门外，或严厉斥责。尽管如此，拜谒者仍然络绎不绝。于是，张伯行便写了一则《禁止馈送檄》，张贴于巡抚衙署门外。檄文曰："一丝一粒，我之名节，一厘一毫，民之脂膏。宽一分，民受赐不止一分，取一文，我为人不值一文。谁云交际之常，廉耻实伤，倘非不义之财，此物何来。"送礼者看了此文，一个个汗颜而去。

古代还有“赋诗馈赠，以诗拒礼”的佳话。北宋清官包拯六十大寿时，皇上念他德高望重，劳苦功高，要给他做寿。包拯推辞不过，只好从命。但他再三声明“拒收寿礼”。张奎是包拯的同乡好友，又同殿为臣，他心想，我的礼包拯总该收吧，于是前去送寿礼，并赋诗一首：“同窗同师同乡人，同科同榜同殿臣。无话不谈肝胆照，怎能拒礼在府门。”包拯看后提笔写道：“我们本是知音人，肝胆相照心相印。寿日薄酒促膝谈，胜似送礼染俗尘。”张奎看罢，只好把礼品带了回去。

拓展学习

赠花是一门艺术，什么时候送花，送什么花，这些都是有一定讲究的。“礼花赠送”的差异性，最值得注意的便是不同国家或民族，对于每种花卉有些不同的解读。赠礼者必须注意每种花卉所代表的含义，也即花语。花语是各国或各民族根据各种植物，尤其是花卉的特点、习性和传说典故，赋予其的不同的个性与象征意义。

不仅不同种类的花卉有着不同的花语，连同一种花卉因为颜色的不同也代表着不同的内涵，如不同颜色的玫瑰有着不同的含义。中国人一般偏好红色系的花，因为能凸显出喜气，但是西方人则认为把白色鲜花送给新娘才是最合适的。

送礼时，花卉的“数量”也别具意义。对于中国人来说，喜庆活动对于赠礼都要求送双数，以取“双双对对”与“好事成双”的含义，而就“赠花礼仪”来说也不例外。同样因为民俗性的原因，国人不喜“4”；西方社会尽量避开“13”；日本人则习惯避偶就奇，通常用 1、3、5、7 等奇数，但又忌讳其中的“9”。这都体现着各国与各民族对数量礼仪的不同认知。以玫瑰花为例，赠送给异性或情人，不同支数的玫瑰花也表示不同的内涵。

就赠花礼仪来说，重点在于品种与颜色的适当选择，基本的原则是只要避开特殊的忌讳，以及明显不适合的内涵，便是符合礼仪的。

综合练习

一、选择题

1. 馈赠礼品是社交活动的重要手段之一，受到古今中外人士的普遍肯定，馈赠有哪些需要注意的规则？（　　）

A. 掌握轻重　　B. 把握时机

C. 注重效用　　D. 投好避忌

2. 馈赠时应注意哪些礼仪？（　　）

A. 注意礼品的包装　　B. 注意赠礼的场合

C. 注意赠礼时的态度　　D. 了解风俗禁忌

3. 邮寄赠送或委托赠送礼品时，应附上一份（　　），用规范、礼貌的语句解释送礼缘由。

A. 礼笺　　B. 感谢信

C. 回函　　D. 信封

4. 下列有关馈赠礼仪的说法正确的是（　　）。

A. 接受馈赠的礼品时，可以把礼物推给对方，客气一番

B. 法国人忌送菊花

C. 可以送古墨给一位喜欢书法的老者

D. 赠送礼品时，送礼者应对送礼原因、礼品寓意做一番明确解释

5. 以下礼品赠送的方式不符合礼仪规范的有（　　）。

A. 一男一女登门拜访他人。登门之际，女宾向女主人赠送一束鲜花

B. 在一个几个人集中办公的办公室，一男宾带烟酒入内说："我找王哥。"对某男士说："王哥，这是我的一点小意思。"其他人狐疑

C. 办公室内，主方向来宾赠送礼物。女秘书把一包装之物递给其上司，上司双手交给客人

D. 办公室内，第一次来拜访客户经理的小王，将礼品放在了经理办公桌上面后离开

6. 接受他人礼品馈赠时，应注意的环节是（　　）。

A. 神态自然地接受　　B. 双手捧接或右手接过赠物

C. 表达感谢　　D. 拆开欣赏并赞美

7. 在选择、准备馈赠礼品时要主动回避对方受礼的禁忌。下列哪些物品是受赠者难以接受的？（　　）

A. 违法的物品　　B. 有害的物品　　C. 败俗的物品　　D. 犯忌的物品

8. 国际社会公认的第一"礼仪公法"是（　　）。

A. 女士优先　　B. 入乡随俗原则　　C. 宽容的原则　　D. 谦虚原则

9. 馈赠作为一种非语言的交往形式，（　　）是赠送礼品最基本的原则。

A. 礼轻情义重　　B. 贵重　　C. 华丽　　D. 名牌

10. 在社会交往中，馈赠礼品的目的主要有（　　）。

A. 交际　　B. 巩固和维系人际关系

C. 酬谢　　D. 公关

二、简答题

1. 简述中外馈赠礼仪与习俗的差异性。

2. 简述馈赠礼仪 5W1H 原则的内容。

三、问答题

我国十分讲究"礼尚往来"，遇到下列情况，你如何处理？并说明这样做的道理。

朋友之间关系不错，你请对方吃一次饭，他总要找机会回报你，而且档次明显提高了，那么下次你再请他吃饭，该怎么办？是加码再提高，还是与他相当？还是降低水平？还是怕不断高攀，干脆到此为止，不再请客了？

任务四　弄懂宴会礼仪，让你显素质

学习目标

（1）了解宴会的性质及宴会在职场交往中的作用。

（2）理解主办宴会和出席宴会礼仪的要点，以及中餐及西餐礼仪。

（3）理解和掌握相关知识，付诸行动。

知识框架

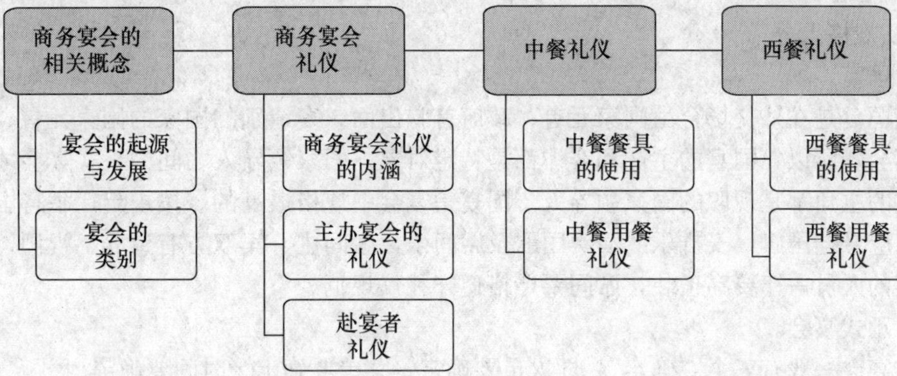

导入问题

T：领导要实习生安排一下宴请 W 公司刘总裁的宴会，他是按照以下内容准备的，你觉得是否全面？

1. 确认宴会时间；2. 预订餐厅；3. 确定参加人数。

S：太完美了，没有问题了。

该同学的回答不够完整，要想使宴会让客户满意、领导认可，还有一些需要考虑的内容。古往今来，宴会一直是人际交往的一种重要形式，早在《礼记·礼运》中就有“夫礼之初，始诸饮食”的结论。千百年来，人们在设宴中形成了一整套纷繁复杂的礼仪。从如何邀请客人，到如何确定菜单，大到座次安排，小到餐具的使用，其中的讲究使得很多人面对宴会都有些困惑。设宴待客需要注意些什么？如何才能发挥宴会的作用？参加宴会又有哪些注意事项？这些都是宴会礼仪涉及的内容。

一、商务宴会的相关概念

（一）宴会的起源与发展

1. 什么是宴会

所谓宴会，指的是以宴请为形式的一种重要的社交应酬。你请家人吃饭，这不是宴会，宴会实际上是一种社交活动。宴请在当代职场商务活动中成为一种非常重要的交际方式。随着社会经济的发展和人民生活水平的提高，宴请越来越脱离了其“吃饭”的原有意义，而成为人们联络感情、交流信息、协调关系的一种手段。

2. 宴会的起源

宴会起源于社会及宗教发展的朦胧时期。早在农业出现之前，原始氏族部落就在季节变化的时候举行各种祭祀、典礼仪式，这些仪式往往有聚餐活动。农业出现以后，因季节的变换与耕种和收获的关系更加密切，人们也要在规定的日子里举行盛筵，以庆祝自然的更新和人的更新。

中国关于宴会较早的文字记载，见于《周易·需》中的“饮食宴乐”。随着菜肴品种不断丰富，宴饮形式向多样化发展，宴会名目也越来越多。

（二）宴会的类别

1. 从规格上分

（1）国宴。

所谓国宴是在外交场合由国家元首、政府首脑出面，宴请别的国家的国家元首、政府首脑的宴会。所以，国宴的主体和客体都是特定对象，国家领导人之间的正式宴会才能叫国宴，它的主角都是现职的国家领导人。国宴是宴会中规格最高的。按规定，举行国宴的宴会厅内应悬挂国旗，安排乐队演奏国歌及席间乐，席间主、宾双方有致辞、祝酒，所有参加国宴的人员一律要穿正装，席间要严格遵守礼仪规范。

（2）正式宴会。

正式宴会一般有三个“确定”，即人员要确定、菜单要确定、时间要确定。

首先人员要确定，宾主均按身份排位就座，不能随意就座；其次菜单要事先确定，讲究排场，对餐具、酒水、菜肴的道数及上菜程序均有严格规定；最后时间要确定，一般情况下，大型的、正式的宴会往往是晚宴，仅个别情况下是午宴或早宴，这是因为晚上相对而言大家在时间上自由度大，可以比较放松。

（3）便宴。

这是一种非正式宴会，常见的有午宴、晚宴，便宴相对比较随便。其最大特点是简便、灵活，可不排席位、不做正式讲话，菜肴可丰可俭。比如有同学或是客户来访，找一个地方大家吃顿饭，聊聊天。它的规模比较小，菜比较简单，时间比较短，但实际上还是一种交际活动。

（4）家宴。

家宴就是把人请到家里来吃饭。家宴重在参与，强调气氛的温馨和谐，它意在营造一种融洽的气氛，可以增进家人与亲朋好友的亲密关系。

2. 从餐别上分

（1）中餐。

中餐指中国风味的餐食菜肴。其中有粤菜、川菜、鲁菜、淮扬菜、浙菜、闽菜、湘菜、徽菜“八大菜系”。除“八大菜系”外还有一些在中国较有影响的菜系，如东北菜、冀菜、豫菜、鄂菜、本帮菜、客家菜、赣菜、京菜、清真菜等菜系。餐具使用杯、盘、碗、碟、筷、匙等，烹调以炒、煎、炖、蒸为主，食材讲究色香味俱全。

（2）西餐。

西餐是西方式餐饮的统称，广义上讲，也可以说是对西方餐饮文化的统称。实际上，西方各国的餐饮文化都有各自的特点，各个国家的菜式也不尽相同，例如法国人会认为他们做的是法国菜，英国人则认为他们做的菜是英国菜。西方人自己并没有明确的“西餐”概念，这个概念是中国人和其他东方人的概念。西餐主要包括法式菜肴、德式菜肴、英式菜肴、俄式菜肴、意式菜肴和美式菜肴。西餐餐具以杯、盘、碗、刀、叉、匙为主，烹调以烤、烩、煎、煮为主，素菜通常生食。

（3）中西合璧。

中西合璧指一些新菜，是借鉴中国菜与西餐的烹调方法开发的菜肴。

3. 从时间上分

宴会从时间上可分为早宴、午宴、晚宴。正式宴会以晚宴为主。

4. 从礼仪上分

(1) 欢迎宴会。

欢迎宴会是在宾客到来后，由接待方主办的宴会，主要是对宾客的到来表示欢迎。

(2) 答谢宴会。

答谢宴会是由被接待方主办的，对接待方的热情接待和悉心关照表示感谢之意而举办的宴会。

二、商务宴会礼仪

(一) 商务宴会礼仪的内涵

1. 宴会礼仪的定义

宴会礼仪指在社会交往中，政府机关、社会团体、企事业单位或个人出于某种社交目的的需要，如欢迎祝贺、答谢应酬、结识朋友、讨论问题、践行送别、老友聚会等，而举行的一种正式或非正式餐饮活动当中所形成的固定程序或行为方式。宴会的种类很多，但是无论是哪种宴会，都有同一种宗旨，那就是增进职场友谊，维护人际关系，保持愉快合作。因此，学会一定的礼仪规范，可以将宴会的宗旨与后续影响发挥到极致。宴会实际上吃是形式，交际是内容。宴会礼仪属于职场交际礼仪的重要组成部分。

2. 宴会礼仪的特点

第一，来自习俗。礼出于俗，俗化为礼，礼仪是来自习俗的，其实社交礼仪中很多内容与宴会有关。如你认识了新朋友，为了发展友谊，往往会请其吃饭，在聚会中，有很多礼仪问题，如筷子、碗碟摆放有讲究，敬酒有说法，夹菜有规矩，所以说礼出于俗。

第二，让客人满意。我们宴请客人都希望其畅饮美酒，畅品美食，所以会细心考虑客人的喜好，选择恰当的时间、地点、菜品等。

(二) 主办宴会的礼仪

1. 宴会准备礼仪

宴会有严格的礼仪要求，所以主办单位或主人一定要认真、周到地做好各种准备工作，包括明确对象、目的、范围、形式、时间、地点和发出邀请。

(1) 对象。首先要明确宴请的对象，了解主宾的身份、国籍、习俗、爱好等，以便确定宴会的规格、主陪人、餐饮形式、菜肴等。

(2) 目的。宴请的目的是多种多样的，可以是为表示欢迎、欢送、答谢，也可以是为表示庆贺、纪念，还可以是为某一事件、某一个人等。明确了目的，便于安排宴会的范围和形式。

(3) 范围。宴请哪些人、请多少人参加都应当事先明确。主客双方的身份要对等，主宾如携夫人，主人一般也应以夫妇名义邀请。哪些人作陪也应认真考虑，作陪人员太多，费用加大，作陪人员太少，显得不够热情，所以要适度。对出席宴会的人员还应列出名单，写明职务、称呼等。

(4) 形式。宴会形式要根据规格、对象、目的确定，可确定为正式宴会、冷餐会、酒会、茶会等形式。

（5）时间。根据上述情况，由主办方确定宴会的具体时间。选择时间时，应从主宾双方都能接受的角度来考虑，一般不选择在重大节日、假日，也不安排在双方禁忌日。选择宴会日期，要与主宾进行商定，一旦确定就不能随便改动。

（6）地点。地点的选择，也要根据宴会的规格来考虑，规格高的可以安排在高级饭店，一般规格的则根据情况安排在适当的饭店进行。

（7）发出邀请。人员、时间、地点等确定后，可以正式发出邀请，正式宴会一般都要用请柬正式发出邀请。这样做一方面出于礼节，另一方面也是请客人备忘。请柬内容应包括：活动的主题、形式、时间、地点、主人姓名。请柬要书写清晰美观，打印要精美。请柬一般应提前1～2周发出，给宾客充足的时间安排日程，太晚了就不礼貌了。

2. 宴会席位安排礼仪

正式宴会一般都要事先安排好桌次和座次，以便参加宴会的人都能各就各位，入席时井然有序。席位的安排也体现出对客人的尊重。排座次是宴会开始时必须执行的一种礼仪，因为每张餐桌上的具体位次有主次尊卑之别，如果不遵循其中的礼仪规范，就会有失礼之嫌。通常情况下，主宾大都应当在主桌就座，并且面对正门而坐，其他人的座次则要根据其与主人的远近来排列，越接近越尊贵，越远离越普通。席次确定后，座位卡和桌次卡放在桌前方、桌中间。座次安排应遵循以下原则，如图5-9所示。

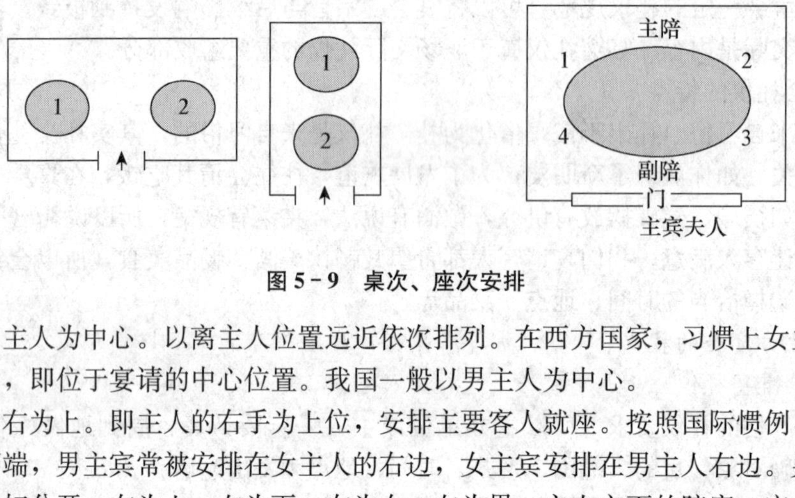

图5-9　桌次、座次安排

（1）以主人为中心。以离主人位置远近依次排列。在西方国家，习惯上女主人通常面向上菜的门，即位于宴请的中心位置。我国一般以男主人为中心。

（2）以右为上。即主人的右手为上位，安排主要客人就座。按照国际惯例，男女主人对坐餐桌两端，男主宾常被安排在女主人的右边，女主宾安排在男主人右边。男女宾客间隔而坐，夫妇分开，右为上，左为下，右为女，左为男。主人方面的陪客，应尽量穿插而坐，以便与客人交流。

（3）面门为上。主次以面门方向为准，主人坐左侧，主宾坐右侧。正式宴会应备席次卡，卡中间虚线折叠，里外两边均书写姓名，既便于客人找到自己座位，又便于他人知道其姓名。

（4）以远为上。主桌和上位应以远离通道为上，应置于整体空间的中心或靠里的位置。

（5）特殊原则。在一些高档餐厅里，常有优美的景致或高雅的演出供用餐者欣赏。这种情况下，观赏角度最好的座位是上座。

3. 确定菜单和用酒

决定菜单和喝什么酒时，应考虑下面3个方面：

(1) 人员组成。

一般来说，人均一菜是比较通用的规则，如果是男士较多的宴会，可适当加量。

(2) 菜肴组合。

通常情况下，一桌菜最好做到全面，有荤有素，有冷有热。如果参加宴会的男士多，可多点些荤食，如果女士多，可多几个清淡的素菜。

(3) 重要程度。

如果是普通的商务宴会，平均一道菜的价格控制在 50～80 元即可。如果是比较隆重的宴会，或者宴请的对象是比较关键的人物，则需要几个够分量的菜。

4. 宴会进行中的礼仪

(1) 迎接宾客。

宴会开始前，主人应先行到达，站在大厅门口迎接客人。对规格高的贵宾，还应组织相关负责人到门口列队欢迎。客人来到后，主人应主动上前握手问好。

(2) 引导入席。

来宾到达后主人陪主宾进入宴会厅主桌，接待人员引导其他客人入席后，宴会即可开始。

(3) 致辞祝酒。

正式宴会一般都有致辞和祝酒，由主人先致辞，此时，工作人员应停止所有活动，在合适位置站好，晚到人员稍后就座。我国习惯于在开宴之前由主人讲话、祝酒，客人致答词。西方国家的致辞、祝酒习惯安排在上热菜之后、甜食之前，至于冷餐会和酒会的致辞则更灵活些。

(4) 上菜开席。

餐厅服务人员按照服务顺序侍应，主人应努力使宴会进行得气氛融洽，要不时地找话题进行交谈，还要注意主宾用餐时的喜好，控制用餐的速度。主人为客人夹菜时要使用公筷，敬酒要掌握分寸。

(5) 席毕送客。

主客用餐完毕，主人和主宾起立，其他人随之离座，宴会即告结束。主人要将客人送至门口，握手话别。

5. 敬酒礼仪

谈起喝酒，职场人士可能都有过切身体会，酒文化也是公关的重要手段。在现代职场交际中，酒作为一种职场交际媒介，在聚朋会友、迎宾送客、商务谈判、客户交流中发挥了独到的传递友情的作用。

案例

醉酒之后的失态表现

张某和几个朋友在一家名叫“巷子深”酒店喝酒，其中的一位喝多了之后，硬是要赶到另一家酒店去会另一批酒友，大家拦不住他，只得放他去了。可没过多久，他又一脸灿烂地出现在大家面前，连声抱歉：“对不起，我刚刚喝了一顿，来晚了。”说着，一屁股坐了下来，冲着服务员喊道：“来啊，上菜!”后来，朋友们才知道，他离开之后，很利落地上了出租车，冲着司机大声说："去巷子深酒店！"司机见他喝醉了，便在街上兜了一圈，又把他送了回来。等他再次来到朋友们面前时，他已经认不出谁是谁了。

要记住敬酒步骤不能乱。在酒桌上饮酒时，在宾主入座后、用餐前，大家通常要讲一些祝愿和祝福类的话语，主人和主宾甚至还要发表祝酒词，然后边吃边喝边聊。在饮酒过程中，主人或主宾，或者酒桌上的任何人，都可以提议让大家干杯。提议干杯的时候，要手拿酒杯起身站立，即使是滴酒不沾的人，也要拿起杯子做出饮酒的样子，将酒杯举到眼睛的高度，面带真诚的微笑，双眼看着大家或是自己的祝酒对象，嘴里同时说着祝福的话语。说完"干杯"后，可以将酒一饮而尽，也可以喝下适量的酒。不能喝酒的人士可以以茶代酒。劝人喝酒要适可而止，不要强迫别人喝酒。

6. 宴会礼仪应注意的 5M

(1) 费用（Money）。

官方宴请也好，民间宴请也罢，要明确谁花钱、花多少钱，把握好费用，量力而行。在中国，一般来讲，宴请往往是由主人掏钱的，花多少钱客人不要问。结账最好是等客人走了之后，或者是主人悄悄跟随服务生出去结账。

在国际交往中，外国人请人吃饭时，其结账方式往往是各付其费，即 AA 制，这种做法在西方国家很普遍。

(2) 会客（Meeting）。

作为主人要请客，请谁来作陪颇有讲究，主人确定了主宾之后，其他人选也是有讲究的。比如请负责该项目的人员吃饭，可能还邀请他的上司或下属一起来，大家边吃饭边谈工作，谈合作事宜。

(3) 环境（Media）。

有经验的人都知道，请客吃饭其实是吃环境，越是高档的宴会，越是如此。在举办宴会时，很大一笔钱实际上不是花在菜上，而是花在环境上。尤其是正式的商务宴请，就是公司之间的交往，宴会所选择的地点往往是公司实力的一个表现。

(4) 音乐（Music）。

吃饭时，讲究气氛，在良好的气氛下，大家能够和谐、融洽地进行交流。有的时候，高档的宴会厅会有演奏，或播放音乐，当然音乐的选择要跟现场气氛相吻合，通常轻松、自然、舒缓的音乐比较好。

(5) 菜单（Menu）。

对菜单要认真地安排。要了解客人的喜好，突出特色，避开禁忌，包括职业禁忌、民族禁忌和个人禁忌。如警察、司机公务在身的情况下，不要让他们饮酒；对易过敏的客人，不要勉强其吃会引起过敏的食物等。

(三) 赴宴者礼仪

作为客人，去参加宴会时，也要注意礼仪规范，不要影响了个人形象，更不能损害公司形象。

1. 进餐前的礼仪

(1) 遵守时间，准时赴约，不要因你的迟到，耽误其他人的时间。

(2) 衣着得体，保持干净整洁，去赴宴前要检查自己的仪容仪表。

（3）到达后要面带微笑致意。

（4）要待领导、前辈等全部落座后再就座，不要直接坐下。如果有桌牌的话，按照桌牌就座，不得随意换位子。

（5）坐定后，不要把手机放在桌上或查看信息，要保持坐姿端正，面带微笑。

（6）就算不喝酒，也不能让杯中空着，可以以茶或饮料代酒，不能让整桌的人在干杯的时候因为你杯中无物而干等。

（7）举止要大方得体，不要扭扭捏捏，让人感觉不自然。

2. 进餐时的礼仪

餐桌举止要文雅，做到十不要。

（1）餐桌上不要吸烟，吸烟人士应到室外吸烟。

（2）夹菜要就近，不要欠身夹远处的菜。即便想吃，也要等菜转过来之后再夹。

（3）就餐时，要和大家交谈，不要一言不发，闷头猛吃。

（4）夹到不喜欢的食物，可以放在食盘上，进嘴的东西不要随便吐在桌子或地上，实在难以下咽的食物，要转身吐在纸巾里。

（5）让菜不夹菜，可以给同桌人介绍菜肴，但不要随意给别人夹菜，特别是和外宾同桌时，更不要随意给对方夹菜。

（6）助酒不劝酒，不要勉强别人喝酒。

（7）在餐桌上不要整理服饰，需要时，可以和同桌打个招呼，再起身去洗手间整理。

（8）吃东西不要发出声音。按照中国人的习惯，喝汤、吃菜都不要发出声音。

（9）不要玩弄筷子，不要含筷子、插筷子、敲筷子、挥筷子。西餐餐具也同样要注意。

（10）不要有不雅举止行为，包括不雅坐姿，双手托腮，看手机，不停离席，谈论不该说的话题等。

不管我们是以什么样的身份参加宴会，都必须注意宴会过程中的一些礼仪。这不仅是对他人的尊重，也是赢得好感和尊重的一种重要的方式，其实这些宴会礼仪源于生活也最终用于生活，只要我们在日常生活中时刻注意并纠正自己的言行举止，宴会礼仪对我们来说并不是什么难事。

案例

某外贸公司王经理带刚进公司三个月的小李去宴请重要客人，没想到，让他很丢面子。小李平时挺注意形象的，每天来上班干干净净，做事情稳稳妥妥，可是那天去见重要客户却出了洋相。小李可能是第一次去这样高级的餐厅。大家点的是牛排之类的西餐，小李大概没接受过正规的西餐礼仪的培训，饭桌上使用刀叉很笨拙，吃相很难看。本来和客户吃饭，主要是为了联络感情、拉拢生意，可对方看着小李的吃相抿嘴直乐，让王经理觉得很难堪，深感在进入社会之前职场礼仪还是应该了解一下的。

三、中餐礼仪

（一）中餐餐具的使用

中餐以其色香味俱全盛行国内外，在我国，商务宴请最多的形式是中餐。宴请对象同是中国人，选择中餐是依其习惯而行；宴请对象是外国人，选择中餐是依特色而为。中餐礼仪涵盖内容相当广泛，包括前面提到的席位排列，还有餐具的使用、菜肴的安排、用餐举止等几个方面。

掌握中餐礼仪应先学习正确使用餐具。中餐餐具包括筷子、勺子、盘碟、杯具和牙签、毛巾之类的小件之物，如图 5－10 所示，使用时有很多应该注意的礼仪。

1. 筷子使用礼仪

大多数人用右手执筷，大拇指和食指捏住筷子的上端，另外三个手指自然弯曲扶住筷子，并且筷子的两端一定要对齐，如图 5－11 所示。

图 5－10　中餐餐具

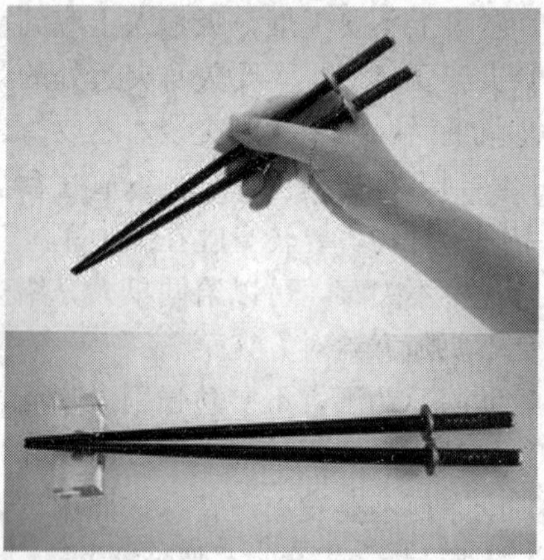

图 5－11　筷子的握法

使用筷子的禁忌包括：

(1) 指筷：用筷子指人。

(2) 抢筷：两个人同时夹菜，结果筷子撞在一起。

(3) 插筷：夹不起来时把筷子当叉子，扎着夹。

(4) 横筷。用餐完毕，客人和晚辈不能先横筷子。

(5) 舔筷。即使筷子上有汤汁也不能舔筷子。

(6) 泪筷：夹菜时把筷子上的汤汁淋在桌子上。

(7) 供筷：筷子插在饭菜上。这既不礼貌，又不吉利。

(8) 拉筷。正嚼着的东西不能拿筷子往外撕，或者把筷子当牙签。

(9) 分筷。摆筷子时，不要分放在餐具左右，只有在吃绝交饭时才这样摆。

2. 汤匙、勺子的使用礼仪

使用汤匙、勺子时要注意下列几点：

(1) 使用汤匙要用右手。右手执筷时又执汤匙是最忌讳的。

(2) 取食物时不要过满。

(3) 用勺子取用食物后，应立即食用，不要把它再次倒回原处。

(4) 在舀取食物后，不能使汤汁往下流。

(5) 若取用的食物过烫，不可用勺子舀来舀去，更不能用嘴吹。

(6) 不要把勺子塞到嘴里，或者反复吮吸、舔食。

3. 碗的使用礼仪

使用碗时要注意以下几点：

（1）不要端起碗来进食，尤其是不要双手端起碗来进食。

（2）食用碗内盛放的食物时，应以筷、匙加以辅助，切勿直接用手取，或不用任何餐具以嘴吸食。

（3）碗内若有食物剩余时，不可将其直接倒入口中，也不能用舌头伸进去乱舔。

（4）暂且不用的碗内不宜乱扔东西。

4. 盘子使用礼仪

（1）用食碟时，一次不要取放过多的菜肴，不要把多种菜肴堆放在一起。

（2）不吃的残渣、骨、刺应轻轻放在食碟前端。

（3）如果食碟放满了，可以让服务员更换。

5. 酒杯和水杯的使用礼仪

酒杯和水杯不要混用，一般不要用酒杯盛水或茶水，也不要用水杯盛酒。用啤酒杯或红酒杯敬酒时，要手拿住杯柄，或一手手掌托住杯底，一手手指环握杯柄，见图 5-12。用白酒酒盅敬酒时，手拿酒盅杯体。

图 5-12　持酒杯

6. 水盂使用礼仪

在宴席上，上鸡、海鲜、水果时，有时会送上一个小水盂（铜盆、瓷碗或水晶玻璃缸），水上漂有玫瑰花瓣或柠檬片，供洗手用。洗时两手轮流沾湿指头，轻轻涮洗，然后用餐巾或小毛巾擦干。

7. 湿巾使用礼仪

中高档中餐宴会用餐前，会为每位用餐者上一块湿毛巾。它只能用来擦手。擦手后，应该放回盘子里，由服务员拿走。在正式宴会结束前，会再上一块湿毛巾，它只能用来擦嘴和手。湿巾不能擦脸、抹汗。

8. 牙签使用礼仪

尽量不要当众剔牙。非剔不可时，用另一只手掩住口部，剔出来的东西，不要当众观赏或再次入口，也不要随手乱弹，随口乱吐。剔牙后，不要长时间叼着牙签，更不要再用此牙签来扎取食物。

（二）中餐用餐礼仪

1. 上菜顺序

先凉后热，先炒后烧，咸鲜清淡的先上，甜的、味浓味厚的后上，最后是点心、水果。

（1）茶水：茶水待客是中国人常用的待客方式，餐前等待时先上一杯清茶。

（2）冷盘：作为开胃菜通常是四种冷盘组成的大拼盘，有时种类较多，最具代表性的是拌时蔬等。

（3）热炒：冷盘之后，是各类炒菜。

（4）主菜：一般是指特色菜，以荤菜为主，可以是鱼、大虾、牛肉等菜肴，主菜的道数通常以偶数为佳，因为中国人认为偶数是吉数。烹调可以采用炸、蒸、煮、煎、烤、炒等各种方法。出菜顺序多以口味清淡和浓腻交互搭配，或干烧、汤类搭配为原则，最后通常以汤作为结束。

(5) 点心：指主菜结束后所供应的甜点，如馅饼、蛋糕、包子、杏仁豆腐等。

(6) 水果：上水果意在爽口，消油腻。

2. 上菜礼仪

(1) 有图案的菜肴如拼盘等，应当将其正面放在主人和主宾的面前，以方便欣赏。

(2) 第一道热菜应放在第一主人和主宾的前面，主人和主宾夹菜后，再移向其他来宾一边，后面的菜可遵循同样的原则。

(3) 提供分餐服务时，一般要先把菜肴放到桌上，让主人和主宾欣赏后，再端下分餐。上菜要以第一主人为中心，从宴席的左面位置上菜，撤盘时从宴席的右侧位置撤下。上菜或撤盘时，都不应当在第一主人或主宾的身边操作，以免影响主客之间的就餐和交谈。

3. 进餐礼仪

(1) 必须等到大家坐定后，主人开始使用餐巾时，才可使用餐巾。餐巾主要防止弄脏衣服，兼做擦嘴及手上的油渍之用。切忌用餐巾擦拭餐具。切勿将餐巾系入腰带，或挂在西装领口。

(2) 进餐时注意餐具使用礼仪，就近取菜，不要翻菜、捡菜、将不中意的菜再送回盘里。

(3) 要闭口咀嚼，不要发出声音。喝汤时也不要发出声响，喝汤用汤匙一小口一小口地喝，不宜把碗端到嘴边喝。

(4) 用公筷给客人或长辈布菜。

(5) 避免在餐桌上咳嗽、打喷嚏、怄气。喝酒宜随意，敬酒以礼到为止，切忌劝酒、猜拳、吆喝。

(6) 吃到鱼刺、骨头等物时，不要往外面吐，也不要往地上扔。要慢慢用手拿或用筷子夹到自己的碟子里面。

(7) 要适时地和左右的人聊天交流，不要光低头吃饭，不管别人，也不要狼吞虎咽地大吃一顿，更不要贪杯。

(8) 离席时，应帮助隔座长者或女士拖拉座椅。

四、西餐礼仪

(一) 西餐餐具的使用

西餐礼仪涉及的面非常广。比如进餐的顺序有讲究，西餐跟中餐有一个很大的不同，即中餐往往是一桌，按顺序上齐，西餐是吃一道上一道，所以上菜的顺序有讲究；再者餐具的摆放和使用也有讲究。

案例

据说甲午战争以后，慈禧派清朝的一位高官去与日方谈判。日本人请这位高官吃西餐，因为他是第一次吃，不懂西餐的礼仪，结果闹出笑话。吃西餐时，虽然餐桌上餐具旁边放着餐巾，但不是擦拭餐具用的，吃西餐时如果客人用餐巾擦餐具，说明客人嫌餐具不干净，等于是在骂主人，必须重新换一套。可是这位高官不懂，他往那儿一坐，就把刀叉拿过来擦拭，对面坐着的日本人就误会了，认为他觉得自己不够朋友，马上告诉服务生，换了一副刀叉，可是这位高官又接着擦，然后又换，接着还擦，一连换了六次。这也许是个笑话，但也说明了不懂礼仪是要闹出笑话的。

西餐餐具（如图 5-13 所示）包括：

（1）餐巾（Napkin）。

（2）鱼叉（Fish Fork）。

（3）主菜叉（Dinner or Main Course Fork）。

（4）沙拉叉（Salad Fork）。

（5）汤杯及汤底盘（Soup Bowl & Plate）。

（6）主菜盘（Dinner Plate）。

（7）主菜刀（Dinner Knife）。

（8）鱼刀（Fish Knife）。

（9）汤匙（Soup Spoon）。

（10）面包及奶油盘（Bread & Butter Plate）。

（11）奶油刀（Butter Knife）。

（12）点心匙及点心叉（Dessert Spoon and Cake Fork）。

（13）水杯（Sterling Water Goblet）。

（14）红葡萄酒杯（Red Wine Goblet）。

（15）白葡萄酒杯（White Wine Goblet）。

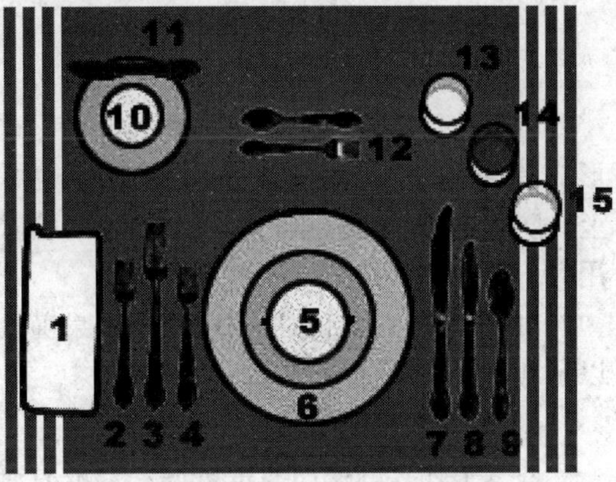

图 5-13　西餐餐具

1. 刀叉的用法

刀叉是餐刀、餐叉两种餐具的统称，二者既可以配合使用，也可以单独使用。在多数情况之下，刀叉是同时配合使用的。较为正式的宴席通常摆放有多副餐具。刀叉的使用是右手持刀，左手持叉，将食物切成小块，然后用叉送入嘴内。要注意，无论任何时候，都不可将刀叉的一端放在盘上，另一端放在桌上，如图 5-14 所示。刀刃必须面向自己或内侧。

图 5-14　错误的刀叉摆放

2. 匙的用法

持匙用右手，持法同持叉，但手指务必持在匙柄之端，除喝汤外，不用匙取食其他食物。匙常有两只或者三只。放两只时，一只是喝汤的，一只是吃甜品的。汤匙较大，通常被摆放在用餐者右侧的最外端，与餐刀并列纵放；甜品匙较小，在一般情况下，它应当被横向摆放在吃甜品所用刀叉的正上方，并与其并列。如有三只，另一只是喝红茶、喝咖啡的。要注意匙的用法：第一，要从外侧向内侧取。第二，匙是不能送入嘴里的，一般匙边缘到嘴边后就将食物倒进去。第三，匙不用时不能在杯子里面竖立，要平放置于盘内。

小测试

找问题：

看看这样放置刀叉有问题吗?

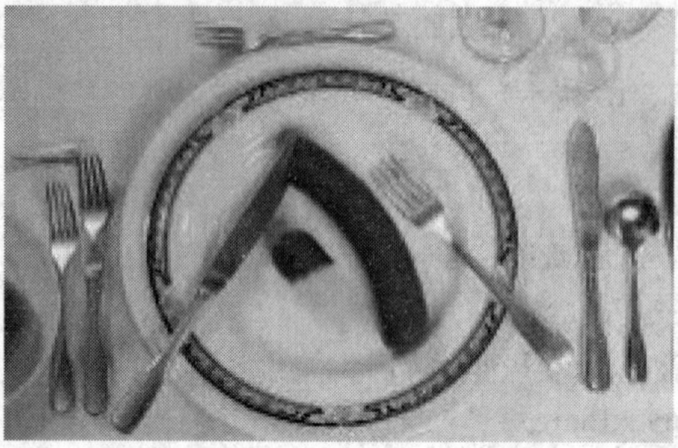

3. 西餐餐巾的用法

餐前准备时，餐巾会被折叠成很多花式，用来装点餐桌。用餐时一般把餐巾叠成长条形或者叠成三角形铺在腿上，在中国，也可把餐巾一角压在餐盘垫盘之下，使餐巾搭在腿上，防止进餐时油渍溅到衣服上。餐巾可以擦嘴，但是不能擦刀叉，也不能擦脸和手。使用时拿起餐巾一角沾拭嘴部。

用餐完毕，把自己的餐巾放置于桌前。如果要中途短暂离开，应将餐巾放在椅子上，以示即将回来继续用餐。

4. 掌握杯具的用法

西餐中杯具的使用非常讲究，一般有香槟杯、红葡萄酒杯、白葡萄酒杯、鸡尾酒杯、啤酒杯、威士忌酒杯以及水杯等。郁金香状的高脚杯，可用来盛装葡萄酒；空心角杯和浅碟形杯用来装香槟酒；装威士忌的杯子是小、矮而宽口的玻璃水晶杯；鸡尾酒杯是漏斗形高脚酒杯，有大口杯、“V”字形杯之分；啤酒杯是带手柄的直筒杯。如图 5-15 所示。

（二）西餐用餐礼仪

1. 西餐上菜顺序

（1）头盘。西餐的第一道菜是头盘，也称为开胃品。开胃品一般有冷头盘和热头盘之分，常见的有鱼子酱、鹅肝酱、熏鲑鱼、鸡尾杯、奶油鸡酥盒等，味道以咸和酸为主，这道菜数量较少，质量较高。

（2）汤。西餐的汤大致可分为清汤、奶油汤、蔬菜汤和冷汤等四类。常见的有牛尾清汤、各式奶油汤、海鲜汤、意式蔬菜汤等。

（3）副菜。鱼类菜肴一般作为西餐的第三道菜，也称为副菜。通常水产类、蛋类、面包类、酥盒菜肴等都称为副菜。

（4）主菜。肉、禽类菜肴是西餐的第四道菜，也称为主菜。肉类菜肴最有代表性的是牛排，禽类菜肴一般是鸡、鸭、鹅等。

（5）蔬菜类菜肴。蔬菜类菜肴在西餐中称为沙拉。这道菜可以安排在主菜之后，也可以与主菜同时上桌。这道菜一般用生菜、西红柿、黄瓜、芦笋等制作。

（6）甜品。西餐的甜品是主菜后食用的，可以算作第六道菜。从真正意义上讲，这道

图 5-15 各类杯具

菜包括所有主菜后的食物，如布丁、煎饼、冰激凌、奶酪、水果等。

(7) 咖啡、茶。

2. 进餐时的礼仪

(1) 刀叉使用的礼仪。

1) 用餐过程中，刀叉的摆放方式。

如果在用餐中途暂时休息片刻，刀头与叉尖相对成“一”字形或“八”字形放在盘中，刀叉朝向自己，表示还是继续吃。如果是谈话，可以拿着刀叉，无须放下，但若需要做手势时，就应放下刀叉，千万不可手执刀叉在空中挥舞。

在餐桌上，食物都应用刀叉去取。只有芹菜、小萝卜、青果、水果、干点心、干果、糖果、炸土豆片、玉米、田鸡腿和面包等可以用手拿着吃。

2) 用餐结束时，刀叉的摆放方式。

用餐结束后，可将叉子的下面向上，刀子的刀刃侧向内与叉子并拢，刀叉柄朝向自己，平行放置于餐盘上。

(2) 喝汤的礼仪。

1) 西餐的汤分为清汤及浓汤，较正式的餐厅在供应清汤时，使用椭圆形汤匙及汤杯，供应浓汤时使用圆形汤匙及宽口汤盘。

2) 汤即将喝尽时，可将盘向外略托起。

3) 喝汤时，不能发出声音。不可用嘴将汤吹凉，可轻轻摇动汤使其稍凉。

4) 食用完毕后把汤匙放在靠自己身前的底盘上，或是放在盘中。将汤匙的柄放在右边，而汤匙凹陷的部分向上。

(3) 餐巾的使用礼仪。

餐巾应折成三角形，开口朝外，铺放在并拢的大腿上。可用餐巾的一角擦去嘴上或手指上的油渍，但绝不可用餐巾擦拭餐具。

若有事暂时离开，应将餐巾放在椅子后背上。若就餐完毕，应将餐巾放在餐桌上，不要照原来的样子折好。

（4）食用面包的礼仪。

食用时可用左手拿面包，再用右手把面包撕成小块，然后用左手拿着小面包，用右手涂抹奶油。注意要把面包撕成小块后再涂奶油。切忌用刀子切割面包。

（5）食用沙拉的礼仪。

沙拉用叉子吃，如菜叶太大，可用刀在沙拉盘中切割，然后再用叉子吃。美国人通常将沙拉供应于主菜前，而欧洲人如法国人，通常将沙拉放于主菜后供应。

（6）食用鱼的礼仪。

吃鱼片时，以吃一片切一片为原则，可用右手持叉进食，或用鱼刀。食用全鱼时，宜先将头、尾切除，再去鳍，将切下的头、尾、鳍放在盘子一边，再吃鱼肉。吃完鱼的上层，切勿翻身，应用刀叉剥除龙骨再吃下层鱼肉。去除鱼骨，要用刀叉，不能用手。若口中有鱼骨或其他骨刺，可用手自合拢的唇间取出放在盘子上。

（7）食用肉类。

牛肉可依自己喜好的熟度点餐，但猪肉及鸡肉均为全熟供应。牛排的熟度分为：五分熟、七分熟、全熟。

切牛排应由外侧向内。一次未切下，再切一次，不能像拉锯子一样切，亦不要拉扯，勿发出声响，肉的大小以一口为宜。嚼食肉时，两唇合拢，不要出声。嚼肉时勿说话或以刀叉比画。吃肉时宜切一块吃一块，勿将肉全部一次切小块，这样会导致肉汁流失及肉的热度下降。

吃烤鸡或炸鸡时，在正式场合用刀叉吃。先把翅膀和腿切下，然后借助刀和叉来吃身体部分。翅膀和腿可以用手拿着吃。

（8）用酒礼仪。

吃西餐时，不能拒绝对方的敬酒，即使自己不会喝酒，也要端起酒杯回敬对方，否则是一种不礼貌的行为。

吃西餐饮酒，忌讳举杯一饮而尽，文雅的饮酒是懂得品评酒的色、香、味，慢慢品味。

在西餐宴席上往往是敬酒不劝酒，即使是劝酒也只是点到为止。

案例分析

应聘工作先过“饭局”关

“大家都别走，等会儿我们一起吃个饭，增进一下了解。”几天前，小林和其他四名求职者参加某公司招聘面试，正当四人面试完准备离开时，人事部经理发出了饭局邀请。

饭局开始，菜不错，公司领导也很热情。五位同学望着偌大的包间有些不知所措。小林挑了靠门的位置坐下：“这里是上菜位，今天我给大家服务啊！”上菜了，五位同学胃口似乎都很小，大都闷头吃菜，也不愿意喝酒，唯恐自己吃多了喝多了，留下不好的印象，工作没有了希望。

小林性格外向，他先跟在座的每位打了个招呼，接着向大家介绍了自己。看见大家吃得很沉闷，他还提议给大家说了个笑话。

在小林看来，这个饭局并不是那么简单，他听说有些单位招聘公关人员，会让他们参加饭局，借机考查他们的交际能力。他想今天这场饭局大概也是一场“考验”。饭后，招聘单位负责人告诉大家，刚才设的饭局也是招聘面试的一部分。惊讶写在了每个人的脸上。人事经理表示，小林被录取了。据一位姓金的负责人透露：“第一轮面试五位同学水平不相上下，难以取舍。刚好临近吃饭时间了，于是就有了通过饭局进一步考查的想法，找到我们需要的人。小林在饭桌上的表现虽然稚嫩，但他努力地调动气氛，希望打破沉闷。我们需要的正是这种意识。”应聘者小蒋说：“没想到吃个饭，还有这么多的讲究。”

现代社会需要复合型人才，包括与人沟通交际的能力。企业在招聘面试中加入交际能力的考查，或许能更加全面地了解自己未来员工到底能适应怎样的工作。

拓展学习

几种西方酒类

(1) 金酒又名杜松子酒，是世界第一大类的烈酒。金酒按口味可分为辣味金酒、老汤姆金酒和果味金酒。主要产品：哥顿金（Gordon）、比富达（Beefeater）、布诺斯（Burnett's）、波尔斯（Bols）等。

(2) 伏特加是从俄语中“水”一词派生而来的，是俄罗斯具有代表性的白酒。现在许多国家如波兰、德国、美国、英国、日本等都生产出品质与俄罗斯所产相近的伏特加。产品有皇冠伏特加、莫斯科夫斯卡亚（Moskovskaya）、斯道力西那亚（Seolichaya）、道斯洛夫亚（Stolovaya）等。

(3) 朗姆酒又叫糖酒，以古巴朗姆为代表。主要产品有白牌百家地（Bacardi）、古巴产的哈瓦那俱乐部（Havana Club）、牙买加产的美雅士（Myers ）等。

(4) 白兰地是以葡萄为唯一原料酿造成的酒，法国南部科涅克（Cognac）地区所产白兰地最醇、最好，又称“干邑白兰地”。白兰地需储藏很长的时间，且时间越长，酒质越好，最佳的陈年时间是20～40年。主要产品有马爹利（Martell）、轩尼诗（Hennessy）、人头马（Remy Martin）；还有意大利的布顿（Buton）、斯盖克84（Seock84）；美国的克里斯汀兄弟（Christian Brothers）和日本大黑天牌白兰地（Daikoku ）、三得利VSOP、三得利XO等。

(5) 威士忌酒是用大麦、黑麦、玉米等谷物为原料，经发酵、蒸馏后放入旧的木桶中进行酵化而酿成的。最著名且最具代表性的威士忌是苏格兰威士忌、爱尔兰威士忌、美国威士忌和加拿大威士忌。主要产品：苏格兰有格兰菲迪（Glenfiddich）、拜伦庭（Balantine）、芝华士（Chivas Regal），爱尔兰有三燕牌（Three Swallows），美国有四玫瑰（Four Roses）、吉姆等，加拿大有加拿大俱乐部（Canadian Club）、古董牌（Antique）、阿尔伯塔（Alberta）等。

(6) 冰酒是用冰冻的葡萄压榨后按传统的方法发酵酿成的酒。冰冻的葡萄酸甜比例平衡，甘如蜂蜜。冰酒酿造技术由德国移民带入加拿大，经当地人进一步改良，酿出的酒更独特、更醇香。其品种主要有冰白葡萄酒和冰红葡萄酒。

(7) 葡萄酒是用新鲜的葡萄或葡萄汁经发酵酿成的酒精饮料。通常分红葡萄酒和白葡萄酒两种。世界葡萄酒主要产地有法国、意大利、西班牙、美国、智利、澳大利亚、南非等。其中法国波尔多地区（Brodeaux）和勃艮第地区（Bourgogne）所产的葡萄酒被称为葡萄酒中的“王”与“后”。使用橡木桶陈酿而成的世界著名的轩尼诗、马爹利、拿破仑、人头马等都是极品葡萄酒。葡萄酒与菜肴搭配的原则是：红葡萄酒配红肉，白葡萄酒配海鲜。

(8) 香槟酒是在法国香槟地区，以瓶内二次发酵这种特殊方法（也称作香槟法）酿造出来的含有气泡的一种葡萄酒，它是葡萄酒之王。香槟的名称曾被无休止地滥用，为保护这个民族骄傲，法国人在全世界打了700多个官司来维护香槟酒名称的纯洁性，目的是让大家知道——“只有来自法国香槟产区的起泡葡萄酒才能配得起香槟这个名字”。

(9) 鸡尾酒是一种量少而冰镇的酒，多在饮用时调制而成。调制时用几种酒加果汁、香料等混合起来加以搅拌或摇晃而成，最后还可用柠檬片、水果或薄荷叶作为装饰物，即时饮用。它起源于18世纪末或19世纪初期的美洲。究竟何时开始调配和饮用这类色、香、味俱佳的混合饮料，以及“鸡尾酒”名称的由来，则众说纷纭。

(10) 啤酒是以大麦芽、啤酒花、水为主要原料，经酵母发酵作用酿制而成的饱含二氧化碳的低酒精度酒。现在国际上的啤酒大部分都添加辅助原料。国际上啤酒分下面发酵啤酒和上面发酵啤酒两大类。啤酒具有独特的苦味和香味，营养成分丰富，含有各种机体所需的氨基酸及多量维生素如维生素B以及矿物质等。啤酒是当今世界各国销量最大的低酒精度的饮料。

综合练习

一、选择题

1. 中餐用餐时，比较讲究的话，会为每位用餐者上一块湿毛巾，它不可以用来（　　）。

A. 擦嘴　　B. 擦脸　　C. 抹汗　　D. 擦手指
E. 擦桌子

2. 中餐礼仪中用餐时，应注意的是（　　）。

A. 温文尔雅　　B. 取菜肴时礼让他人
C. 咀嚼食物时，避免跟人说话或敬酒　　D. 抽烟
E. 离开座位，四处走动

3. 西餐餐具包括（　　）。

A. 刀与叉　　B. 汤匙　　C. 餐巾　　D. 酒杯
E. 筷子

4. 便宴常见的有（　　）。

A. 午宴　　B. 晚宴　　C. 早宴　　D. 国宴
E. 家宴

5. 西餐餐具的杯具有（　　）。

A. 香槟杯　　B. 红葡萄酒杯　　C. 水杯　　D. 白葡萄酒杯
E. 咖啡杯

二、思考题

1. 宴会进行中主办者礼仪包括哪些？

2. 赴宴者应注意哪些礼仪？

3. 吃西餐时要注意些什么？

4. 中餐的座次排序原则是什么？

三、实训题

你作为公司业务接待人员准备请重要客户吃饭，客户包括某公司总经理、副总经理、业务部部长、业务科科长和两名科员，请拟定一个宴请方案。

参考文献

[1] 金正昆. 商务礼仪. 北京：北京联合出版社，2017.

[2] 李媛媛，童茜，张馨元，张超. 商务礼仪. 成都：西南财经大学出版社，2016.

[3] 王菁，宋艳秋. 职业礼仪与实训. 北京：中国计划出版社，2016.

[4] 谢力维，李竺蔚. 职场礼仪. 成都：西南财经大学出版社，2016.

[5] 郭晓丽，孙金明. 商务职场实用礼仪. 北京：北京理工大学出版社，2015.

[6] 郭晓丽，孙金明，郭海燕. 商务职场礼仪. 北京：北京理工大学出版社，2011.

[7] 秦保红. 职场礼仪教程. 北京：中国人民大学出版社，2016.

[8] 金雅丽. 一看就懂的职场礼仪全图解. 北京：北京理工大学出版社，2015.

[9] 谭一平，叶坤妮. 职场工作礼仪. 北京：清华大学出版社，2015.

[10] 吴雨潼. 职业形象设计与训练. 大连：大连理工大学出版社，2015.

[11] 万里红. 职场新人必修的9堂礼仪课. 北京：机械工业出版社，2014.

[12] 张廷辰，李兵琴. 个人形象与职场礼仪. 银川：阳光出版社，2014.

[13] 多丽丝·普瑟，张玲. 商务礼仪：聆听国际大师最权威的礼仪课. 北京：科学出版社，2014.

[14] 黄漫宇. 沟通与礼仪. 北京：北京大学出版社，2014.

[15] 袁锦贵. 沟通与礼仪. 北京：电子工业出版社，2013.

[16] 鲍秀芬，周智文. 现代社交礼仪修养. 北京：机械工业出版社，2011.

[17] 张晓梅. 职场形象设计手册——从面试到入职. 北京：化学工业出版社，2011.

[18] 陈乾文. 别说你懂职场礼仪. 北京：龙门书局，2010.

[19] 周思敏. 你的礼仪价值百万：职场修炼篇. 北京：中国纺织出版社，2009.

[20] 周思敏. 你的礼仪价值百万（精华版）. 北京：中国纺织出版社，2009.

图书在版编目（CIP）数据

职场礼仪/顾红主编. —北京：中国人民大学出版社，2019.2
21世纪高职高专规划教材．通识课系列
ISBN 978-7-300-26617-6

Ⅰ.①职… Ⅱ.①顾… Ⅲ.①心理交往-礼仪-高等职业教育-教材 Ⅳ.①C912.1

中国版本图书馆CIP数据核字（2019）第003149号

21世纪高职高专规划教材·通识课系列
职场礼仪
主　编　顾　红
副主编　姚莉娜　杨金勇
参　编　符成成　洪鹏鹏　李　奕　王　蕾
Zhichang Liyi

出版发行　中国人民大学出版社
社　　址　北京中关村大街31号　　　**邮政编码**　100080
电　　话　010－62511242（总编室）　　010－62511770（质管部）
　　　　　010－82501766（邮购部）　　010－62514148（门市部）
　　　　　010－62515195（发行公司）　010－62515275（盗版举报）
网　　址　http://www.crup.com.cn
经　　销　新华书店
印　　刷　北京昌联印刷有限公司
开　　本　787 mm×1092 mm　1/16　　**版　　次**　2019年2月第1版
印　　张　15.5　　　　　　　　　　**印　　次**　2024年1月第6次印刷
字　　数　370 000　　　　　　　　　**定　　价**　35.00元